D1732607

Auf der anderen Seite des Schweigens

Johannes Bunnenberg,
Aurelia Spendel (Hg.)

Auf der anderen Seite des Schweigens

Dominikanisches Jahreslesebuch

Verlag Friedrich Pustet
Regensburg

Bibliografische Information der Deutschen Nationalbibliothek
Die Deutsche Nationalbibliothek verzeichnet diese Publikation
in der Deutschen Nationalbibliografie; detaillierte bibliografische
Daten sind im Internet über http://dnb.dnb.de abrufbar.

ISBN 978-3-7917-2770-7

© 2016 by Verlag Friedrich Pustet, Regensburg
Gestaltung und Satz: Martin Vollnhals, Neustadt a. d. Donau
Umschlaggestaltung: Martin Veicht, Regensburg
Druck und Bindung: Friedrich Pustet, Regensburg
Printed in Germany 2016

Weitere Publikationen aus unserem Programm finden Sie unter
www.verlag-pustet.de

INHALT

Vorwort

Im Jahre 1967 veröffentlichten die Rolling Stones, eine britische Rockband, den Song „Who wants yesterday's papers?" („Wer möchte die Zeitungen von gestern?"). Er war ein Symbol für die neue Welt, die damals in Erscheinung trat, angefüllt mit froher Erwartung allem Neuen gegenüber. Das vorliegende Lesebuch enthält Texte aus allen Zeitabschnitten der Geschichte unseres Ordens, und es feiert unser 800-jähriges Bestehen. Aber wer möchte Texte von gestern, geschweige denn Texte aus Hunderten von Jahren zuvor? Warum geben wir uns nicht mit einer Sammlung nur moderner Texte junger Dominikanerinnen und Dominikaner zufrieden?

Wir sind der Orden der Prediger, und wir predigen vor allem die Auferstehung der Toten. Am Ostertag besiegte Gott die furchtbare Herrschaft des Todes. Daher umfasst die dominikanische Gemeinschaft als eine Gemeinschaft des auferstandenen Herrn nicht nur die Schwestern und Brüder, die zufällig heute leben, sondern all diejenigen, die uns vorangegangen sind. Wir sind verbunden durch den österlichen Sieg, den wir verkünden. Unsere Ordensvorfahren sind nicht nur ferne Vorgänger, sondern Teil unseres Lebens. Und so ist es gut, dass wir dieses Jubiläum auch mit ihren Worten feiern.

Von Beginn an war Dominikus auf die Einheit des Ordens bedacht. Sie blieb auch in schwierigen Zeiten erhalten, ganz im Gegensatz zu einigen Orden, die sich in mehrere Zweige geteilt haben. Selbst während des Ersten Weltkriegs, als Europa durch Gewalt zerrissen wurde, war der Orden noch in der Lage, ein Generalkapitel abzuhalten, das Kapitulare aus verfeindeten Kriegsgebieten zusammenbrachte, so dass wir einen Ordensmeister wählen konnten. Warum diese Sorge um die Einheit? Ganz sicher deswegen, weil wir Prediger des Reiches Gottes sind, in dem alle Menschen mit Christus vereint sind, gemäß dem Geheimnis des Willens Gottes; denn: „Er hat beschlossen, die Fülle der Zeiten heraufzuführen, in Christus alles zu vereinen, alles, was im Himmel und auf Erden ist" (Eph 1,10).

Dieser Band ist ein Zeichen jener Einheit, die unsere Vorfahren mit einschließt, deren Worte wir immer noch in Ehren halten. Es ist außergewöhnlich, dass die Worte, die sie vor Jahrhunderten gesprochen und geschrieben haben, immer noch hoch geschätzt werden. Das zeigt, dass wir sorgfältig mit dem umgehen sollten, was wir sagen und schreiben. Es könnte in der Geschichte einen Nachklang haben. Diese Einheit ist nicht ideologisch. Wir sind nicht eins, weil wir alle dieselbe Meinung haben. Gott sei Dank haben wir die nicht! Unsere Dominikanische Familie hat eine große Offenheit. Unsere geschwisterliche Gemeinschaft überschreitet die harte Aufteilung in progressiv und konservativ. Jede Gemeinschaft, die ideologische Gleichförmigkeit fordert, wird nicht mehr als eine Generation überdauern. Sie ist unfähig, die junge Generation willkommen zu heißen. Wie ist es uns gelungen, eins zu bleiben? Zum Teil aufgrund einer theologischen Tradition, die uns im Angesicht Gottes Demut lehrt; denn wir sind geeint auf Gott hin als den Unbekannten, wie Thomas von Aquin schrieb. Und wenn wir mit jemandem nicht einer Meinung sind, können wir darauf vertrauen, dass beide nach der Wahrheit streben, die niemand letztlich erreicht.

Und zum Teil ist es uns gelungen aufgrund unserer demokratischen Verfassung, die jedem eine Stimme gibt. Diese umfassende Gemeinschaft ist ein wunderbares Zeugnis in einer Kirche, die oft schmerzlich polarisiert ist. In meinen frühen Jahren als Dominikaner litt der Orden sehr unter derartigen Spannungen, aber heute haben wir den Frieden weitgehend wiederentdeckt, der dem dominikanischen Leben zu eigen sein sollte. Wir können aufeinander hören und uns an unseren Unterschieden freuen – meistens zumindest! Und deshalb kann dieses Buch alle möglichen Texte umfassen, die sich in die Quere kommen, nicht übereinstimmen oder vielleicht sogar in Widerspruch stehen. Das ist ganz in Ordnung. In ihren Spannungen deuten sie auf eine Wahrheit, die unser Verstehen überschreitet.

Diese 800 Jahre beinhalteten viele Krisen: das geteilte Papsttum mit Päpsten und Gegenpäpsten, mit denen sich die heilige Katharina von Siena konfrontiert sah – hier gab es Dominikaner auf beiden

Seiten –; der Schwarze Tod, der Tausende von Dominikanern vernichtete, die sich um die Kranken kümmerten und dadurch angesteckt wurden; die Reformation, die den Orden in einigen Ländern praktisch auslöschte, so in England; die Französische Revolution mit ihren Nachwirkungen, die wiederholt zur Unterdrückung des gesamten Ordenslebens in vielen Ländern führte; die Krise des Modernismus, die viele unserer Brüder zum Schweigen brachte, und schließlich die Krise des Ordenslebens, die dem Zweiten Vatikanischen Konzil folgte und der ich begegnete, als ich 1965 in den Orden eintrat. Immer wieder sah es so aus, als sei der Orden am Ende, immer wieder haben wir durch die Gnade Gottes zu neuem Leben gefunden.

Viele Texte dieses Buches sind gezeichnet von diesen Zeiten des Todes und des Neuanfangs. Sie lehren uns, dass wir die dunklen Zeiten mit Vertrauen und ohne Panik und die guten ohne Selbstzufriedenheit betrachten können. Natürlich gibt es nirgendwo das Versprechen, dass der Dominikanerorden bis ans Ende der Zeit bestehen wird, aber wir können – mit den Worten des früheren Ordensmeisters Vincent de Couesnongle OP – „Mut zur Zukunft" haben.

Fr. Timothy Radcliffe OP
Blackfriars, Oxford

Am Fest der Erzengel Michael, Gabriel und Raphael 2015

Einleitung

Der Dominikanerorden, der Orden der Prediger, besteht seit 800 Jahren – ein Anlass, dankbar zurückzuschauen und wesentliche Stationen dieser Geschichte in Erinnerung zu rufen. Dies geschieht im Jubiläumsjahr 2016 auf verschiedene Weise: durch wissenschaftliche Tagungen und Vorträge, durch Ausstellungen, durch Wallfahrten und Feiern.

Dieses Lesebuch will geistliche Impulse aus acht Jahrhunderten einfangen. Zu Wort kommen dabei Schwestern und Brüder, Laien, Priester und Bischöfe, berühmte und kaum bekannte Gestalten des Ordens, Dominikanerinnen, die sich ganz der Kontemplation verschrieben haben, und dominikanische Laien, die sich politisch engagiert haben. Genauso bunt sind die literarischen Gattungen, die in dieser Sammlung vereint sind: Es finden sich Auszüge aus theologisch-wissenschaftlichen Traktaten und geistlichen Abhandlungen, aus Kapitelsakten und Verlautbarungen, aus Predigten und Briefen, aus Gedichten und Tagebüchern. Einige Texte gehören – bisweilen in vertonter Form – zum weithin benutzten Gebetsschatz der gesamten Kirche, andere sind hier zum ersten Mal ins Deutsche übersetzt. Der Horizont ist – der Verbreitung des Ordens entsprechend – weltweit, andererseits setzt die Auswahl einen Schwerpunkt bei deutschsprachigen Autorinnen und Autoren. Jedes Jahrhundert seit der Gründung ist vertreten, die meisten Texte stammen aus dem Mittelalter (13./14. Jahrhundert) und aus dem 20. Jahrhundert; es dürfte einsichtig sein, dass Gründungszeit und jüngste Geschichte einen hervorgehobenen Platz einnehmen.

Angesichts der unzähligen Autorinnen und Autoren, die der Orden im Laufe seiner Geschichte hervorgebracht hat, ist jede Auswahl diskutabel. Wahrscheinlich wird jede Leserin, jeder Leser die eine oder andere Gestalt vermissen. Manchmal ist der Einbezug schlicht daran gescheitert, dass keine angemessene Übersetzung ihrer Texte vorliegt; manchmal fiel es schwer, allgemein verständliche Texte aus dem Kontext herauszulösen. Und natürlich spielen die Vorlieben und Akzentsetzungen der Herausgebenden und der Mitarbeiterinnen und Mitarbeiter eine Rolle.

Von der Struktur her überschneiden sich in der Zusammenstellung drei Linien: Als Sammlung, die durch das Jahr begleiten möchte, berücksichtigt die Einteilung den Jahresablauf mit liturgischen Zeiten und dominikanischen Festen. Sodann gibt es Wochen, die unter ein Thema gestellt sind, das in dominikanischer Tradition eine bedeutsame Rolle spielt, und schließlich finden sich Wochen – oft im Umfeld eines Gedenktages –, die ganz von den Texten einer Autorin/eines Autors gefüllt sind, um so einen intensiveren Zugang zu ermöglichen.

Die Idee der Sammlung ist es, für jeden Tag des Jahres einen geistlichen Impuls zu bieten, der zum Nachdenken und/oder zur Meditation anregt und der ein wichtiges Thema christlichen Lebens anspricht. Schön wäre es, wenn die ausgewählten Texte Lust machen, mehr von einer Autorin oder einem Autor zu lesen. Dabei können die Anhänge helfen, die kurz die Autoren vorstellen und die Quellen belegen. An dieser Stelle möchten wir uns bei all den Schwestern und Brüdern und Mitarbeitenden bedanken, die Texte ausgesucht, übersetzt und uns zur Verfügung gestellt haben.

Der heilige Thomas von Aquin hat die dominikanische Spiritualität in dem berühmten Motto zusammengefasst: *contemplari et contemplata aliis tradere* – sich in Betrachtung und Kontemplation versenken und das, was darin erfasst, erfahren und erkannt wurde, anderen Menschen weitergeben.

Quelle des geistlichen Lebens ist die Begegnung mit Gott; sie vollzieht sich in Meditation, Gebet und Betrachtung, in der Liturgie und in der Feier der Sakramente. Die Erfahrungen, die darin gemacht werden, sind für die Predigerschwestern und -brüder Grundlage ihrer Verkündigung. Sie geben weiter, was sie von Gott durch Jesus Christus empfangen haben. Ihr gesprochenes Wort und ihre deutende Tat sind nur dann authentisch und glaubwürdig, wenn sie „die andere Seite des Schweigens" darstellen, wenn sie Spiegel und Echo jener Aufmerksamkeit sind, die sich in der Kontemplation schweigend auf Gott hin ausrichtet.

Wir hoffen und wünschen, dass diese Textauswahl in die Kontemplation hineinführt, dass dann und wann ein Satz, ein Bild, ein Ausdruck oder ein Gedanke die Leserinnen und Leser ergreift und sie
anregt, Zeugnis zu geben von dem, was sie als Anruf und Sendung
oder als Gegenwart Gottes erfahren.

Fr. Johannes Bunnenberg OP
Sr. Aurelia Spendel OP

Am Fest des heiligen Albertus Magnus 2015

IM ANFANG WAR DAS WORT

Timothy Radcliffe

Die christliche Geschichte ist ein Drama, in dem es um Worte und ihre Bedeutung geht, um Gottes Worte und unsere Worte. Dieses Drama beginnt mit dem einen Wort, durch das alles ins Leben gerufen wurde. Im Mittelalter verharrten die Theologen nur allzu gern bei diesem einen dramatischen Augenblick. Wenn der Engel Gabriel vor Maria erscheint und ihr die Empfängnis Jesu ankündigt – wird Maria Ja sagen? Sie stellten sich liebend gern vor, wie Maria zögerte, während die ganze Menschheit voller Anspannung darauf wartete, was sie sagen würde. Adam und Eva und alle Toten drängen sie, endlich Ja zu sagen. Die ganze Schöpfung hält den Atem an. Das Kommen des Wortes hängt von ihrem einen Wort ab. Bernhard von Clairvaux bittet sie: „Antworte, o Jungfrau, antworte dem Engel schnell ... sprich das Wort und empfange das Wort; biete an, was dir gehört, und empfange, was Gottes ist ... Warum zögerst du? Warum zitterst du? Glaube, sprich, empfange!" Das alles ist Sinnbild der ungeheuren Verantwortung von uns Menschen: Wir sind diejenigen, die sprechen.

Unsere Worte schenken Leben oder Tod, sie erschaffen oder zerstören. Und den Höhepunkt des Dramas bilden Jesu letzte Worte am Kreuz. Wir betrachten sie als großen Schatz, weil in ihnen unser Glaube wurzelt, dass menschliche Worte tatsächlich weiterreichen und ein letztes Schicksal, einen Sinn berühren. Unsere Worte mögen ungeschickt sein und das Geheimnis bestenfalls berühren, aber leer sind sie nicht.

DIE WELT ALS WUNDER SEHEN

Johannes B. Brantschen

Staunen heißt: die Welt als Wunder sehen. ... Erst dem staunenden Menschen kann in den Grenzerfahrungen von Leid und Glück die Frage nach Gott erscheinen. Mit ihm verbinden sich Ehrfurcht vor dem Leben und Dankbarkeit. Das Staunen begleitet den Weg der Religion, des Glaubens.

Als Staunen *(thaumazein)* bezeichnet die Septuaginta die Einstellung des Menschen zur göttlichen Offenbarung ... Versetzt uns das Unerhörte der biblischen Botschaft noch ins Staunen? Ihr Kern lautet: Gott, der Herrliche, der uns nicht braucht, um Gott zu werden und zu sein, weil er in sich ewig glücklicher Liebesdialog ist, will nicht ohne uns Gott sein. Er hat sich in Jesus und seinem Geist an uns gebunden, weil er will, dass zwischen ihm und uns Liebe sei. Derselbe Gott ist zugleich ein höchst diskreter Liebespartner, der uns mit staunendem Erschrecken nach seinem unheimlichen Schweigen fragen lässt. Der Grund ist, weil er uns und unsere Freiheit – im Guten wie im Bösen – radikal ernst nimmt. Und er nimmt unsere Freiheit ernst, weil er unsere Liebe will und uns folglich wohl durch diskrete Zeichen lockt, nicht aber durch Mirakel überrumpelt. Liebe ohne Freiheit wäre ein hölzernes Eisen.

Gott, die Macht der Liebe, geht den Weg der ohnmächtigen Liebe; angesichts dessen kann sich unser zunächst erschrockenes Erstaunen vielleicht wieder in dankbares Staunen verwandeln. Dieses steht im Gegensatz zum messenden und vermessenden Verhalten des neuzeitlichen *homo faber,* dem die Tiefendimensionen des Lebens und der Wirklichkeit verschlossen bleiben.

ORDNE MEINEN LEBENSWEG

Thomas von Aquin

Gewähre mir, barmherziger Gott, dass ich das, was dir wohlgefällig ist, glühend ersehne, mit Klugheit erforsche, in Wahrheit erkenne und vollkommen erfülle zum Lob und zur Ehre deines Namens.

Ordne, o Gott, meinen Lebensweg:
Was du von mir zu tun verlangst, das gib mir zu wissen, und lass es mich so ausführen, wie es angebracht und meiner Seele zuträglich ist. Lass mich, mein Herr und Gott, in Glück und Unglück nicht zu Fall kommen, dass ich im Glück nicht überheblich und im Unglück nicht niedergeschlagen werde …

Schenke mir Reife ohne Schwermut, Wendigkeit ohne Oberflächlichkeit, Furcht vor dir ohne Verzweiflung, Wahrhaftigkeit ohne Falschheit. Lass mich Gutes tun, ohne meine Person herauszustellen, meinen Nächsten ermahnen, ohne überheblich zu sein, ihn durch Wort und Beispiel erbauen, ohne mich zu verstellen.

Gib mir, Herr und Gott, ein wachsames Herz, das kein leichtfertiger Gedanke von dir ablenkt, ein edles Herz, das keine unwürdige Leidenschaft erniedrigt, ein aufrechtes Herz, das kein gemeines Streben auf Abwege führen kann, ein starkes Herz, das keine Drangsal zu brechen vermag, ein freies Herz, das sich von keiner ungestümen Neigung einnehmen lässt.

Schenke mir, Herr, du mein Gott, einen Verstand, der dich erkennt, Eifer, der dich sucht, Weisheit, die dich findet, einen Lebenswandel, der dir gefällt, Beharrlichkeit, die dich gläubig erwartet, Vertrauen, das dich am Ende umfängt.

Lasst Gott Gott sein

Yves Congar

Lasst Gott Gott sein – diese Formel schätze ich sehr, denn sie sagt wirklich, worum es im Gebet geht: Beten heißt in unserem Leben verwirklichen, dass Gott Gott ist. Das war die Inschrift, die man in englischer Sprache – „let God be God" – bei einer Sitzung des Ökumenischen Rats der Kirchen auf großen Spruchbändern an der Wand angebracht hatte. Gewiss, Gott ist in sich schon Gott und hat uns nicht nötig. Doch wir können erreichen, dass Gott auch außerhalb seiner selbst – in uns, in den anderen, in der Gesellschaft – Gott ist. Das ist immer die große Frage: Wieso gibt es Seiendes außerhalb des Seins? – Nur durch Teilhabe an seinem Sein. Und beten heißt dies anerkennen.

Wenn wir beten, erkennen wir an, dass Gott der Herr ist und wir von ihm abhängig sind. Wer sind wir denn auch? Was stellt schon das menschliche Leben im Universum dar? Warum angesichts Milliarden von Sternen und zahlloser Milchstraßen dieser Lebenshauch, der den Menschen mit Bewusstsein erfüllt, der Geschöpfe entstehen lässt, die abhängig von Gott, aber nach seinem Bild geschaffen sind? Das Gebet ist in erster Linie ein Geschenk Gottes an uns, denn er kennt uns, bevor wir ihn erkennen. Zuerst kommt er, dann wir. Doch immer stehen wir in der Versuchung, Gott nicht Gott sein zu lassen, sondern uns an seine Stelle zu setzen. Wir können uns Gott verweigern, aber auch bewirken, dass er Gott ist.

DER „PLAN" UNSERER HEILIGUNG

Giorgio La Pira

Unser „Plan" von Heiligung ist durcheinander. Wir glaubten, die stillen Mauern des Gebets würden genügen. Wir glaubten, umschlossen von der inneren Festung des Gebets könnten wir uns den verstörenden Problemen der Welt entziehen. Im Gegenteil, nichts, liebe Leute! Wir haben es mit einer Wirklichkeit zu tun, deren Härte manchmal unbesiegbar ist, eine Härte, die uns begreifen lässt, dass die Mahnung Jesu „In der Welt habt ihr Trübsal, nimm dein Kreuz und folge mir nach" keine fromme Redewendung ist. Man muss den „verschlossenen Garten" des Gebets verlassen – und doch, im Grund des Herzens ganz fest daran gebunden, darin bleiben. Es genügt nicht das Gebet. Es genügt nicht das innere Leben. Dieses Leben muss sich aus den Verbindungen nach draußen bilden, die es in die Stadt der Menschen führen. Das Leben muss die Gesellschaft verändern.

Wir sind Laien … Familienväter und -mütter, Lehrer, Arbeiter, Angestellte, Industrielle, Künstler, Kaufleute, Soldaten, Politiker, Bauern und so weiter. Unser Leben lässt uns nicht nur Zuschauer, sondern notwendigerweise Akteure der großen menschlichen Dramen sein. Wie könnten wir uns den Problemen entziehen, die in unmittelbarer Beziehung zu unserer Tätigkeit stehen? … Es ist notwendig, im christlichen Sinn jene riesigen Felder menschlichen Handels zu verändern, die in so großem Umfang dem Einfluss der Gnade Christi entzogen scheinen.

SCHRITT FÜR SCHRITT

Timothy Radcliffe

Gott verwandelt die Menschen nicht mit der Einladung, uns den Himmel zu erarbeiten. Das göttliche Leben kommt zu uns, wo wir sind, in Fleisch und Blut. Jesus fordert Zachäus auf, vom Baum herabzusteigen und ihn auf dem Erdboden zu begrüßen. Das Wort wird Leib, nimmt unsere Begierden, unsere Leidenschaft, unsere Geschlechtlichkeit auf sich. Wenn wir dem Herrn begegnen und von ihm geheilt werden wollen, dann müssen auch wir Fleisch werden, in den Körpern, die wir haben, mit all unseren Leidenschaften, unseren Verletzungen und unserer Gier.

Wir beginnen bei dem, was und wer wir sind. Wenn wir mit dem Habit eingekleidet werden, dann bringen wir dem Orden genau diese Person, mit ihrer Geschichte und ihren Verwundungen. Das ist der Mensch, den Gott gerufen hat, und kein ideales menschliches Wesen. Wir kommen mit den Narben früherer Erfahrungen, vielleicht mit unverheilten Erinnerungen an Liebesbeziehungen, an Missbrauch, an Sex. Unsere Familien haben uns zu lieben gelehrt, aber vielleicht haben sie uns auch Wunden beigebracht, die lange Zeit zur Heilung brauchen. Es braucht Zeit, um in dieser Christus ähnlichen Liebe zu wachsen, und diese Zeit wird uns gegeben. Sie ist ein Geschenk, und Gott gibt seine Geschenke immer durch Zeit. Er nahm sich Jahrhunderte Zeit, um sein Volk zu formen, um den Weg für die Geburt seines Sohnes zu bahnen. Gott schenkt uns unser Leben nicht mit einem Schlag, sondern Schritt für Schritt.

CHRISTLICHER GLAUBE ALS WEISHEIT

Thomas von Aquin

Unter allen Bestrebungen des Menschen ist das Streben nach Weisheit das vollkommenste, das erhabenste, das nützlichste und das angenehmste. Das vollkommenste ist es, weil der Mensch, insofern er der Weisheit sein Streben widmet, schon einen Teil des wahren Glücks besitzt. Deshalb sagt Jesus Sirach: „Glücklich ist der Mann, der in der Weisheit verharrt" (vgl. Sir 14,20).

Das erhabenste aber ist es, weil eben durch dieses Streben der Mensch in vorzüglicher Weise eine Ähnlichkeit mit Gott erlangt, der alles in Weisheit gemacht hat. Da nun die Ähnlichkeit Ursache der Liebe ist, verbindet das Streben nach Weisheit durch die Freundschaft in vorzüglicher Weise mit Gott. Deswegen heißt es im Buch der Weisheit: „Die Weisheit ist für die Menschen ein unerschöpflicher Schatz; alle, die ihn erwerben, erlangen die Freundschaft Gottes" (Weish 7,14).

Das nützlichste aber ist es, weil man eben durch die Weisheit zum Reich der Unsterblichkeit gelangt; denn „die Begierde nach der Weisheit wird zum immerwährenden Reich hinführen" (vgl. Weish 6,20).

Das angenehmste aber ist es, weil „der Umgang mit ihr nichts Bitteres hat, das Leben mit ihr keinen Schmerz kennt, sondern nur Frohsinn und Freude" (Weish 8,16b). Die Geheimnisse der göttlichen Weisheit hat die göttliche Weisheit selbst den Menschen offenbart. Sie hat ihre eigene Gegenwart und die Wahrheit ihrer Lehre und Eingebung mit angemessenen Beweisgründen dargelegt.

Die Würde der Materie

Marie-Dominique Chenu

Weil Augustinus, wie schon vor ihm Platon, das Problem der Materie lösen wollte, war er der Mehrdeutigkeit der Zeit erlegen, einer Zeit, die sich nicht auf die Ideen zurückführen lässt und anscheinend nichts mit der Ewigkeit zu tun hat. Alle Idealismen scheitern an der Materie, und gleichzeitig wird der Idealismus der Wirklichkeit der Geschichte nicht gerecht. Indem er an der Bestimmung des Menschen nur das ins Auge fasst, was sich der Materie entzieht, löst der Idealismus auch die Existenz in die Ideen (Wesenheiten) auf und hat keine Möglichkeit mehr, die zeitliche Wahrheit zu erfassen. Leiblichkeit und Zeitlichkeit sind die zusammengehörigen Koordinaten der „Situation" des Menschen. Letztlich aber ist es der Leib, durch den der Mensch allererst in der Welt ist. Hier ist das Genie Augustins an seine Grenze gestoßen.

Erst eine Betrachtung der Materie, die diese neu als Bestandteil der menschlichen *natura* sieht, ermöglicht – diesmal in aristotelischer Perspektive – eine Lösung des Problems der Mehrdeutigkeit der Zeit, die die mittelalterlichen Magistri von ihrem augustinischen Ansatz her so lebhaft empfanden. … Das Eindringen des Aristoteles, der aristotelischen Anthropologie, ist das große Ereignis der Christenheit, deren Schicksal damals auf dem Spiel stand, wie man an den Reaktionen der Denker und der führenden Kirchenleute ablesen kann.

DER THEOLOGE IST EIN GLAUBENDER

Marie-Dominique Chenu

D er Theologe ist ein Glaubender; er ist es in ganz besonderem Maße, und sein Tun vollendet sich formal im Geheimnis, in das sein Glaube ihn hineingeführt hat, und nicht in der Wiedergabe des Gotteswortes in menschlichen Worten. *Sacra doctrina,* „heilige Lehre" – so lautet die traditionelle Bezeichnung, die wir in ihrem eigentlichen Sinn verstehen müssen, würde diese Lehre doch sonst zu einer profanen Wissenschaft, zu einer Profanation des Wortes Gottes. Genau dies macht nun das dramatische Ringen des Theologen aus: dass er in der radikalen Gebrechlichkeit der Aussagen, in denen er sich ausdrücken muss, an der realistischen Wahrnehmung der geheimnishaften Realität Gottes festhält. Hier waltet eine Dialektik, in der seine Kraft über seine Schwachheit triumphiert – im Glauben. „Keine Theologie ohne Neugeburt."

Die Theologie ist insofern also nicht mehr als der Glaube in seiner Bindung an die Zeit; sie wurzelt nicht in der Geschichte. Somit ist sie auch nicht der gelungene Abschluss einer günstigen historischen Kritik, auf deren Ergebnissen sich ein schönes Gerüst von „Vernunftgründen" errichten ließe. Die Offenbarungsvorgabe, die theologische Vorgabe ist nicht „wissenschaftlich", sie ist offenbart. Und wenn ich eine Wissenschaft davon entwickle – welch kühnes Unterfangen! –, dann nicht durch eine Verstärkung ihrer historischen Grundlagen oder ihrer apologetischen Rechtfertigung; es wird vielmehr die „Wissenschaft eines Glaubenden" sein.

IN SEINER EIGENEN ZEIT PRÄSENT SEIN

Marie-Dominique Chenu

In seiner eigenen Zeit präsent sein. Darum geht es jetzt. Theologisch gesprochen heißt dies, präsent zu sein für die Vor-Gabe [franz.: *donné révélé*] der Offenbarung im gegenwärtigen Leben der Kirche und in der aktuellen Erfahrung der Christenheit. So betrachten wir mit einer heiligen Neugierde:

- die missionarische Expansion;
- den Pluralismus der menschlichen Kulturen;
- die einstige Herrlichkeit des Orients, deren Verlust für die Kirche, die seither dazu neigt, sich in ihrer abendländisch-lateinischen Form abzukapseln, eine offene Wunde bleibt;
- das erregende und nicht zu unterdrückende Verlangen nach Einheit [der] *Ecclesia una sancta*;
- die soziale Gärung, die der Zugang der Volksmassen zum öffentlichen Leben und zu seiner Gestaltung erzeugt hat;
- und mitten in alldem die streitende Kirche, in der die Laien am hierarchischen Apostolat teilhaben, indem sie das Zeugnis für Christus und das Leben Christi in ihr Milieu hineintragen.

Dies alles sind *loci theologici in actu* für die Lehren von Gnade, Inkarnation und Erlösung. Ein schlechter Theologe, wer sich, vergraben in seine Papiere und scholastischen Disputationen, diesem Schauspiel nicht öffnet, und zwar nicht nur in frommem Herzenseifer, sondern auch in seiner formalen wissenschaftlichen Tätigkeit, ist dies doch theologische Vorgabe und Aufgabe in der *Präsenz* des Heiligen Geistes.

ORTHODOXIE UND ORTHOPRAXIE

Marie-Dominique Chenu

Ich kann sagen, dass es mein nichtprofessionelles Engagement und kein aus vorgängigen Prinzipien abgeleiteter Lerneifer war, was Klarheit, Konsistenz und Realismus in lehrinhaltliche und methodologische Positionen brachte. Die Inkarnation folgt auf die Schöpfung, und das geschieht in einer einzigen Geschichte, in der die Gratuität des göttlichen Handelns die Weltlichkeit nicht ausschließt. Im Gegensatz zum I. Vatikanum, das noch einem autoritären, zeitlosen Deismus verhaftet war, integriert das II. Vatikanum die Welt und ihre Geschichte ganz ausdrücklich in den Aufbau des Gottesreichs. „Der Einsatz für die Gerechtigkeit und die Teilnahme an der Umgestaltung der Welt erscheinen uns als wesentlicher Bestandteil der Verkündigung des Evangeliums und der Sendung der Kirche" (Bischofssynode 1971, *De iustitia in mundo*).

Die sogenannte spekulative Theologie ist von einer pastoralen Theologie unterfangen. Daher resultiert auch die Wahrheit des christlichen Zeugnisses nicht nur aus der Orthodoxie, sondern ebenso, um es mit einer Wortneuschöpfung zu sagen, aus der Orthopraxie, die aus dem *sensus fidei* des Gottesvolkes entsteht. Die Botschaft und das Zeugnis haben den Vorrang vor der „Doktrin"; das gilt ebenso für die Homiletik wie für die Katechese. Das Evangelium wird wieder zur „guten Nachricht".

UNTER ANKLAGE

Marie-Dominique Chenu

1942 erschien ein Dekret, das mein Büchlein [Une école de théologie: Le Saulchoir, 1937] auf den Index setzte. Ich reichte meinen Rücktritt als Rektor ein. Und dann kam ein Visitator aus Rom, ein Sondergesandter mit dem Auftrag, die Weisungen zu überbringen und die notwendigen Maßnahmen zu ergreifen. Er hat mich vor der Kommunität unter Anklage gestellt. Das war sehr schmerzlich. Ich erinnere mich an eine Episode, die viel später, zur Zeit des Konzils, passiert ist, als man meinen siebzigsten Geburtstag gefeiert hat. Meine Mitbrüder hatten eine Zeremonie organisiert, an der zu meiner Freude auch Kardinal Feltin teilnahm; man hat mich damals hoch geehrt, und ich war sehr gerührt. In einer kleinen Ansprache sagte der Kardinal zu mir: „Es ist mir wichtig, den Gehorsam zu würdigen, den Sie in den Schwierigkeiten bewiesen haben, denen Sie begegnet sind."

Da bin ich aufgestanden, und ohne groß zu überlegen, habe ich ihm mit einer gewissen Unverfrorenheit geantwortet: „Eminenz und lieber Vater, es war nicht Gehorsam, denn der Gehorsam ist eine mittelmäßige moralische Tugend. Es war, weil ich an das Wort Gottes geglaubt habe, verglichen mit dem die Hindernisse und Unfälle auf dem Lebensweg nichts sind; es war, weil ich an Christus und an seine Kirche glaubte." Alle, die dabei waren, brachten mir eine Ovation. Das ist die Geschichte meiner Verurteilung.

BERUF UND BERUFUNG

Marie-Dominique Chenu

Da der Mensch in der schöpferischen Expansion an die Verbindungsstelle zwischen Materie und Geist tritt, ist seine organisierte Arbeit, sein Beruf, genau der Ort, an dem er für je seinen kleinen Teil den Schöpferplan verwirklicht. Ihn dort, gemäß seinen Gesetzen, zu erfüllen, das heißt, in die Vorsehung Gottes einzutreten. Und hier kommt, wie ein Goldfaden im Gewebe, die *Berufung* ins Spiel. Die Berufung ist der Ruf, der Aufruf Gottes, der erste Akt jener Bindung im Dialog, welche die Grundlage der christlichen Ökonomie bildet, der großen Heilsökonomie des Wortes Gottes an die Menschheit und der Ökonomie der individuellen Gnaden des zu jedem Einzelnen gesprochenen inneren Wortes.

Hier stehen wir innerhalb der spirituellen Geographie an der Gegengrenze jenes kosmischen Bereichs, in dem der Mensch soeben noch in seinem Menschsein seine Zugehörigkeit zur Welt erfuhr, in dem die Arbeit der Spitzenort seiner notvollen und siegreichen Auseinandersetzung mit der Natur war. Jetzt, da er sich selbst entdeckt, indem er in der Liebe die Tiefe seines Geistes entdeckt, ist er fremd in der Natur.

Zeichen der Zeit

Marie-Dominique Chenu

Abgesehen von einer zufälligen Verwendung des Ausdrucks durch Pius XII. in der Radiobotschaft vom 21. April 1957 ist es Johannes XXIII. gewesen, der in seiner Enzyklika *Pacem in terris* diesem Wort, wenn auch noch nicht in der Theologie, so doch in den päpstlichen Dokumenten Geltung verschafft hat. Es lag von vornherein in der Gedankenführung Johannes' XXIII. fest, dass das Konzil diese berühmten Zeichen der Zeit zum Ausgangspunkt seiner Arbeit nahm, in der es die Beziehung zwischen der Kirche und der Welt von heute, der Welt in der Geschichte also, zu definieren suchte.

Bei seiner Überführung in den Bereich der religiösen Wirklichkeiten verliert der Ausdruck „Zeichen der Zeit" nichts von seinem soziohistorischen Gehalt. So sind die „Zeichen der Zeit" allgemeine Phänomene, die eine Fülle von Geschehnissen umgreifen und die Bedürfnisse und Erwartungen der gegenwärtigen Menschheit aussprechen. Aber diese allgemeinen Phänomene können nur dann als „Zeichen" wirken, wenn sie innerhalb der geschichtlichen Bewegung eine Bewusstseinsänderung bewirken.

Die Kirche als Gemeinschaft der Gläubigen ist *in ihrem Vollzug* der theologische Ort der gegenwärtigen Wahrheit des Evangeliums; *in ihrem Vollzug* ist sie heute der Zeuge des Heilsplanes in der Geschichte. Die Zeit gibt ihr die Zeichen der Erwartung des gekommenen Messias, die Zeichen des Zusammenhanges zwischen dem Evangelium und der Hoffnung der Menschen.

Das Herzensgebet auf der Brust

Heinrich Seuse

Als es eines Tages wieder über ihn kam und sein Herz aufflammte in göttlicher Liebe, ging er an den verborgenen Platz seiner Zelle, versank in liebevoller Betrachtung und sprach: „Ach, lieber Gott, könnte ich mir doch ein Zeichen ausdenken, ein dauerndes Merkmal unserer wechselseitigen Liebe, dass ich dein und du meines Herzens ewige Zuneigung bist, ein Zeugnis, das kein Vergessen vertilgen könnte!" … Und er begann, mit dem Griffel in das Fleisch über dem Herzen, den Griffel hin und her führend, auf und ab zu fahren, bis er den Namen IHS genau auf sein Herz gezeichnet hatte. … So schön war ihm der Anblick dank seiner feurigen Liebe, dass er der Schmerzen nicht viel achtete.

Als er dies getan, ging er verwundet und blutig, wie er war, aus seiner Zelle auf die Kanzel, kniete unter dem Kruzifix nieder und sprach: „Herr, meine und meines Herzens einzige Liebe, schau meines Herzens großes Verlangen; nicht kann und vermag ich dich noch mehr in mich hineinzuprägen; ach Herr, vollbringe du es, so bitte ich, und präge dich nun noch tiefer in den Grund meines Herzens, und zeichne deinen heiligen Namen so fest in mich, dass du niemals aus meinem Herzen scheidest." Gar lange, ich weiß nicht bis wann, blieb die Wunde auf seiner Brust, dann heilte sie. Der Name IHS aber blieb in seinem Herzen stehen, wie er begehrt hatte.

Die Geschichte mit dem Hund

Heinrich Seuse

Schaust du eifrig in dich selbst, so findest du da noch deinen eigenen Willen und erkennst, dass du mit all deinen äußeren Übungen, die du dir selbst … auferlegt hast, dich nicht Gott gefügt hast, wenn es galt, von anderen kommende Widerwärtigkeiten auf dich zu nehmen. Du bist noch wie ein furchtsames Häslein, das sich in einem Busch versteckt hat und vor jedem fliehenden Blatt erschrickt. So ist es mit dir bestellt: Trifft dich ein Leid, so erschrickst du immer wieder; beim Anblick deiner Widersacher entfärbst du dich; wenn du dich Gottes Willen unterwerfen sollst, so fliehst du; sollst du offen vortreten, so verbirgst du dich; lobt man dich, so erfreut dich das; wenn man dich tadelt, so macht dich das traurig." … Er seufzte innerlich, blickte auf zu Gott und sprach: „Ach, wie ist mir doch die Wahrheit so unverblümt gesagt worden!", und fügte hinzu: „Wann werde ich wohl ein recht gelassener Mensch werden?" …

Als es nach der (Konvents-)Messe Morgen ward und er traurig in seiner Zelle saß …, vernahm er irgendeine Stimme in seinem Innern: „Tu auf das Fenster, schau und lerne!" Er öffnete es und blickte hinaus. Da sah er einen Hund, mitten im Kreuzgang, der hatte ein verschlissen Fußtuch im Maul und spielte damit auf seltsame Weise: Er warf es in die Höhe und wieder zu Boden und zerrte Löcher hinein. Er blickte auf, seufzte von Herzen, und ihm erklang die Stimme in seinem Innern: „Solch ein Spielzeug wirst du in deiner Brüder Gerede werden." Da gedachte er bei sich selbst: Da es doch nicht anders sein kann, so gib dich darein und schau nur, wie sich das Fußtuch schweigend so übel behandeln lässt: Das tu auch!

Nächstenliebe – die höhere Ekstase

Heinrich Seuse

Es geschah einmal, dass der Diener sich im Kapitelhaus befand: Sein Herz war voll des gottseligen, freudigen Jubels. Da kam der Pförtner, ihn an die Pforte zu einer Frau zu holen, die beichten wollte. Er entzog sich ungern der Lust seines Inneren, fuhr den Pförtner grob an und hieß ihn die Frau zu einem anderen Beichtiger senden; er wolle sie jetzt nicht anhören. Die Frau aber hatte ein von Sünde beschwertes Herz, antwortete, sie besitze ein besonderes Vertrauen zu ihm, dass er sie tröste, und wollte bei niemand anderem beichten. Und da er nicht kommen wollte, begann sie betrübten Herzens zu weinen, ging voll des Jammers weg, setzte sich in eine Ecke und weinte sich da aus.

Unterdessen entzog ihm Gott die Gnade (seliger) Freude, und sein Herz ward so gefühllos wie ein Kieselstein. Und da er gern gewusst hätte, was das bedeute, sprach Gottes Stimme in ihm: „Schau, ebenso wie du die arme Frau mit einem beschwerten Herzen ungetröstet von dir wiesest, habe ich meinen göttlichen Trost von dir genommen." Er seufzte aus seinem Innern, schlug sich an die Brust und lief rasch zur Pforte. Da er die Frau dort nicht fand, ward er sehr traurig. Der Pförtner suchte überall nach der Frau. Als er sie weinend in der Ecke sitzend fand und sie wieder zur Pforte kam, empfing der Diener sie gar freundlich und tröstete die Reuevolle gütig. Dann ging er ins Kapitelhaus zurück, und geschwind in einem Augenblick kam der barmherzige Herr wieder mit seinem göttlichen Trost in ihn wie zuvor.

GRUNDREGELN FÜR EINEN GELASSENEN MENSCHEN

Heinrich Seuse

Bleib bei dir selbst; Antrieb zu anderen Dingen stellt sich als Notdurft dar; das ist aber nur ein Vorwand.

Böse ist, viele Dinge zu beginnen und keines zu beenden; man soll beharren, bis man weiß, ob Gott oder die Natur die Triebfeder ist.

Strebe, dass die Natur ihre Werke aus ihrem eigenen Grunde wirke ohne (äußeren) Antrieb.

Ein wirklich gelassener Mensch soll sich um vier Dinge bemühen:

1. um eine sittsame Lebensführung, dass die Dinge, ohne ihn selbst mitzuziehen, aus ihm herausfließen.

2. Er soll bescheiden und ruhigen Geistes und nicht „umtriebig" sein – denn das zieht die Bilder in sein Inneres –, woraus sich für den inneren Sinn ein ruheloses Umherschweifen ergibt.

3. Er soll an nichts sein Herz hängen und darauf achten, dass sich Unzusammengehöriges nicht an ihm zusammenfinde.

4. Nicht zänkisch, sondern freundlich soll er sich gegenüber denen verhalten, durch die ihn Gott dem Irdischen entziehen will.

Bleib fest in dir selbst, bis du ohne dein eigenes Zutun dir selbst entzogen werdest.

Beachte, ob die Vertraulichkeit guter Menschen aus Wohlwollen komme oder aus Schlichtheit: Das Erste kommt zu oft vor. Biete dich niemandem zu viel an; wo zu viel Anerbieten ist, findet sich am allerwenigsten Gefallen; dir ziemt eine zurückhaltende, bescheidene Lebensweise. Wann auch immer jemand gegen seine Art handelt, ist ihm das nie angemessen.

Selig der Mensch, der nicht zu sehr seinen Eigenwillen in Wort oder Tat kundtut; je mehr solchen Handelns und Redens, umso mehr haftet Unwesentliches sich ihm an.

Halte dich innerlich und erzeige dich dem (göttlichen) Nichts gleich; andernfalls wirst du zu leiden haben.

Von der Wahrheit belehrt

Heinrich Seuse

Darauf wandte sich der Jünger wieder … zur ewigen Wahrheit und bat um Belehrung über die äußeren Merkmale im Verhalten eines Menschen, der sich der Wahrheit (Gott) überlassen habe, und fragte so: Ewige Wahrheit, wie verhält sich ein solcher Mensch einem jeglichen Ding gegenüber? – Antwort: Er entsinkt sich selbst und alles mit ihm.

Frage: Wie verhält er sich zu der Zeit? – Antwort: Er lebt im gegenwärtigen Augenblick ohne selbstsüchtigen Vorsatz und nimmt sein Höchstes wahr, sei es im Gewöhnlichen oder im Erhabenen.

Frage: Paulus sagt, für den Gerechten gebe es kein Gesetz [1 Tim 1,9]. Antwort: Ein gerechter Mensch … begreift … aus seinem innersten Grunde, was nach außen hin jedem ziemt, und fasst alle Dinge so auf; dass er keinem Gesetz unterworfen ist, kommt daher, dass er aus Gelassenheit vollbringt, was die Allgemeinheit unter Druck tut. …

Frage: Bleibt ein solcher Mensch allzeit untätig, oder womit beschäftigt er sich? – Antwort: Eines wirklich gelassenen Menschen Tun ist sein Lassen, sein Werk sein Müßigbleiben; denn in seiner Tätigkeit bewahrt er die Ruhe und während seines Wirkens seine Muße.

Frage: Wie verhält er sich gegen seinen Nächsten? – Antwort: Er übt Gemeinschaft mit den Leuten, ohne ihr Bild in sich zu prägen, erweist Liebe, ohne an ihnen zu hängen, und Mitleiden, ohne sich zu sorgen in rechter Freiheit. …

Frage: Wie betet ein solcher Mensch, oder braucht er überhaupt nicht zu beten? – Antwort: Sein Gebet trägt Frucht, denn er betet unter Einziehung seiner Sinne; Gott ist ja ein Geist, und dieser Mensch nimmt wahr, ob er irgendein Hindernis zwischen Gott und sich aufgerichtet habe oder ihn das eigene Ich bei seinen Handlungen leite. Und so wird ein Licht erzeugt in seiner obersten Kraft, woraus erhellt, dass Gott Wesen, Leben und Wirken in diesem Menschen und er nur Gottes Werkzeug ist.

Entsunken in Gott

Heinrich Seuse

In der ... Versenkung strahlt aus der Einheit [der Gottheit] ein einfaches Licht, und dieses weiselose Licht wird von den drei Personen [Gottes] ausgestrahlt in die Unverhülltheit des Geistes [des Menschen]. Von dieser Einstrahlung entsinkt der Geist sich selbst und all seiner Selbstheit, er entsinkt auch der Wirksamkeit seiner Kräfte und wird vernichtet und des Geistes beraubt. Und das liegt an der Entrückung, durch die er aus seiner Selbstheit in die fremde Seinsheit gegangen ist und sich darin verloren hat gemäß der Stille der verklärten, glanzvollen Finsternis in dem lauteren, einfacheren Einen. Und in diesem weiselosen Wo liegt die höchste Seligkeit.

Des Dieners geistliche Tochter sprach: „Wie wunderbar! Wie soll man dahin gelangen?" Er antwortete: „Darauf mag der lichtvolle Dionysius die Antwort geben! Der sagt zu seinem Jünger: Begehrst du in die geheimnisvolle Verborgenheit zu kommen, steig kühnlich aufwärts – lass deine äußeren und inneren Sinne, das Eigenwerk deiner Vernunft, alles, was sichtbar ist oder nicht und was ein Sein oder ein Nichtsein ist, hinter dir – zu der einfachen Einheit; in die sollst du, deiner nicht bewusst, eintreten, in das Schweigen, das über allem Sein ist und über aller Lehrmeister Wissen, mit einer lauteren Entrückung des unergründlichen, einfachen lauteren Geistes, hinein in den überwesenhaften Abglanz der göttlichen Finsternis. Hier muss jede Fessel gelöst, jedes Ding verlassen sein, denn in der überschwänglichen Dreifaltigkeit der übergöttlichen Gottheit, in dem verborgenen, gänzlich unbekannten, glänzend strahlenden Giebel vernimmt man mit wortlosem, stummem Erstaunen Wunder über Wunder; man erfährt das neue, vom Irdischen abgeschiedene, unabänderliche Wunder in der überstrahlenden dunklen Finsternis, die da ein lichtreicher Schein ist, alle Offenbarung übertreffend, in dem da alles widerleuchtet und der die unsichtbare Vernunft in eine Fülle unbekannter, unsichtbarer, hell strahlender Lichter taucht."

Durch alles und in allem – Gott

Heinrich Seuse

Soviel dich nun eigener Mangel dahin zieht, dass du Sünde tust, wovon jedem Menschen, der sündigt, billig Leid und Trübsal zuteilwird, so viel fehlt dir noch an dieser Vollkommenheit; soweit du aber Sünde meidest und dabei deinen eigenen Willen aufgibst und dorthin entsinkst, wo du weder Leid noch Last haben kannst, weil dir Leid nicht Leid ist und Leiden nicht Leiden, da bist du auf dem rechten Wege. Und das geschieht alles unter Preisgabe des eigenen Willens; denn diese Menschen werden von selbst durch peinvollen Durst hin zu dem Willen Gottes und seiner Gerechtigkeit getrieben, und Gottes Willen verkosten sie so wohl und gewinnen so viel Herrlichkeit, dass alles, was Gott über sie verhängt, so angenehm ist, dass sie nichts anderes weder wollen noch begehren.

Das darf man aber nicht so verstehen, dass hiermit dem Menschen Bitten und Beten zu Gott erlassen sei; denn Gottes Wille ist, dass er gebeten werden will; es ist zu verstehen nach der ordnungsgemäßen Einordnung des preisgegebenen Eigenseins in den Willen der hohen Gottheit.

Nun liegt aber hierin ein verborgenes Hindernis, das manchen Menschen anficht, nämlich so: „Wer weiß", sagen sie, „ob es Gottes Wille ist?" Schau, Gott ist ein über allem Wesen seiender Grund, der jedem Ding innerlicher und gegenwärtiger ist als das Ding sich selbst und gegen dessen Willen kein Ding geschehen noch bestehen kann (auch nur) einen Augenblick … Einem (von Eigenwillen) befreiten Sinn … ist Gott und Friede allzeit gegenwärtig in den widerwärtigen Erlebnissen wie in den angenehmen, denn er ist wahrhaft da, der alles wirkt, der alles ist. … Solche Menschen sind irgendwie ganz so, als ob sie im Himmelreich wären; was ihnen geschieht oder nicht geschieht, was Gott in allen seinen Geschöpfen wirkt oder nicht wirkt, schlägt ihnen alles zum Besten aus (vgl. Röm 8,28).

GOTT VERTRAUEN

Titus Horten

Es freut mich, dass Sie munter sind und voll Vertrauen. Nie sind wir sicherer, dass wir auf dem richtigen Weg sind, als wenn wir fühlen, dass wir ein wenig, entsprechend unserer geringen Kraft, auf dem Kreuzweg wandeln dürfen. Der Kreuzweg war für Jesus der Weg des Sieges, allerdings in voller Ergebung in den Willen seines himmlischen Vaters, über Golgatha! Auch für uns ist es der Weg des Kreuzes. Also mutig voran, mit der Gnade Gottes! …

Nun seien Sie munter und einfach die ganz heiligen Tugenden täglich, stündlich treu üben. Das ist alles, da liegt unsere Kraft, da finden wir sicher den heiligsten Willen Gottes! Gott ist die Ruhe! Ruhig sein im Streben! Gott ist Friede! Deshalb Liebe, Nächstenliebe! Gott ist ganz einfach, deshalb sprechen wir mit ihm einfach wie ein Kind – alles, was uns drückt, ehrfurchtsvoll, aber auch kindlich liebevoll, menschlich vertrauend dem Vater, der Mutter sagen. Gott ist vor allem Wahrheit und Wirklichkeit: schlicht bleiben, auf dem Boden des täglichen Lebens. Das Tägliche, Alltägliche heiligen ist die Kunst der Heiligen. Die Wirklichkeit ausnützen für Gott, in ihr Gott finden.

Von der Kraft des Gebetes

Titus Horten

J a, ich will die Freude und den Sonnenschein im tiefsten Herzen nicht verlieren. Wenn auch sonst manches unangenehm und dunkel ist, eins bleibt uns doch: der liebe Gott und seine Gnade! Also, vielen Dank, freuen wir uns und denken Sie, bitte, weiter im Gebet an uns! Gottes Wege sind wunderbar für uns und nicht zu überschauen, wir müssen im Glauben wandeln, aber das ist sicher: Der liebe Gott tut alles hier aus Liebe und um uns aus Liebe an sich zu ziehen. Um dieses Gottes Werk an sich vollziehen zu lassen, hat man viel Gebet notwendig. Ich bete täglich, und das ist ja die Hauptintention, dass ich alles recht übernatürlich auffasse, dass ich alles zur Heiligung benutze. Dadurch nütze ich auch den Mitbrüdern am meisten, dem ganzen Orden und der Mission. Bin also immer noch, ja noch mehr als sonst Missions-Prokurator, wenn ich auch nach außen nicht arbeiten kann.

RINGEN UM GOTT

Titus Horten

Die um Gott ringen, sind die Tiefsten. Das religiöse Leben, das Ordensleben ist und sollte sein ein Ringen um Gott – kämpfen und siegen, entsagen und gewinnen. Wir wollen gerade in der jetzigen Prüfungszeit um Gott, um eine größere Vertrautheit mit Gott ringen, wir wollen ihn nicht von uns lassen, bis er uns gesegnet, das heißt, bis wir in seiner Liebe gewachsen sind, bis wir ihm nähergekommen sind. Wir sind, glaube ich, in einer großen Gnadenzeit. Beten wir füreinander, dass wir sie ganz ausnützen.

Jesu liebendes Herz

Titus Horten

Müssen wir nicht immer sagen: Da, wo etwas schwer für uns ist, da ist Jesu heiliger Wille für mich, seine Liebe, sein gütiges Herz, seine Gnade? Dann wollen wir es schnell mit Freude und Dank auf uns nehmen. Haben wir Jesu Freundschaft, Jesu Liebe, dann haben wir alles. Gern will ich mit Dir jeden Morgen ins heiligste Herz Jesu einkehren, uns dort einschließen, dort wohnen und ausruhen, alles aus diesem göttlichen Herzen heraus betrachten, verstehen. Nun sei gesegnet oftmals am Tage, geliebt, gegrüßt im heiligsten Herzen Jesu. Sei gefasst und stark im heiligen Glauben. Beten wir weiter treu füreinander, dann treffen wir uns oft am Tag und sind in heiliger Zweisamkeit im heiligsten Herzen Jesu.

SICH GOTT ÜBERLASSEN

Titus Horten

Wir müssen immer bedenken, dass der liebe Gott unsere Hauptsache ist, alles, wie er es fügt, ist gut, heilig, groß, göttlich für jeden Einzelnen. Nur als Kind liebend aufschauen, danken, annehmen, sich fügen, benutzen, mit sich machen lassen, wie unser himmlischer Vater es für gut findet. Das trennt uns ab vom Geschöpf, das uns immer so leicht von Gott abhält oder die ungeteilte, volle, restlose Hingabe an Gott beeinträchtigt. Da ist dann der Grund, warum wir nicht vorankommen, unsere Gottesliebe ist noch viel Geschöpfesliebe. …

In allem müssen wir ganz Gott angehören. Nur Gott kann es machen. Er gibt es, wenn wir als arme, schwache Kinder ihn bitten, die Hände aufhalten, uns in seine Arme werfen, munter und freudig in allem Gott sehen und das ganz Kleine treu tun, so wie ein Kind nur Geringes zustande bringt. Ihm das Kleinste bringen, dass er es segne, denn auch das ist von ihm.

Tapfer im Leiden

Titus Horten

Sie haben ganz recht: Ich muss tapferer sein im Leiden. So recht habe ich wieder einmal erfahren, welcher Unterschied besteht zwischen Betrachtung und auch einen Vortrag halten über das Leiden und dem Leiden selbst. Da kann man sich nur zu leicht täuschen. Aber der liebe Gott ist so gut, er ist der beste Seelenführer. Er weiß mich so richtig zu nehmen, mir zu geben, was mir fehlt, zu bessern, was krank, zu stärken, was zu schwach und weichlich ist in meinem Charakter und damit auch im Streben zu Gott ist. Nun muss ich mich ganz Gott hingeben, seinem Einwirken kein Hindernis setzen, und da müssen Sie mir alle helfen durch Ihr Gebet. Die Hauptsache ist ja unsere Heiligung. Auf Gottes Gnade will ich stark und männlich werden im Leiden und Ertragen, dann kann ich später auch anderen besser helfen. …

Bitten wir den lieben Gott um seinen Segen, nehmen wir unsere Zuflucht zum heiligsten Herzen Jesu. Auch hier finden wir so viel Leidenskraft und -freuden und zugleich zartes, mildes Verstehen und Lieben. Schön ist der Gedanke, Apostelschüler sein zu dürfen, möge das heiligste Herz Jesu mir diesen Apostelberuf tief ins Herz prägen.

In Gottes Frieden

Titus Horten

Also, liebe Schwester, ein recht gnadenreiches Weihnachtsfest! Recht viele, viele Gnaden vom lieben Jesuskindchen. Ich glaube, wir sind dies Jahr besser vorbereitet auf das hohe Fest als in anderen Jahren. Wir haben ein Kreuzlein zu tragen, und das Kreuz ist immer die Schule Jesu gewesen. Deswegen seien wir dankbar und erwarten wir besondere Gnaden. Was wird das liebe Jesulein uns schenken? Einen tiefen, tiefen Seelenfrieden: „Friede den Menschen auf Erden, die eines guten Willens sind." *Er* wohnt ja in unseren Herzen, da muss der Lärm der Welt und der Geschöpfe schweigen, sie können nicht in unser Herz eindringen und uns den Frieden rauben. Lassen wir uns durch nichts diesen tiefen in Gott gegründeten Frieden rauben.

Er macht uns stark in Ihm, hält uns dabei demütig und befähigt, das zu tun, was der liebe Gott im Augenblick von uns haben will, ja, vielleicht freudig unser Kreuz weiter zu tragen. Dieser Frieden verhilft uns auch, die Vereinigung mit Ihm zu bewahren und leicht mit Ihm zu verkehren, zu sprechen, zu danken, zu bitten, Ihm alles zu sagen und anzuempfehlen. Wie lieblich das Weihnachtsfest – das Jesuskind, arm und schwach, wünscht nichts anderes von uns, als dass wir auch ein Kind werden und demütig um seine Hilfe und seinen Segen bitten und mit ihm gehen, wohin es uns führen will.

Das Licht bezeugen

Edward Schillebeeckx

Ordensleute und Priester sind Orientierungsgestalten. Das sind sie für eine Glaubensgemeinschaft, die das Heil, das Gott … in unserer Weltgeschichte vollzieht, ausdrücklich artikuliert, liturgisch feiert und in sich wandelnden Verhältnissen greifbar in eine für alle erkennbare Praxis des Reiches Gottes umzusetzen weiß. Ein Mensch lebt nicht von Abstraktionen, nicht einmal von Visionen, sondern von lebendigen Inkarnationen, in denen Visionen Relief bekommen. So können wir auch nur in und durch die konkrete Menschlichkeit Jesu ganz aus Gott leben. Als Bild und Metapher, als Geheimnis und Spiegel Gottes zeigt Jesus, der Sohn, in sichtbarem menschlichem Handeln, wer und wie Gott ist und was er in seiner Liebe für uns übrig hat, einfach wie unter uns das Gesicht des Sohnes ja die Züge des Vaters oder der Mutter zeigt. „Du bist mein liebes Kind. An dir habe ich Gefallen gefunden", denn ich rechne auf dich, um Menschen zu befreien. So lautet die Geschichte des Markus von der Inauguration Jesu.

So etwas, glaube ich, muss auch in der Nachfolge Jesu der Ordensmann sein und der Priester, der die Gemeinde leitet. Sie sind nicht das Licht. Sie haben kein Licht, aber sie zeugen vom Licht. Sie tragen die Gesichtszüge eines anderen und sind doch sie selbst, mit eigenem Namen.

Darstellung des Herrn

Peter Kreutzwald

Die Leuchtkraft dieses Freskos (s. Abb. 1) sticht hervor. Dem Schattenwurf der Nische nach zu urteilen, kommt das Licht von rechts. Die hell ausgeleuchteten Hauptfiguren, der greise Simeon und das Jesuskind, die sich von ebendiesem Schattenwurf leuchtend abheben, scheinen hingegen von vorne angestrahlt zu werden. So kräftig ist das Licht, dass das Gewand des Simeon, aber auch das von Maria und von Josef, in schillernden Farben flirrt.

Nur der Evangelist Lukas berichtet von der Darstellung Jesu im Tempel. Fra Angelico hat aus dieser Perikope einen Moment herausgegriffen: das Opfer. Eine waagerechte Linie von Händen verbindet die stellvertretende Opfergabe, die beiden Tauben im Korb, mit der eigentlichen Opfergabe, dem Neugeborenen. Auf dem Altar züngeln die Flammen des Opferfeuers, und Simeon trägt die Mitra eines Priesters, obwohl Lukas ihn gar nicht als Priester bezeichnet. Das Kind ist gebunden, zu keiner Bewegung fähig. Die roten Binden um die Füße lassen an das Blut der Erlösung denken. Das Kreuz im Nimbus spricht noch deutlicher davon. Simeon mustert den Säugling zärtlich und ernst. Die Augen des Kindes erwidern den liebenden Blick.

Das Opfer, das Christus darbringen wird, ist seine Hingabe für andere. Simeon ist dieses Licht aufgegangen. „Meine Augen haben das Heil gesehen … ein Licht, das die Heiden erleuchtet" (Lk 2,30–32). Im Neugeborenen erahnt Simeon bereits den Erlöser. Mit dem Kind, das er an sein Herz drückt, lichtet sich sein ganzes Leben.

Fleisch und Blut

Timothy Radcliffe

Was es für uns bedeutet, einen Körper zu haben, entdecken wir am Höhepunkt des Lebens Jesu, als er uns seinen Leib übergibt: „Das ist mein Leib, der für euch hingegeben wird." Daran können wir sehen, dass ein Körper nicht einfach bloß ein Haufen Fleisch ist, eine Masse aus Muskeln, Blut und Fett. Die Eucharistie führt uns die Berufung unseres menschlichen Leibes vor Augen: Wir sollen einander Geschenk sein, die Möglichkeit der Gemeinschaft bieten. Der schlimmste Schmerz des Zölibates besteht darin, dass wir auf den Augenblick intensivster Leiblichkeit verzichten, in dem zwei Leiber sich einander ohne Rückhalt schenken. Gerade hier wird die Bedeutung des Körpers als Sakrament der Gegenwärtigkeit und nicht als bloßer Fleischklumpen besonders deutlich. Der Geschlechtsakt drückt unseren tiefen Wunsch aus, unser Leben mitzuteilen, er gibt diesem Wunsch Fleisch und Blut.

Das ist der Grund dafür, dass die Hochzeit Christi mit seiner Kirche ein Bild für Jesu Einheit mit der Kirche darstellt. Auch wir Ordensleute können mit unserer Leiblichkeit auf unsere Weise diesen Christus präsent machen. Der Prediger bringt das Wort zum Ausdruck, nicht nur in seinen eigenen Worten, sondern in allem, was wir sind. Gottes Mitleid möchte Fleisch und Blut in uns werden – in unserer Zärtlichkeit, selbst in unseren Gesichtern.

Als Jünger unterwegs

Carlos Alfonso Aspiroz Costa

Gemäß dem Zeugnis der Bibel geschieht Überraschendes immer unterwegs. Abraham eilt aus seinem Zelt, um Fremde zu begrüßen, und sie versprechen ihm eine Zukunft, die anders ist als die, die er und Sara sich vorgestellt hatten (Gen 18,1–15). Auf der Flucht erfährt Mose Gott in einem brennenden Busch und entdeckt sowohl ein Volk als auch eine Aufgabe. … Jakob ringt unterwegs mit dem Engel an der Furt des Jabbok in einer Geschichte, wo es um Bekehrung und Verwundbarkeit geht. Wie viele von uns hat Jakob einige sehr unangenehme Charakterzüge. Er ist ein Gauner und fürchtet jene, die er geschädigt hat. Sein Schwiegervater verfolgt ihn, und Esau erwartet ihn. Und dann der Kampf, aus dem Jakob von Schuld befreit und bekehrt hervorgeht, mit einem neuen Namen, mit einer neuen Sendung – und mit einem Hinken.

Jesus beruft seine Jünger unterwegs, unterwegs belehrt er sie. Pasolinis Film über das Matthäusevangelium bietet ein unvergleichliches Bild der Bergpredigt: Jesus läuft über die Hügel, die Jünger versuchen, mit ihm Schritt zu halten, um seine Worte zu hören, da er den Kopf umwendet, um sie „im Laufen" zu belehren. Die Speisung der Viertausend bei Markus erfolgt „im Laufen" wie ein Schnellimbiss. Und unterwegs begegnet er denen, mit denen er zusammentraf, so etwa der heidnischen Frau (Mt 15,21–28), die er preist und seinen Jüngern sogar als Vorbild im Glauben vorstellt. Schließlich offenbart er sich den entmutigten Jüngern auf dem Weg nach Emmaus (Lk 24,13–35).

Die Sendung, die er seinen Jüngern erteilt, ist genau das: ein Gesandtsein, ein Aufbrechen ohne Geldbeutel, ohne Tasche, ohne Sandalen. Er sagt ihnen: „Kehrt nicht bei denen ein, die ihr kennt" (Lk 10,4). Da sind einige interessante Dinge: Jesus lädt sie zu einem Leben des Unterwegsseins ein, zu einem Leben der Dringlichkeit („bleibt nicht stehen") und zu einem Leben in Abhängigkeit von der Güte anderer, von Fremden, die sie nicht kennen.

Vollendung in der Liebe

Thomas von Aquin

Das geistliche Leben besteht nun vorzüglich in der Liebe. Wer sie nicht hat, wird im geistlichen Leben als nichts erachtet. „Und wenn ich die Gabe der Prophezeiung hätte und alle Geheimnisse wüsste und über die gesamte Erkenntnis verfügte, und wenn ich den vollen Glauben hätte, um Berge versetzen zu können, hätte aber die Liebe nicht, ich wäre ein Nichts" (1 Kor 13,2). So spricht der heilige Paulus. Und der heilige Apostel Johannes sagt uns ebenfalls mit klaren Worten, dass die Liebe eigentlich das geistliche Leben ausmacht: „Wir wissen, dass wir vom Tode zum Leben übergegangen sind, weil wir die Brüder lieben; wer nicht liebt, bleibt im Tode" (1 Joh 3,14).

Schlechthin vollkommen also ist im geistlichen Leben, wer in der Liebe vollendet ist. Wer sich jedoch in einer bestimmten, mit der Liebe verbundenen Tugend auszeichnet, den dürfen wir in einer bestimmten Beziehung vollkommen nennen.

Diese Lehre lässt sich einwandfrei aus den Worten der Heiligen Schrift dartun. Der Apostel schreibt die Vollkommenheit in erster Linie der Liebe zu. Nachdem er im Briefe an die Kolosser viele Tugenden, Barmherzigkeit, Milde, Demut usw. aufgezählt hat, fügt er bei: „Über all diesem habet die Liebe; sie ist das Band der Vollkommenheit" (Kol 3,14).

Brief an einen Novizen I

Generalkapitel Avila

L ieber Mitbruder,
vor nicht allzu langer Zeit hast Du an die Tür eines unserer
Konvente geklopft, ohne genau zu wissen, was Dich dabei erwartet
und was der Predigerorden ist. ...
Was hast Du gesehen? Was hat man Dir gezeigt und angeboten?
Eine Gemeinschaft von Predigern des Evangeliums, die Dich ein-
lädt, Dich ihr anzuschließen. Vielleicht sind dabei Deine ersten Erwartungen in Frage gestellt oder gar enttäuscht worden; denn Du
hast dort weder Sicherheit noch ein zurückgezogenes, ruhiges und
behütetes Leben gefunden. Im Gegenteil: Du siehst Dich mit einem
Projekt konfrontiert, demjenigen des heiligen Dominikus; mit seiner
Lektüre des Evangeliums, mit seiner Weise, Christ zu sein, mit seinem leidenschaftlichen Wunsch, das Evangelium den Ärmsten unter
den Armen zu bringen, denjenigen, die Gott am fernsten stehen. Du
siehst Dich mit einer Gruppe von Menschen konfrontiert, die auf der
Suche sind nach ihrem Platz als Zeugen des Evangeliums in der Welt
von heute. Und in alldem findest Du Dich mit Dir selbst konfrontiert, berufen, Mensch zu werden nach dem Bilde Jesu, Christ zu
werden, Predigerbruder zu werden. Grund genug, überrascht zu
sein, aus der Fassung zu geraten und verunsichert zu werden.
Deshalb ist übrigens ein älterer Bruder dazu bestimmt, Dich bei Deinen ersten Schritten in dieser neuen, noch unbekannten Welt zu begleiten. Hab Vertrauen zu ihm und sei offen ihm gegenüber. Er hält
es ebenso mit Dir; denn Ihr seid gemeinsam auf der Suche. Was Dir
der Predigerorden anbieten kann, wenn er seiner Berufung treu ist?
Zuallererst eine Gemeinschaft von Brüdern, die auf das Wort Gottes
und die Verheißungen seines Reiches hört und die ebenso aufmerksam ihren Mitmenschen zuhört, die auf der Suche sind nach diesem
Reich. Dieses Horchen geschieht im Gebet, in der Begegnung und
dem Gespräch mit den Menschen, im Nachdenken und im Studium.

BRIEF AN EINEN NOVIZEN II

Generalkapitel Avila

Was Dir der Predigerorden anbieten kann? Eine Gemeinschaft von Brüdern, durchdrungen vom Mitleid, das ihnen der heilige Dominikus als Erbe hinterlassen hat, Mitleiden mit Jesus und seinem Vater ... und gleichzeitig Mitleiden mit den Menschen in Elend und Bedrängnis ...

Was Dir der Orden anbieten kann? Einen schwierigen, aber begeisternden Auftrag: Deinerseits sollst Du durch Dein Wort, Deine Arbeit, Deine Existenz ... glaubhaft das Evangelium verkünden. Ein recht unbequemes Leben! Das stimmt. Aber Du bist nicht allein dabei. Du lebst in einer Gemeinschaft, die mit Dir betet, sucht, nachdenkt, kämpft und teilt. In dem Maße, wie Du Dich öffnest, Dich mitteilst und Dich hineingibst, wirst Du Deinerseits Gemeinschaft erfahren. Auch wirst Du entdecken, dass die Gemeinschaft, in der Du lebst, nicht die einzige ihrer Art ist. Es gibt andere mit vielen Brüdern und Schwestern. Eine jede von ihnen ist an ihrem Platz, in ihrem Kontext und auf ihre Weise am Werk, und sie ist da für all jene, die nach dem Evangelium hungern, nach dem Heil, das Jesus verheißen und anfanghaft verwirklicht hat und das durch den Heiligen Geist gegenwärtig ist.

Eine Botschaft, die Du in diesen Kapitelsakten findest, spricht von der Sendung des Ordens als einer Sendung in die Grenzsituation. Keine Sendung in die Grenzsituation ohne Existenz in der Grenzsituation! Genau dafür möchte Dich der Orden gewinnen. Sei dessen gewiss, dass dabei jeder von uns erfahren hat und immer wieder erfährt: Man kann sie nicht als Einzelgänger erlernen, diese Existenz in der Grenzsituation. Und man hat sie sich nie endgültig angeeignet. ... Es braucht ein ganzes Leben, um diese Existenz in der Grenzsituation zu erlernen; ein ganzes Leben, um Dominikaner zu werden und noch mehr ... Aber eines Tages muss man sich voll und ganz darauf einlassen, ohne zurückzublicken, und das ist ein Wagnis. Nehmen wir es gemeinsam auf uns!

Mit Eifer den Weg gehen

Caterina de' Ricci

Der Eifer ist mit aller Entschiedenheit unter die guten Dinge zu rechnen, nicht die Missgunst, wo einer seinen Nächsten von einem Gut abhalten will, damit dieser ihm selbst nicht zuvorkommt. Nein, sondern mit heiligem Eifer und dem Durst nach der himmlischen Quelle muss man entschlossen seinen Weg gehen und, ohne jemandem ein Hindernis zu bereiten, all seine Kräfte aufbieten, um voranzugehen. Wie? Hätten die Christen diesen Eifer im Herzen, wie viele kämen dann zu dem ersehnten Siegespreis, um den sich jetzt nur so wenige bemühen. So wollen wir … also darauf hinarbeiten, rasch voranzuschreiten und zu siegen. …

Jetzt aber … erleben wir Tage, wo es gilt, in stärkerem Maße als sonst seinen Weg zu gehen, festen Fuß zu fassen und auszuharren. Denn wenn wir die Größe des Geheimnisses der Erlösung betrachten, die uns in diesen Tagen vor Augen geführt wird, um wie viel mehr müssen wir dann gefestigt werden und standhaft bleiben?

AN EINE ORDENSFRAU I

Caterina de' Ricci

L iebste Tochter!
… Wenn Du eine wahre Braut Jesu sein willst, ist es notwendig, dass Du in allen Dingen seinen heiligsten Willen erfüllst; dazu sollst Du Dich vom eigenen Willen in allen Dingen lösen und den göttlichen Bräutigam von ganzem Herzen, von ganzer Seele und mit aller Kraft lieben; Du sollst diese drei Dinge, die ich Dir jetzt sagen werde …, befolgen: Es sind die drei Unterweisungen, welche die christliche Vollkommenheit ausmachen.

Erstens muss man sich bemühen, die Leidenschaften und den Willen von allem Irdischen loszulösen und nichts Vergängliches zu lieben, es sei denn aus Liebe zu Gott; dann muss man sich noch mehr anstrengen, Gott nicht aus eigenem Interesse zu lieben, sondern aus reiner Liebe zu ihm, aufgrund seiner reinen Güte.

Zweitens ist es notwendig, alle unsere Gedanken, Worte und Werke auf seine Ehre zu richten und mit Gebet, Ermahnungen und guten Beispielen nur seine Ehre, sowohl für uns als auch für die anderen, zu suchen, auf dass alle unsertwegen Gott lieben und ehren. Und das gefällt Gott noch besser, weil das dem Willen Gottes noch besser entspricht.

Drittens müssen wir uns bemühen, den Willen Gottes immer mehr zu leben … wir sollen immer Gott zur Verfügung stehen, ohne je den inneren Frieden unseres Herzens oder die Ruhe der Seele stören zu lassen, sondern fest glauben, dass der allmächtige Gott uns mehr liebt, als wir uns selber lieben, und dass er sich um uns mehr kümmert, als wir uns um uns selber kümmern können.

An eine Ordensfrau II

Caterina de' Ricci

Zu solcher Vollkommenheit kann man aber nicht gelangen ohne eine beharrliche und kraftvolle Abtötung des eigenen Willens; um dazu zu gelangen, müssen wir in tiefster und größter Demut leben, so dass wir durch die vollkommene Erkenntnis unserer Armseligkeit und Zerbrechlichkeit zur Erkenntnis der Größe und Schönheit unseres Gottes emporsteigen, immer bedenkend, wie richtig und notwendig es ist, ihm mit dauerhafter Liebe und Gehorsam zu dienen …

Wir sollen immer mit festem Glauben bedenken, dass Gott ewig, erhaben und allmächtig ist, dass er alles macht, schickt oder erlaubt und nichts sich seinem göttlichen Willen entziehen kann; wir sollen bedenken, dass er selbst die Weisheit ist, die im Regieren des Alls, des Himmels und der Erde, und jeglichen Geschöpfes nicht irren kann (wenn es denn nicht so wäre, wäre sie weder Gott noch die höchste Weisheit); bedenken wir, dass Gott der Allergütigste, der Allerliebenswürdigste und der Heilbringende ist. Wenn dieses Denken sich durch seine Barmherzigkeit in unserem Willen festigt, werden wir alles aus seiner heiligsten Hand mit frohem Herzen leicht annehmen, und wir werden immer dankbar beten, dass sein heiliger Wille in uns geschehe. So werden wir (dank seiner heiligen Gnade) in diesem Leben durch wahre Liebe, im ewigen Leben durch seine Herrlichkeit vereinigt sein. Dies gewähre er uns in seiner Barmherzigkeit …

18. November 1549
Eure Schwester in Christus

AN BUONACCORSO BUONACCORSI

Caterina de' Ricci

L iebster Sohn! … Wenn ich mich recht erinnere, haben wir letztes Jahr gesagt, dass es zum Fest Allerheiligen in der Welt üblich ist, neue Gewänder anzuziehen. Wir gaben aber den geistlichen Gewändern den Vorzug; ich nehme an, dass Sie mittlerweile mit diesen bestens gekleidet sind und dass Sie kaum noch andere besitzen. So möchte ich, dass wir drei schöne Ornamente darauf anbringen; da sind die Erkenntnis unserer selbst mit der Betrachtung der Größe Gottes, das Gebet und die Kontemplation. Mit der Selbsterkenntnis werden wir erkennen, wer wir sind und dass wir inmitten einer dürren Wüste, verdunkelt, gleichsam in der Finsternis uns befinden. In der Betrachtung Gottes werden wir das strahlende Licht, das uns erleuchtet und uns den Weg zeigt, sehen. Das Gebet wird uns mit Gott vereinigen, uns in Liebe zu ihm entbrennen lassen und mit seinem Willen gleichförmig machen. Die Kontemplation lässt uns die himmlischen Dinge aufnehmen, aber nur soweit wir es mit unserem niedrigen Verstand vermögen … Und wenn wir sie gemäß der Gnade, die uns der Herr gewährt, durchdringen, schmilzt unser Herz und verzehrt sich in göttlicher Liebe.

Sie werden also mit diesen schönen Verzierungen Ihr Gewand, das Sie sich vom letzten Jahr bewahrt haben, beschmücken und in Ihrem Herzen diese geistige Süßigkeit und Milde verspüren.

Möge Jesus Ihnen diese Gnade gewähren, und bitten Sie ihn für mich, dass ich auch einen kleinen Funken davon erhasche …

Prato
Ihre Mutter

AN FILIPPO SALVIATI

Caterina de' Ricci

L iebster Vater! ... Man muss dennoch immer treu wie er [David] sein und glauben, wenn man Jesus um Verzeihung gebeten hat, dass er, der die höchste Güte ist, sich selbst verleugnen würde, wenn er dem Sünder, der mit ganzem Herzen zu ihm gekommen ist und sich von der Sünde ganz abgewandt hat, nicht vergeben würde. Wir müssen, sage ich, dem Beispiel glauben, das er uns vom verlorenen Sohn gegeben hat, von einem ruchlosen Sünder, der, als er demütig zum Vater zurückkehrte, Vergebung fand ... Darin nämlich besteht die Demut, lieber Vater, dass wir uns dem göttlichen Gesetz unterwerfen, im Gehorsam, den wir Gott schulden – und dann dass wir sicher sind, dass er uns vergeben hat. Aber solange wir in diesem armseligen Kerker sind, verhält sich unsere Natur wie ein Baum, der ständig beschnitten werden muss; so müssen wir uns immer des Überflüssigen, unserer Sünden und Fehler, entledigen. Und genauso wie Wäsche müssen auch wir ständig gewaschen und gereinigt werden. Diese Wäsche macht Jesus mit seiner heiligsten Quelle und die Reinigung mit seiner Gnade.

Seien wir, mein lieber Sohn, ein wahrer David und der verlorene Sohn, der umkehrt. Seien wir der Baum, der sich beschneiden lässt, und die Wäsche, die sich gut waschen lässt. Springen wir in dieses heilige Meer und reinigen wir uns, lassen wir uns von dieser unermesslichen Gnade des süßen Heilandes auswringen und schleudern; und dann lasst uns nicht zweifeln ... Jesus sei immer mit Ihnen.

Prato, 21. Januar 1561
Eure Tochter

AN BUONACCORSO BUONACCORSI

Caterina de' Ricci

L iebster Sohn, Heil und Frieden im Herrn! ... Dass mich der Verlust meines teuersten Vaters schmerzt, kann ich nicht leugnen ... aber da alles von jenem kommt, von dem alles gut gemacht ist, bleibe ich zufrieden und ruhig, weil es ihm so gefallen hat. Ich bin seiner Güte dankbar, weil sie mir und allen anderen den Grund zu erkennen gibt, dass unsere Bleibe nicht hier ist und dass unser Leib in dieser kurzen Zeit zu Asche zurückkehrt. Das sollen wir bedenken, ohne in Verwirrung zu geraten, vielmehr müssen wir Mut fassen und danach trachten, viele Garben einzubringen, um zum glücklichen Hafen eintreten zu können; wir müssen glauben, dass das unserem Lorenzo, der in letzter Zeit so viele und schöne Garben gesammelt hatte, geschehen ist. Der Herr wollte nun, dass weder Rost noch Motten diese Garben verderben, und zog sie in höchster Weisheit in seine Scheune, wo sie von keinem Dieb gestohlen werden können.

Glücklich ist er, weil es ihm, so scheint es mir, genauso ergangen ist wie der Rose, die am frühen Morgen, wenn sie schön aufgeblüht, erfrischt vom Tau und von der Sonne noch unverdorben, gepflückt wurde.

Einen solchen Menschen zu verlieren, schmerzt zwangsläufig, aber hoffen zu dürfen, dass er von diesem in das andere Leben übergegangen ist, gibt uns eine Freude, die alle Trauer überwindet und schlägt.

Ihnen empfehle ich mich wie immer.

Prato, 12. Mai 1555
Eure Mutter

An Giovanbattista de' Servi

Caterina de' Ricci

L iebster Sohn in Jesus, dessen Frieden und Trost
Ihre Seele besuchen möge!
Ich bitte Sie, Ihren Willen dem göttlichen anzugleichen. Sie wissen,
dass unser Kommen und unser Weggehen weder von unserem Willen noch von unserem Wissen abhängen, sondern vom Willen seiner
Macht; und Sie wissen auch, dass es niemand gibt, der sich seinem
heiligsten Willen widersetzen kann. Ein Tor wäre derjenige, der sich
dem widersetzen würde, der uns in einem Augenblick vernichten
kann wie das Feuer das Wachs. Es wäre auch ein Fehler, unseren
Willen nicht innerlich dem seinen anzugleichen oder sich bei Widerwärtigkeiten zu Boden zu werfen oder den Glauben zu verlieren und
den heiligen Dienst zu vernachlässigen; [es wäre auch ein Fehler,]
selbst wenn wir manchmal oder fast immer das Gefühl haben, an der
empfindlichsten Stelle am heftigsten getroffen zu werden, so dass
die Sinne zwangsläufig die Folgen verspüren. Das kann nicht anders
sein … aber wir können sie durch die Vernunft besiegen; diese ist die
Tugend, die in uns über die Sinne herrschen soll. Und diese soll in
allen Dingen Gott sehen und erwägen, wie sehr er sein Geschöpf
geliebt hat …
Es ist offenbar, dass Gott, der die unendliche Weisheit ist und der
nicht irren kann, sehr viel edlere Ziele hat als unsere Pläne und Wünsche: Und das ist das Heil unserer Seele. Was uns betrifft, so müssen
wir, wenn wir Christen und Christi Glieder sein wollen, das Heil der
Seele mehr lieben und ersehnen als irgendwas anderes Geschaffenes.
So gleicht sich unser Wille dem göttlichen an; hier werden die Sinne
durch die Vernunft besiegt, und unser Herz wirft sich in Gott, welcher, wenn er unsere gute und rechte Haltung sieht, uns mit seiner
Hilfe, mit welcher es alles zum Guten mitwirkt, entgegeneilt …

Prato, 19. April 1552
Ihre Tochter und Mutter in Christus

HOFFNUNGSVOLLE ZEICHEN

Generalkapitel Rom

Im Blick auf die gegenwärtige Welt empfindet die Menschheit mehr und mehr Angst vor der Zukunft. Trotz der Fortschritte in Wissenschaft und Technik und ihrer Beiträge zur wissenschaftlichen Entwicklung und zum Fortschritt hat die Menschheitsfamilie noch keine umfassende Entwicklung erreicht. Massive Armut, ungerechte Ungleichheiten, Ausschlüsse und Diskriminierungen, blutige Konflikte, die zunehmende Zahl von Opfern, ökologische Gefahren, akute Fragen der Bioethik ... beunruhigen bleibend unsere Gesellschaft. Die ökonomische Krise hat sogar die reichsten Länder berührt und die Schwäche des Weltwirtschaftssystems offengelegt. Eine kulturelle Welle des Säkularismus und das Vergessen der Transzendenz haben viele Menschen, vor allem junge, in die Gefahr gebracht, den Sinn des Lebens zu verlieren.

Die Überflussgesellschaft ist eine Gesellschaft, die reich ist an Vergnügen, aber arm an Sinn, reich an Mitteln, aber arm an Zielen, reich an Politik, aber arm an Mystik. Und dieses Modell der Überflussgesellschaft dient als Paradigma für die Kommunikationsmedien aller anderen Gesellschaften. Unsere Evangelisierung hat die Aufgabe, all diese Formen von Götzenanbetung zu entlarven.

Dennoch gibt es auch hoffnungsvolle Zeichen der Zeit. Die zunehmende Sensibilisierung für ökologische und ökonomische Probleme; der Einsatz vieler Menschen für Gerechtigkeit, Frieden und Menschenrechte; der Geist der Solidarität und der Freiwilligkeit; das Wiederaufleben des Sinns für Mystik und die Wiedererinnerung an religiöse Erfahrungen; der Geist des Dialogs zwischen Kulturen und Religionen; die Stärkung demokratischen Verhaltens ... All dies sind Zeichen, die uns einladen, zu hoffen und einer Kultur des Lebens zu vertrauen. Es sind Zeichen, die uns bewegen, weiterhin dominikanische Predigt als Predigt der Gnade auszuüben.

Heimat geben

Dominique Pire

Jeder Mensch, selbst wenn er zum „Hard Core" der „Displaced Persons" gehört, verdient Ehrfurcht und Liebe, erstens weil er ein Mensch ist, zweitens weil er etwas unendlich Wertvolles darstellt, auch wenn man ihn für „nutzlos" hält, und drittens weil es keine unglücklichen Menschen geben sollte. Das ist es, was die internationale Bürokratie vergisst. Das ist die Idee, für die ich kämpfe. …
Drei Jahre lang glaubte ich begriffen zu haben, dass eine „Displaced Person" ein menschliches Wesen ist, das seine Heimat verloren hat. Und dass es genügt, diesem Wesen eine neue Heimat zu schaffen. Ich habe mich drei Jahre getäuscht. Die „Displaced Person" ist ein Mensch, den man seinem Milieu entrissen hat; ein Mensch, den man aus seiner Zeit gerissen und in eine super-neolithische Epoche geschleudert hat, jene Epoche, die man das „Baracken-Zeitalter" nennt. Dieser Mensch eignet sich schließlich eine besondere Denk- und Handlungsweise an. Seine Persönlichkeit verschmilzt mit der Masse. Und nun entsteht für ihn eine neue, eine düstere Welt. Ein Reich der Schatten …
Ja, drei Jahre lang habe ich mich getäuscht. Ich hielt den Flüchtling für einen „Armen". Nun lässt sich aber seine Not nicht einfach mit dem Begriff „Armut" definieren. Der Flüchtling ist ein Entwurzelter, der hilflos dahintreibt. Ein Heimatloser. Wer dem Heimatlosen nur ein neues Haus und einen Tagelohn gibt, hat ihm nicht geholfen. Der Flüchtling braucht die Hilfe all jener, die fortan rings um ihn wohnen werden.

Verschiedenheit akzeptieren

Dominique Pire

D ie Menschen sind verschieden voneinander, sehr verschieden
sogar. Aber sie sind aufgerufen, in ihren Verschiedenheiten
zusammenzuleben. Schon von hier ab scheinen mir zwei Möglichkeiten ausgeschlossen: die Unterdrückung des anderen und die Unterwerfung unter den anderen.
Die Unterdrückung des anderen könnte man die Dampfwalzen-
methode nennen. Wir müssen von der Tatsache ausgehen, dass wir
alle gleich an Würde und Rechten geboren werden. Folglich kann
weder unsere Religion noch unsere Hautfarbe noch unsere Kultur
oder unser politisches, soziales oder wirtschaftliches System uns be-
rechtigen, die anderen zu zwingen, uns gleich zu sein.
Die Lösung des Problems unserer Verschiedenheit liegt aber auch
nicht in der Unterwerfung unter den anderen. Jeder muss, indem er
immerfort dem Suchen offen bleibt, gemäß seinem Ideal leben, gemäß dem, was er vom Sinn des Lebens entdeckt hat. Das, was ich als
Ideal des Friedens vorschlage, bedeutet in keinem Fall, dass jeder
neutral sein muss, keine Partei nehmen darf, nicht wählen darf, keine
Überzeugung haben oder sie nicht zeigen darf. Dieser Weg entspricht auch nicht dem, was man den Synkretismus nennt, der glaubt,
die Unterschiede aufzuheben, indem er alle Credos vermischt. Im
Gegenteil, ich glaube an den Weg zu einem Frieden in unseren Verschiedenheiten, und ich nenne diesen Weg den „brüderlichen Dialog", der zwischen der Unterdrückung dessen, der sich von mir un-
terscheidet, und der totalen Unterwerfung unter ihn liegt.

Achtung voreinander

Dominique Pire

In dem Problem der Trennung der Menschen hängt alles zusammen. Jeder Konflikt, auch wenn er nur zwischen Einzelwesen herrscht, ist im Ansatz ein Krieg. Alle Kriege, die kleinen wie die großen, bedingen einander. „Wenn morgen die Atombombe auf die Welt fiele, dann auch deswegen, weil du dich heute mit deinem Nachbarn gestritten hast." Sicherlich ist dieser Satz von Vladimir Drachoussoff zu brutal, aber er schildert ein exaktes Bild. Es wäre illusorisch, zu versuchen, eine internationale Verständigung zu verwirklichen, aber zwischen den Einzelwesen untragbare Ungerechtigkeiten bestehen zu lassen.

Was kann man nun von jedem Einzelnen erwarten? Ich bestehe darauf, dass meine Rolle als Mensch des Friedens zuerst darin besteht, den Frieden in mir selbst zu errichten. Dann eröffnet sich das Gebiet meiner Verbindungen mit der Welt. Sind sie von der tiefen Achtung vor den anderen gekennzeichnet? Diese Achtung muss so groß sein, dass selbst meine Sprache sie spontan ausdrückt. Zu diesen Verbindungen von Mensch zu Mensch gesellt sich dann die Gesamtheit meiner sozialen Verantwortungen.

Welcher Art mein Stand auch sein mag: Arzt, Rechtsanwalt, Beamter, Vorarbeiter, Briefträger, Eisenbahner, Gewerkschaftler, Familienmutter, Lehrer usw., ich habe meine Rolle zu spielen im Sinne der Gerechtigkeit und der totalen Achtung vor denen, die nicht so wie ich denken. Ich habe die Pflicht, mit ihnen einen Dialog zu führen.

Nobelpreisrede

Dominique Pire

Herr Präsident, meine Herren Mitglieder des Nobelpreiskomitees des Norwegischen Parlaments! Im Testament Alfred Nobels über die Stiftung des Friedenspreises steht unter anderem geschrieben, dass das Nobelpreiskomitee des Norwegischen Parlaments den Preis demjenigen zusprechen soll, der „am meisten oder am besten dazu beigetragen hat, die Brüderlichkeit unter den Menschen zu fördern". Diesen Anspruch habe ich zu verwirklichen versucht, indem ich mich zuallererst an den einzelnen Menschen wandte. Meine zukünftigen Aktionen werden immer mehr in der Konkretisierung der Nächstenliebe darauf zielen, in dem Geist zu handeln, den sich Nobel als eine Norm der Menschheit wünschte, um zu dem Ziel zu gelangen, das heute mehr als je zuvor eine Lösung fordert: ein dauerhafter Frieden unter den Nationen. ... Herr Präsident, ich nehme das ungeheure Vertrauen der Menschen an, das Sie durch die Verleihung des Friedensnobelpreises auf mein Haupt legen. Ich nehme es mit Freude an, warum sollte ich es nicht sagen? Es ist dies die Freude der Freundschaft, die Freude, sich nicht allein zu fühlen, die Freude, sich auf dem guten Weg zu wissen, auf dem, der zum gegenseitigen Verständnis und zur gegenwärtigen Liebe unter den Menschen führt, die Freude, etwas tun zu können, das Gesicht dieser Welt vollenden, verschönern zu können, die bilden, die gestalten zu können uns der Schöpfer die ungeheure Ehre erweist.

KINDER DES GLEICHEN VATERS SEIN

Dominique Pire

Lieber Gott,
ich habe versucht, jene zu lieben, die zu wenig von dir wissen,
Herr. Ich habe versucht, ihr Bruder zu sein ohne Hintergedanken.
Ich danke dir, dass ich zu ihnen gehen und mit ihnen arbeiten darf,
dass du mir erlaubt hast, ihnen mein Herz zu öffnen. Ich habe unter
der Engstirnigkeit der Gläubigen immer sehr gelitten. Für mich,
Herr, ist Gläubigkeit nichts anderes als eine größere Ehrfurcht vor
der Würde meiner Mitmenschen und eine größere Liebe zu ihnen
allen. Man darf nichts erzwingen, nichts erwarten, man muss sein;
das habe ich hundertmal erfahren. Lass mich also dein Sohn sein,
Herr. Gib, dass ich dich jeden Tag besser kenne, dass ich dir immer
näher sei, dass ich besser bete, dass ich die großen und die kleinen
Opfer besser ertrage; die Müdigkeit, die schlaflosen Nächte, die Na-
delstiche, das Unverstandensein, die Eifersucht, den Mangel an
Geld, die tausend Sorgen des täglichen Lebens.
Erleuchte jene, die um mich sind; lass das kleine Volk, das mir anvertraut worden ist und das mir mit seinen Zwisten Kummer bereitet,
eine einzige, friedliche Familie werden. Lieber Gott, ich bitte dich
darum aus den Tiefen meines erschöpften, nichtswürdigen Körpers.
Müdigkeit ertränkt alles; sie färbt die Dinge anders und verwandelt
Begeisterung in Furcht. Ich will versuchen, sie nach und nach wieder
loszuwerden. …
Lass es möglich werden, dass meine Botschaft in die Welt hinaus-
dringt und alle unsere Brüder, das heißt alle Menschen daran erinnert, dass sie sich verstehen, lieben und stützen sollen, weil sie alle
gleich sind, einander ebenbürtig und Kinder des gleichen Vaters.

FRIEDENSARBEIT

Franziskus Maria Stratmann

Die Antwort auf die Frage nach dem Sinn und Wert der Friedensarbeit im Allgemeinen kann nur ein uneingeschränktes Ja sein. Denn sie ist ein Stück und ein Herzstück der christlichen Mission überhaupt. Ganz abwegig ist die Auffassung, sie gehöre bestenfalls an die Peripherie dieser Mission ... Der Friedensgedanke und das Friedensgebot selbst aber nehmen in der Verkündigung Christi eine so hervorragende Stelle ein, dass niemand daran vorbeigehen kann, ohne den Herrn zu verleugnen. Ob die Welt über ein Einheits- und Liebesgebot und also über ein Friedensgebot den Kopf schüttelt und ob eine Generation nach der anderen sich darüber hinwegsetzt, spielt für die Pflicht der Weiterverkündigung gar keine Rolle. Die anderen Gebote Christi, die täglich übertreten werden, werden ja auch täglich weiter gepredigt.

Sowohl für das Reich Gottes in der Seele des Einzelnen wie für das Reich Gottes in der Kirche wie für das Reich Gottes mitten in der „Welt" ist es von entscheidender Bedeutung, dass die Moral Christi über die Beziehungen der Menschen und der Völker zueinander wenigstens prinzipiell hochgehalten wird ... wer erklärt: Wozu noch Friedensbewegung, wenn sie ihr Ziel doch nicht erreicht! ... vergisst, dass sie erstens schon einiges erreicht hat – es gibt eine „Liste nicht geführter Kriege", und es gibt, dank ihrer, ein verändertes Bewusstsein über das Recht zum Kriege –; dass sie zweitens noch viel erreichen kann; dass drittens die Dinge noch schlimmer werden, wenn sie ganz verschwindet; und dass viertens die Stimme der Wahrheit, der Gerechtigkeit, des Seinsollenden und vor allem der Offenbarung Gottes auch dann nicht schweigen darf, wenn niemand sie mehr hören will.

PRÄGUNG IM SEELENGRUND

Johannes Tauler

Wessen die Aufschrift auf der Münze ist, dem gibt man sie ohne Widerspruch – es sei Gott oder die Geschöpfe. Darum blicke jeder täglich und oft in seinen Grund, wessen die Überschrift sei, was von ihm am meisten geliebt, verlangt und gesucht sei, was ihn am allermeisten zu trösten, erfreuen, bewegen vermag, was sein Inneres am häufigsten und am meisten beschäftige, wie lieb ihm Gott sei und alle göttlichen Dinge, Gottes Freunde, Gottesdienst, oder was dazugehört, was er im Hinblick auf sie empfinde, wie sein Seelengrund zu Gott gewandt sei, wohin sein Wille gehe, die Ausrichtung seines Lebens und seines Wandels, seine Worte und Werke und wie er sich selbst zu sich selber verhalte: ob ihm nicht mehr gefalle und erfreue, nach innen und außen, seine Lust, sein Nutzen und Trost, seine Ehre, sein Vorteil, seine Freunde, sein Besitz und seine Bequemlichkeit, mehr als die göttlichen Dinge.

Wer diese Dinge gründlich durchdenkt in rechter Einsicht, gewinnt ein Wissen in großer, demütiger Zuversicht darüber, wo er hingehört, was seine Umschrift sei: was der Grund seiner Gesinnung sei im Grunde seiner Seele.

Sanft wie ein Schaf

Johannes Tauler

Warum nennt unser Herr seine Freunde immerfort Schafe? Das ist um zweier Eigenschaften willen, die die Schafe besitzen und die unser Herr durchaus und besonders liebt: Unschuld und Sanftmut. Lauterkeit und Unschuld, die lässt (die Gottesfreunde) dem Lamm folgen, wohin immer es geht, die Sanftmut steht Gott nahe, ein sanftmütiger Mensch hört Gottes Stimme, die der ungestüme und zornige Mensch nie hört. Denn wenn der Wind stürmt und Fenster und Türe klappern, kann man schlecht hören.

Willst du das väterliche, verborgene, heimliche Wort in dir vernehmen, das in heiligem Flüstern zum Innersten der Seele gesprochen wird, so muss in und außer dir alles Ungestüm vernichtet sein, und du sollst ein sanftmütiges Schäflein sein, besonnen und gelassen, und von deinem Stürmen ablassen und dieser liebreichen Stimme in stiller Sanftmut lauschen.

Dicke, harte Häute

Johannes Tauler

Woher, glaubt ihr wohl, kommt das, dass der Mensch auf keine Weise in seinen Grund gelangen könne? Das kommt daher, dass so manche dicke, schreckliche Haut darübergezogen ist, ganz so dick wie eine Ochsenstirn: Die haben ihm seine Innerlichkeit verdeckt, dass weder Gott noch er selber da hineingelangen kann; der Eingang ist verwachsen. Wisset, manche Menschen können dreißig oder vierzig (solcher) Häute haben, dick, grob, schwarz, wie Bärenhäute. Was sind das für Häute? Das ist ein jegliches Ding, dem du dich mit freiem Willen zukehrst: Antrieb zu (selbstsüchtigen) Worten und Werken zur Gewinnung von Gunst oder (aber) Trieb zur Abneigung (gegen einen anderen Menschen), Hochmut, Eigenwilligkeit, Wohlgefallen an irgendeinem Ding, das mit Gott nichts zu tun hat, Härte, Leichtfertigkeit, Unachtsamkeit im Betragen und dergleichen mehr. Solche Dinge bilden alle dicke Häute und große Hindernisse, die dem Menschen die Sicht verdunkeln.

Sobald aber der Mensch sich mit Schmerzen davon Rechenschaft gibt, sich demütig vor Gott schuldig bekennt und, was noch besser ist, den Entschluss fasst, sich zu bessern, soweit das nur in seinen Kräften steht, wird (noch) alles gut. Manchen Leuten aber kann man sagen, was man will: Sie hören davon nicht mehr, als wenn sie schliefen. So sehr sind ihnen die Felle vor den Augen und Ohren gewachsen. Von ihren Götzen wollen sie nicht lassen, welcher Art sie auch seien.

Vom Nutzen des Mistes

Johannes Tauler

Das Pferd macht den Mist in dem Stall, und obgleich der Mist Unsauberkeit und üblen Geruch an sich hat, so zieht doch dasselbe Pferd denselben Mist mit großer Mühe auf das Feld; und daraus wächst der edle schöne Weizen und der edle süße Wein, der niemals so wüchse, wäre der Mist nicht da. Nun, dein Mist, das sind deine eigenen Mängel, die du nicht beseitigen, nicht überwinden noch ablegen kannst, die trage mit Mühe und Fleiß auf den Acker des liebreichen Gottes in rechter Gelassenheit deiner selbst. Streue deinen Mist auf dieses edle Feld, daraus sprießt ohne allen Zweifel in demütiger Gelassenheit edle, wonnigliche Frucht auf.

ALLTÄGLICHE ARBEIT

Johannes Tauler

Jeder Dienst und jede Tätigkeit, wie gering sie auch sei, sind allesamt Gnaden, und derselbe Geist wirkt sie zu Nutz und Frommen der Menschen. Beginnen wir mit dem Geringsten: Einer kann spinnen, ein anderer Schuhe machen, wieder andere verstehen sich gut auf andere solcher äußerer Dinge und sind darin geschäftig, und ein anderer kann das nicht. Und das sind alles Gnaden, die der Geist Gottes wirkt.

Wisset, wäre ich nicht Priester und lebte nicht in einem Orden, ich hielte es für ein großes Ding, Schuhe machen zu können, und ich wollte es besser machen als alles andere und wollte gerne mein Brot mit meinen Händen verdienen.

Meine Lieben! Fuß und Hand sollen nicht Auge sein wollen. Jeder soll *den* Dienst tun, zu dem ihn Gott bestellt hat, wie schlicht er auch sei; ein anderer könnte ihn vielleicht nicht tun … Sankt Augustin sprach: Gott ist ein einförmiges, göttliches, einfaches Wesen und wirkt doch alle Vielfalt und alles in allen Dingen, einer in allem, alles in einem. Es gibt keine noch so geringe Arbeit, keine noch so verachtete und bescheidene Kunstfertigkeit: Auch sie kommt ganz von Gott und ist ein Erweis seiner besonderen Gnade. Und jeder soll für seinen Nächsten *das* tun, was dieser nicht ebenso gut kann, und soll aus Liebe ihm Gnade um Gnade erweisen … was er von Gott empfangen hat, das soll und muss ein jeglicher einem seiner Brüder wiedergeben, so gut er nur kann und wie es ihm Gott gegeben hat.

Ein neues Werk beginnen

Johannes Tauler

Will ein Mensch ein neues Werk beginnen, eine neue Übung vornehmen, so versenke er sich damit völlig in Gott, damit er Gottes Ehre fördere, und prüfe sorgsam, ob er genug der Gnade Gottes besitze, ob das, was ihn treibt, recht ist, ob seine Natur Gott folgsam sei und er die Lasten (die das Werk ihm bringt) zu tragen vermöge; er wende sich seinem Unvermögen zu, blicke in den Grund seiner Seele, schenke ihm alle Aufmerksamkeit, schweife nicht draußen herum und schaue, ob er diesen Grund wahrhaft in sich finde, (der da ist) wahre, wesentliche Demut, Liebe und Besonnenheit. Besitzt er diese drei, so wird Gott gewiss in ihm große und wunderbare Dinge wirken …

WIE EIN MAGNET

Johannes Tauler

Ganz wie der Magnetstein das Eisen anzieht, so zieht der liebevolle Christus alle Herzen, die je von ihm berührt wurden,
nach sich. Wie (nämlich) das Eisen von dem Stein mit der (ihm inne-
wohnenden) Kraft berührt wird, erhebt es sich in die Höhe dem
Magnetstein nach, anders wie seine natürliche Art ist und es seinem
Wesen nicht entspricht; es ruht nicht in sich selbst, es werde denn in
die Höhe gehoben. Ebenso hält weder Liebe noch Leid jeglichen
Grund fest, der von dem Magnetstein Christus berührt wurde: Er
hebt sich über sich zu ihm empor, vergisst ganz seiner eigenen Natur
und folgt ihm, und je edler er berührt ist, desto lauterer und beharrlicher und vollständiger und zudem leichter folgt er ihm …

Dieser Berg [der Ölberg] lag zwischen Jerusalem und Bethanien.
Wer Christus nachfolgen will, muss den Berg ersteigen. Es gibt keinen noch so wonnigen, noch so schönen Berg – hinaufzusteigen ist
doch mühevoll. Also, ihr Lieben, wer Christus nachfolgen will, muss
sich von seiner Natur lossagen. Man findet viele Leute, die ihm gerne folgten, wenn es ohne Pein und ohne alle Mühe ginge und es ihnen nicht sauer würde. Sie wären gerne auf dem Berg, soweit er nach
Jerusalem zu liegt, was ja „Frieden" bedeutet, und diese Menschen
werden in sich (auch) Frieden, Freude und Trost gewahr. Mehr wird
aber nicht daraus, wenn sie nicht auch auf der anderen Seite zu wei-
len vermögen, die nach Bethanien zu liegt. Und dies bedeutet: „Pein,
Gehorsam, Leiden".

ERKENNEN UND LIEBEN

Katharina von Siena

Ich habe die Seele nach meinem Bild erschaffen, indem ich ihr Gedächtnis, Verstand und Wille verlieh. Der Verstand ist ihr edelster Teil: Die Liebe bewegt ihn, und er wiederum ernährt die Liebe, sie erfüllt das Gedächtnis mit der Erinnerung an mich und die erhaltenen Wohltaten. Solches Erinnern macht den Menschen eifrig statt nachlässig, dankbar statt undankbar: So unterstützt eine Seelenkraft die andere, und die Seele wird mit dem Leben der Gnade genährt.

Ohne Liebe kann die Seele nicht leben, sie will stets etwas lieben, besteht sie doch aus dem Stoff der Liebe, weil ich sie aus Liebe erschaffen habe. Deshalb sagte ich dir: Die Liebe bewege ihren Verstand, gleich als sage sie: Ich will lieben, denn meine Speise ist Liebe. Wenn der Verstand sich so von der Liebe aufgeweckt fühlt, dann erhebt er sich und antwortet gleichsam: Wenn du lieben willst, so werde ich dir gerne verschaffen, was du lieben kannst. Jeder richtet sich unverzüglich auf, indem er die Würde der Seele erwägt und ihre Würdelosigkeit, in die sie durch eigene Schuld geraten ist. In der Würde ihres Daseins verkostet er meine unermessliche Güte und unerschaffene Liebe, mit der ich sie erschuf. Im Anblick ihres Elendes findet und kostet er meine Barmherzigkeit, der ich ihr aus Erbarmen die Zeit geschenkt und sie aus der Finsternis geführt habe.

Kraft in der Schwäche

Timothy Radcliffe

Einer meiner Vorgänger im Amt des Provinzials war ein Mitbruder namens Anthony Ross OP. Er war berühmt als Prediger, als Historiker, als Gefängnisreformer und sogar als Ringer! Eines Tages, kurz nach der Wahl zum Provinzial, erlitt er einen Schlaganfall und wurde praktisch aufs Schweigen zurückgeworfen. Er musste vom Provinzialat zurücktreten und erneut lernen zu sprechen. Die wenigen Worte, die er sagen konnte, hatten mehr Kraft als alles, was er vorher gesagt hatte. Die Menschen kamen zu ihm zur Beichte, um seine einfachen, heilenden Worte zu hören. Seine Predigten aus einem halben Dutzend Wörtern konnten das Leben von Menschen verändern. Es war, als ob das Leid und die Stille einen Prediger geformt hätten, der uns Leben spendende Worte schenken konnte wie niemand zuvor.

Ich besuchte ihn, bevor ich zum Generalkapitel nach México flog, von dem ich zu meiner großen Überraschung nicht in meine Provinz zurückkehren sollte. Sein letztes Wort an mich war: „Mut!" So ein Wort ist das größte Geschenk, das wir einem Mitbruder machen können.

Leben im Leib

Timothy Radcliffe

Ich erlange keine reife Beziehung zu meiner Geschlechtlichkeit, solange ich den menschlichen Körper nicht akzeptiere und sogar Gefallen an ihm finde, an meinem eigenen Leib und an dem anderer Menschen. Das ist der Leib, den ich habe und der ich bin, älter werdend, dicker, mit Haarausfall und all dem anderen, was zur Sterblichkeit gehört. Ich muss ungezwungen mit anderer Leute Körper umgehen können, mit den schönen und den hässlichen, den kranken und den gesunden, den alten und den jungen, den männlichen und den weiblichen. Der heilige Dominikus gründete damals den Orden, um die Menschen aus der Tragödie einer dualistischen Religion zu befreien, die diese geschaffene Welt als böse verurteilte.

Von Anfang an steht daher im Zentrum unserer Geschichte eine positive Würdigung der Leiblichkeit. Der Leib ist der Ort, zu dem Gott kam, um uns zu treffen und uns zu erlösen, indem er Mensch wurde, aus Fleisch und Blut wie wir. Das zentrale Sakrament unseres Glaubens ist die Teilhabe an seinem Leib; unsere letzte Hoffnung ist die Auferstehung des Leibes. Das Gelübde der Keuschheit ist daher keine Flucht vor unserer leiblichen Existenz. Wenn Gott Fleisch und Blut geworden ist, dann dürfen wir es genauso wagen.

ESSEN UND TRINKEN

Paul Murray

Eine der erstaunlichsten Beobachtungen, die jemals über Gottes Liebe zur Welt gemacht wurden, kommt im Matthäusevangelium vor. Das 11. Kapitel ist inspiriert von Jesus selbst und unterstreicht gänzlich und unmittelbar die Neuartigkeit der Art und Weise, wie Jesus sich zu den Sündern verhält. Ich finde diese Passage wirklich bemerkenswert aufgrund der scheinbaren „Alltäglichkeit" Jesu – ein Mann, „der isst und trinkt" – und der strengen, außergewöhnlichen Figur des Täufers: „Johannes ist gekommen, er isst nicht und trinkt nicht, und sie sagen: Er ist von einem Dämon besessen. Der Menschensohn ist gekommen; er isst und trinkt, und darauf sagen sie: Dieser Fresser und Säufer, dieser Freund der Zöllner und Sünder." Thomas widmete diesem Kapitel des Matthäusevangeliums besondere Aufmerksamkeit in seinem Evangelienkommentar. „Johannes [der Täufer]", so schreibt er, „wählte für sich den Weg der Strenge (*viam austeritatis*), der Herr jedoch wählte für sich den Weg der Güte (*via lenitatis*)" [Thomas von Aquin, Lectura super Matthaeum, 11].

Darüber hinaus „markierte Johannes das Ende des Alten Testaments, in dem strenge [Dinge] auferlegt wurden. Christus jedoch markierte den Beginn des neuen Gesetzes, das auf einem Weg der Güte fortfährt" [ebd.]. Verglichen mit Johannes „nimmt Christus ein menschlicheres Leben" [ebd.], das heißt ein lebendiges, gemeinschaftliches Leben an. „Der Mensch", so sagt Thomas, „ist von Natur aus gemeinschaftlich." Weiterhin neigen wir als Menschen instinktiv zu dem, was uns erfreut bzw. Freude macht (*naturales delectationes*) [ebd.]. Es ist hier nebenbei erwähnenswert, dass Thomas in der Summa erklärt: „Niemand kann ohne Sinnlichkeit oder körperliche Freude leben."

Asche und Staub

Pierre Claverie

Die christliche Fastenzeit beginnt mit einer Feier, die ihr die rechte Ausrichtung verleiht: das Auftragen der Asche. Man verbrennt die Zweige der Olivenbüsche, die den Zuruf des jüdischen Volkes beim Einzug Jesu in Jerusalem symbolisiert haben, mit dem Ausruf „Hosanna dem Sohne Davids", dem neuen König von Israel, dem Messias. Diese Zweige, welche menschlichen Ruhm verdeutlichen, sind Asche geworden. Sie bezeugen nun den Geschmack der kurzzeitigen Ehrenbekundungen, in denen wir zu oft den Sinn unseres Lebens und die Befriedigung unserer Eitelkeit suchen.

Ja mehr noch, die Asche und der Staub sind das Schicksal all dessen, was existiert: Das Buch Genesis sagt uns besonders in seiner bildhaften Weise, dass der Mensch geformt ist vom Erdenlehm und vom Geist. Die Liturgie des Aschermittwochs erinnert uns an diesen Ursprung: „Gedenke, dass du Staub bist und zum Staub zurückkehren wirst." Die Fastenzeit ist daher verortet unter dem Zeichen der menschlichen Zerbrechlichkeit und dem schnelllebigen Charakter unseres ganzen Lebens. Vierzig Tage, um in das Angesicht des Todes zu schauen und um den Sinn des Lebens zu suchen: Mit Jesus durchlaufen wir einen Weg, ohne unseren Lebensbedingtheiten auszuweichen, die Zerbrechlichkeit, Endlichkeit, Leid und Tod beinhalten. Nichts ist an dieser Art, den Tod ernst zu nehmen, morbide. Ganz im Gegenteil: Im Sich-vertraut-Machen mit dieser unausweichlichen Perspektive wird man dazu geführt, sich hinsichtlich der Wertigkeit des Lebens zu befragen. Da wir nun alle einer ähnlichen Hinfälligkeit versprochen sind, wie können wir uns dafür bereiten?

GEIST DER SELIGPREISUNGEN

Pierre Claverie

Wie könnten wir zuhören, wenn wir voll von uns selbst sind, von unseren materiellen und intellektuellen Reichtümern … Unsere Chance in Algerien ist, mittellos zu sein … aber ist dies jemals genug? Von unseren Reichtümern, von unseren Ansprüchen und von unserer Selbstgefälligkeit befreit, können wir hören, empfangen und teilen von dem, was wir haben.

Es ist nicht nötig, dass wir fortwährend damit beschäftigt sind, uns zu verteidigen. Was haben wir zu verteidigen? Unser Glück? Unsere Gebäude? Unseren Einfluss? Unseren Ruf? Unsere soziale äußere Gestalt? All dies ist lächerlich im Vergleich zum Evangelium der Seligpreisungen … Wir wollen Gott danken, dass er seine Kirche führt zur einfachen Menschlichkeit … Wir wollen uns erfreuen an alldem, was uns empfänglich und verfügbar macht, mehr besorgt darum, uns zu geben, als uns zu verteidigen. … Besser als uns zu schützen, täten wir gut daran, das zu verteidigen, was wir als wesentlich für das Leben betrachten, für das Wachstum, für die Würde und die Zukunft des Menschen. Die Liebe Gottes drängt uns dorthin …

Von der rechten natürlichen Liebe

Franziskus Maria Stratmann

Die gewöhnliche Askese betont das Verzichten, die Abkehr, das „Verachten" der irdischen Güter. Die Folge ist, dass die überwältigende Mehrheit auch der Christen einer solchen Predigt von vornherein die Ohren verschließt und dass der Rest, der wohl noch hinhört und Anstrengungen macht, nach dieser Lehre sein religiöses Leben einzurichten, erstens bei zahlreichen Gelegenheiten seinen Vorsätzen untreu wird, zweitens, wo er sie ausführt, es mit Unlust tut. Die natürlichen Güter werden gegen die Natur in Gedanken minderwertig gemacht, während das Gefühl, die „Natur", das Herz sich ihnen weiter stark zuneigt. Der Mensch wird gespalten und zerrissen in einen „natürlichen" und einen „übernatürlichen" Menschen …

Immer wieder sage ich mir, dass ein solches „geistliches Leben", ein solcher geistlicher Kampf dem Schöpfer der Natur Unrecht tut … Da zwischen Natur und Übernatur kein Gegensatz bestehen darf, müssen die natürlichen Güter unbedingt „Güter" bleiben und als solche „geliebt" werden dürfen. Nur das, was gegen Gott steht und gegen Gott gebraucht und geliebt wird, ist schlecht und vom religiösen Leben, das heißt vom Leben überhaupt, auszuschließen. Alles andere ist in den Gottesdienst und die Gottesliebe *ein*zuschließen, und zwar so, dass auch nichts mehr *neben* Gott zu stehen kommt. Das ist die glückliche Formel, die mir heute einfiel: nichts *gegen* (contra) Gott, auch nichts *neben* (praeter) Gott, sondern alles *in* Gott (*in Deum* und *in Deo; in Deum* bezeichnet die Richtung, die Beziehung auf ihn hin, *in Deo* sogar das Darinsein).

Um der Gerechtigkeit willen

Timothy Radcliffe

Der heilige Josef war ein gerechter, aufrichtiger Mann. … Und so beschloss er, als er entdeckte, dass Maria schwanger war, das Rechte zu tun. Um seinen guten Ruf zu schützen, würde er sich von ihr trennen, und um ihren Ruf zu schützen, würde er es in aller Stille tun, ohne davon Aufhebens zu machen. … Doch der Gehorsam dem Boten Gottes gegenüber verlangte von ihm, dass er aufs Spiel setzte, was ihm überaus teuer war, seine Ehre. Er muss diese Frau, die schwanger ist, und nicht von ihm, in sein Haus aufnehmen und ihr Kind aufziehen. Und seitdem war Josef dem Spott ausgesetzt. … Doch indem er sein Schicksal annimmt, steht er dem ihm anvertrauten Sohn überaus nahe, der einen schändlichen Tod am Kreuz sterben wird, das denkbar unehrenhafteste Schicksal. So erscheint er als genau der Vater, der erforderlich ist, ein Kind aufzuziehen, das Emmanuel, Gott mit uns ist, uns nahe in unserer Schande und Torheit. … So lehrt uns Josef in diesem Evangelium zwei Weisen der Vorbereitung auf das Eintreten in die Gesellschaft Jesu. Zuallererst müssen wir uns um den guten Ruf anderer Leute sorgen. … Nach Thomas von Aquin ist der gute Ruf einer Person ihr wertvollster Besitz, und ihn zu zerstören, ist nicht nur ungerecht, sondern ein Raub. … Wir müssen dem saftigen Vergnügen widerstehen, pikanten Klatsch weiterzutragen. … Täglich zerstören die Medien beiläufig den guten Ruf von Leuten durch Anklagen oder versteckte Andeutungen. Berühmtheiten werden aufgebauscht und dann abgeschossen. Ganze Personengruppen werden verrissen. … Doch Jesus machte sich jene zu seinen ersten Gefährten, die einen schlechten Ruf hatten, Prostituierte und Zöllner. … Zweitens, wir müssen es wagen, unseren eigenen guten Ruf aufs Spiel zu setzen, wenn es sein muss. Wie Josef müssen wir das Risiko eingehen, missverstanden, verhöhnt und zur Zielscheibe des Spotts zu werden.

FRAUENFRAGE

Hanna-Renate Laurien

Man mag fragen: Warum starren wir Frauen aufs Priestertum, obwohl doch alle Getauften aufgerufen sind, das priesterliche, das königliche, das prophetische allgemeine Priestertum zu leben? Doch Kirche ist, wie jede Institution, auch ein Machtgefüge. In den diözesanen Verwaltungen gibt es in Leitungsfunktionen kaum Frauen, auch nicht in anderen Einrichtungen katholischer Trägerschaft – von Schule bis Erwachsenenbildung. Wo sind Frauen in römischen Gremien? Und welche Frauen werden, wenn überhaupt, in solche Gremien berufen? …

Wie man unschwer sieht, zwingt das Thema „Frau" zur Ausweitung der Frage nach der Stellung der Laien und lässt nach der Leitungsfunktion in neuen Formen fragen. Faktische und fiktive Funktion fallen auseinander.

Die Hoffnung kommt aus den Gemeinden, den Pfarrgemeinde- und Diözesanräten, aus der „Orthopraxis". Selbstverständlich gibt es keinen Rechtsanspruch auf das Priestertum. Aber darf, ohne Prüfung der Berufung, ohne Prüfung der Eignung, ein Glaubender von einem Sakrament aufgrund seines Geschlechts ausgeschlossen werden? Setzen wir den Satz in die weibliche Form, so ist er Realität. Damit ist unsere Frage nach dem Priestertum der Frau keine Frage des Frauenrechts, des Feminismus, sie ist eine Frage an unsere Ekklesiologie, unsere Christologie.

LEBENS-ERFAHRUNG

Bruno Cadoré

Die Vielfalt der konkreten Situationen, in denen die Laien leben, ist … eine hervorragende Bereicherung für die gesamte Dominikanische Familie. Diese Vielfalt erlaubt uns, nicht der simplen Vorstellung zu erliegen, die menschlichen und persönlichen Realitäten sowie die Realitäten der Familien könnten eindeutig dargestellt werden oder mit einem „theoretischen" Konzept, das sehr leicht normativ oder verkürzt wird. Aber gerade in der konkreten Erfahrung stellen sich die Fragen nach dem Leben als Ehepartner, nach der Kindererziehung, der Verantwortung im Beruf, der Unsicherheit des Arbeitsplatzes, nach dem Lebensstandard, den politischen oder sozialen Engagements.

In der konkreten Erfahrung werden auch solche Situationen wie die Trauer um den Ehegatten/die Ehegattin oder um ein Kind erlebt, die manchmal schwierigen Zeiten während einer beruflichen Neuorientierung, die Phasen im Übergang zum Ruhestand, die Behinderungen des hohen Alters. Im konkreten Leben der dominikanischen Laien stehen all diese Erfahrungen im ständigen Dialog mit ihrem Engagement zur Verkündigung des Evangeliums. Deswegen leisten sie innerhalb der Dominikanischen Familie einen unvergleichlichen Beitrag zum Verständnis des Wortes Gottes.

LEBENS-VERKÜNDIGUNG

Bruno Cadoré

Wenn die Kirche heute die Notwendigkeit einer Erneuerung der Evangelisierung unterstreicht, stellt sie oft fest, dass die Säkularisierung eine zentrale Herausforderung für die Verkündigung des Reiches Gottes darstellt. Auch hier muss der spezifische Charakter der Erfahrungen betont werden, die die Laien in ihrem beruflichen, freundschaftlichen und familiären Umfeld mit dieser Säkularisierung machen. Wie oft hört man unsere Schwestern und Brüder der Laiengemeinschaften von ihrer Trauer darüber reden, dass ihre Familie sich in einer gewissen Gleichgültigkeit immer mehr vom Glauben entfernt. Oder sie bringen ihr Gefühl von Einsamkeit zum Ausdruck, wenn es ihnen fast unmöglich erscheint, ihren Glauben in dem Umfeld, in dem sie leben und arbeiten, öffentlich zu bekennen. Oder sie erzählen, dass sie mit Unverständnis konfrontiert werden, wenn sie versuchen zu zeigen, dass das von Wissenschaft und Technik geprägte moderne Denken und die Glaubensüberzeugungen und ihre Werte nicht unbedingt in Widerspruch zueinander stehen.

Sehr oft erklären einige von ihnen auch, wie schwierig es angesichts sehr verschiedenartiger kultureller Kontexte ist, die rechte Haltung im jeweils aktuellen Kontext des religiösen Pluralismus zu finden. Hier können die dominikanischen Laien der gesamten Dominikanischen Familie helfen, eine Verkündigung kreativ zu entfalten, die das eindeutige Wort und das verständliche Zeugnis miteinander verbindet.

Tugenden

Timothy Radcliffe

Der Mut zu sprechen kommt nicht allein den Priestern zu, sondern jedem Christen kraft der Taufe. Oft geht es uns jedoch eher wie den Frauen am Grab. Wir sind unfähig, irgendetwas zu sagen, weil wir Angst haben. Gegen Ende ihrer Amtszeit und im Wissen, dass sie kein neues Bistum mehr übernehmen werden, reden Bischöfe manchmal freier, weil „sie nichts zu verlieren haben". Aber was Größeres hätten wir denn zu verlieren als die Freiheit zu sprechen? Wir sollten einander Mut machen zu reden, besonders denjenigen, mit denen wir nicht übereinstimmen. Sonst werden Freude, Freiheit und Glück – die Früchte der Teilhabe an Gottes Leben – vertrocknen, und wir werden unfähig zum Zeugnis für die Auferstehung des Wortes von den Toten sein. Mut ist die Tugend, die wir brauchen, wenn die anderen Tugenden gedeihen sollen.

Der Tod führt uns am deutlichsten vor Augen, was Mut ist. Denn der Mut konfrontiert uns mit unserer eigenen Verletzlichkeit, und unsere äußerste Verletzlichkeit besteht darin, dass wir sterblich sind. Wenn Mut die Kraft des Geistes ist, die uns klar sehen lässt, was uns bevorsteht, müssen wir versuchen, die Bedeutung des Todes zu verstehen.

G. K. Chesterton schrieb einmal: „Mut ist fast ein Widerspruch in sich. Er bedeutet so viel wie ein intensives Verlangen nach Leben, das die Form einer Todesbereitschaft annimmt." Dieser Widerspruch, oder zumindest diese Spannung, findet sich darin, wie wir den Tod in den Blick nehmen. Wir können über ihn auf zwei unterschiedliche Weisen sprechen – als Auslöschung oder als Befreiung. Beides ist notwendig.

GRUNDREGEL DER DOMINIKANISCHEN LAIEN

Männer und Frauen, die mitten in der Welt die Nachfolge Christi leben, haben kraft Taufe und Firmung Anteil am dreifachen Amt Jesu Christi, der Prophet, Priester und Hirte ist. Sie sind dazu berufen, die Gegenwart Christi in den Völkern lebendig zu erhalten und dazu beizutragen, dass „die Menschen überall auf der Erde die Heilsbotschaft Gottes erkennen und annehmen können" (Dekret über das Laienapostolat des II. Vatikanums, Nr. 3).

Einige von ihnen lassen sich vom Geist Gottes zu einem Leben aus Geist und Charisma des heiligen Dominikus bewegen. Mit einem besonderen Versprechen, das ihren eigenen Statuten entspricht, gliedern sie sich in den Orden ein.

Sie schließen sich zu Gemeinschaften zusammen und bilden mit den anderen Zweigen des Ordens eine Familie (vgl. LCO 141).

Dies prägt sowohl ihr persönliches geistliches Leben wie auch ihren Dienst vor Gott und an den Menschen in der Kirche. Als Mitglieder des Ordens sind sie auf ihre Weise Träger seiner apostolischen Sendung in Gebet, Studium und Predigt.

Wie Dominikus, Katharina von Siena und viele andere Brüder und Schwestern, die das Leben des Ordens und der Kirche beispielhaft geprägt haben, finden sie Kraft in der geschwisterlichen Gemeinschaft, die sie vor allem darin bestärkt, ihren eigenen Glauben zu bezeugen, die Probleme und Bedürfnisse der Menschen von heute wahrzunehmen und die Wahrheit sichtbar werden zu lassen.

Mit den heute drängenden Aufgaben des Apostolats der Kirche setzen sie sich engagiert auseinander. Besonders fühlen sie sich gedrängt, den Menschen in ihren Ängsten in entgegenkommender Geschwisterlichkeit zu begegnen, sich für die Sache der Freiheit einzusetzen und Gerechtigkeit und Frieden zu fördern.

Vom Charisma des Ordens geprägt, wissen sie, dass ihre apostolische Tätigkeit aus der Tiefe geistlicher Erfahrung entspringen muss.

Normen für das Gemeinschaftsleben

In … geschwisterlicher Gemeinschaft sollen sie sich bemühen, den Geist der Seligpreisungen zu leben. Das zeigt sich in der Herzlichkeit ihres Umgangs mit den Menschen …, aber auch in der Bereitschaft, ihre Zeit und ihren Besitz mit den Mitgliedern ihrer Gemeinschaften zu teilen, sowie im gedenkenden Gebet für die Verstorbenen, so dass sie immer ein Herz und eine Seele in Gott sind. Gemeinsam mit den Ordensbrüdern und -schwestern tragen die Mitglieder der Gemeinschaften das Apostolat des Ordens und nehmen so aktiv Anteil am Leben der Kirche …

Dies sind die wichtigsten Quellen, aus denen dominikanische Laien die Kraft schöpfen, ihrer eigenen Berufung gerecht zu werden – einer Berufung, in der Kontemplation und Apostolat unlösbar ineinander verschränkt sind:

a) das Hinhören auf Gottes Wort und das Lesen der Heiligen Schrift, besonders des Neuen Testamentes,

b) das tägliche Stundengebet und die tägliche Feier der Eucharistie, soweit es möglich ist,

c) die häufige Feier des Sakramentes der Versöhnung,

d) die Feier des Stundengebets mit der ganzen Dominikanischen Familie wie auch das persönliche Gebet, zum Beispiel Meditation und Rosenkranz,

e) die Bekehrung des Herzens aus dem Geist und der Umkehrpraxis des Evangeliums,

f) das ständige Studium der offenbarten Wahrheit und das unablässige Nachdenken über die Probleme dieser Zeit im Licht des Glaubens,

g) ein freundschaftliches Verbundensein mit Maria, wie es der Tradition des Ordens entspricht, mit dem heiligen Dominikus, unserem Ordensvater, und mit der heiligen Katharina von Siena,

h) regelmäßige gemeinsame Besinnungszeiten.

Warum entfliehst du?

Tito de Alençar Lima

Warum entziehst du dich, während mein ganzer Körper dich
sucht?
Meine Stimme ist rau geworden vom vielen Rufen.

Wo bist du zu finden?
Vielleicht bist du zu weit weggegangen.
Aber wohin?

Auf welchem Stern hast du Zuflucht gefunden?
Wenn du dich dort finden ließest,
würde ich meine Augen in ein Teleskop verwandeln.

Jede Nacht würde ich mit dir reden, ganz nahe bei dir.
Im Garten deines Planeten würde ich die schönsten Blumen
pflücken,
um deinem Körper den Geruch reinsten Parfums zu geben
und mit der ganzen Glut meiner Sexualität begehrt zu werden.

NÄCHTE DES SCHWEIGENS

Tito de Alençar Lima

Es gibt Nächte des Schweigens. Stimmen, die in einen unendlichen Raum rufen.
Ein Schweigen des Menschen und ein Schweigen Gottes.
Ist das nicht die menschliche Stimme unserer Zeit? Wer hört sie?
Wann spricht sie? Und wenn sie spricht, was sagt sie?
Herr, du hast diese Stunde bei deinem geliebten Vater durchlebt. Warum hast du diese Lebensform gewählt? Warum hast du gebetet? Bist du etwa nicht Gott? Zu wem hast du gebetet? Warum hast du deinen Freunden nichts anvertraut von diesen Begegnungen in den Nächten der Finsternis und der Todesschatten? Abgesondert auf einem Berg, schön, einfach wie alles Schöne, hast du von deinem Vater erbeten Frieden und Sinn deiner Sendung, deines Leidens, deiner Einsamkeit.
Manchmal, wenn ich dir begegne, sehe ich dich allein.
Unverstanden. Auch preisgegeben.
Mein Vater, mein Vater, warum hast du mich verlassen?
Herr, hat dich dein Vater wirklich verlassen?
Ich, ich bin allein. In einer Welt – ich weiß nicht was für einer Welt.
Vielleicht einer Welt der Ungewissheit, aber auch der Hoffnung: dich eines Tages von Angesicht zu Angesicht zu sehen. Wie gern würde ich dich sehen und dich ganz einfach fragen: Was willst du von mir? Hast du mich zufällig gar nicht zum Leben berufen? Und warum gibst du mich preis?
Oder sind meine Ohren schon taub für deine Stimme?
Stimme des Schweigens, Stimme der Schmerzen, Stimme eines Leidens, das ganz vermischt ist mit deiner Art, vor mir zu sein.
Welches ist das Wort deines Schweigens? Das meine kennst du gut …
Nein wirklich, ich verstehe nichts.
Nimm deinen Geist nicht von mir, entferne ihn nicht von meinem Angesicht. Denn ich möchte Ihn sehen. Zeige mir dein Antlitz, damit ich ein Lied der Tröstung vernehme. Eine Wiege für ein Kind, das sich völlig in deine Arme gibt, um Trost und Frieden zu empfangen.

STÖHNEN VOR SCHMERZ

Tito de Alençar Lima

Wenn meine Seele gestorben ist, wer wird sie aufwecken?
Finstere Nächte, dunkle Lichter.
Mein Geist stöhnt vor Schmerz.
Mein Herz schlägt wie das Ticken einer Uhr auf der Suche des Seins,
während dieses Sein das Nichts ist.
Mein Leben verströmt in einem ewigen Zwiespalt:
das Sein und das Nicht-Sein.
Leben heißt sehen:
die Sterne sehen,
die Blumen sehen,
die unendliche Schönheit eines Schöpferwesens.
Ich sehe nicht den Himmel, aber vielleicht die Erde,
ein verlorenes Paradies.
Wenn der Himmel Erde ist, auf ihr sterbe ich wie ein todwundes
Wesen: Erfahrung, Erfahrung meines Lebens.
Im Licht und Dunkel verströmt das Blut meiner Existenz.
Wer kann mir sagen, wie man das leben soll?
Erfahrung des Sichtbaren oder des Unsichtbaren?
Wenn das Unsichtbare das Sichtbare ist, wozu überhaupt sehen?
Für mich heißt sehen leiden in einer Welt,
an meiner Tiefe, meiner Einzigartigkeit.
Vielleicht an meiner komplizierten Einfachheit.
Es gibt einen Grund, zu sein oder nicht zu sein.
Im Nichts, in der Leere finde ich eine Flamme,
die ein Absolutes öffnet.
Aber wo? Auf welcher Erde?
Ich betrachte jeden Abend die Sterne,
eigenartiger Blick auf ein Unbegrenztes,
das so weiträumig ist wie die Distanz eines Blitzes.
Vielleicht sind es die Augen Gottes, des Schöpfergottes.

WIDER ALLE VERHERRLICHUNG DES LEIDENS

Johannes B. Brantschen

Ist Gott der menschenfreundliche, gütige Vater, der uns bedingungslos gernhat, bedingungslos verzeiht, wie der Vater im Gleichnis vom verlorenen Sohn, oder ist Gott der harte Herr, der Sühne will und damit nicht nur das Kreuz seines Sohnes, sondern auch unser Kreuz fordert als Genugtuung für die Sünden? Die Antwort muss klar sein: Gott ist der menschenfreundliche, gütige Vater. Er ist die Liebe. Und wir sollten die allzu menschlichen Gedanken um Sühne, Genugtuung und Loskauf getrost hintanstellen. Wer hat denn letztlich Interesse an dieser Mystifizierung des Kreuzes, an dieser Verherrlichung des Leidens? Antwort: die Ausbeuter, die Privilegierten, die Machtgierigen. Denn es ist leichter, die Armen und Unterdrückten unten zu halten, wenn man ihnen sagen kann: Tragt eure Leiden in Geduld, denn Gott will es so! Gott will es nicht. Gott ist kein Sadist. Gott will weder das Kreuz seines Sohnes, noch will er die Leiden der Ausgebeuteten und Beleidigten dieser Erde. Gott braucht keine Wiedergutmachung seiner Ehre. Gott hat seine Ehre vielmehr dareingesetzt, dass der Arme, Ausgebeutete, Leidende glücklich werde. Der lebendige Mensch – das ist die Ehre Gottes, wie schon der Kirchenvater Irenäus wusste. Wenn Gott die Sünde nicht ertragen kann, so nicht deshalb, weil dadurch seine Ehre verletzt wird, sonst wäre Gott nicht so diskret. Gott kann die Sünde deswegen nicht ertragen, weil er nicht will, dass die Menschen, die er gernhat, sich gegenseitig zerfleischen. Es geht Gott nicht um seine Ehre, sondern um unser Glück. Allerdings ist Gott kein Marxist, der uns gegen unsern Willen das Glück aufzwingen will.

Die grosse Frage an Gott

Johannes B. Brantschen

Der Skandal des Leidens kann uns helfen, unser allzu oft naives Bild vom „lieben Gott" zu korrigieren hin auf das Bekenntnis: „Gott ist Liebe." Die Liebe ist das Anspruchsvollste, das wir kennen, weil sie Wahrheit und Recht mit einschließt und sie verwandelnd übersteigt. In diesem Punkt kann uns vielleicht Thomas Mann mit einer Episode aus seinem Roman *Joseph und seine Brüder* einen Wink geben: In jener Nacht, als Jakobs Lieblingsfrau Rahel bei der Geburt ihres Sohnes Benjamin stirbt, ruft Jakob: „Herr, was tust du?", und Thomas Mann fährt fort: „In solchen Fällen erfolgt keine Antwort. Aber der Ruhm der Menschenseele ist es, dass sie durch dieses Schweigen nicht an Gott irre wird, sondern die Majestät des Unbegreiflichen zu erfassen und daran zu wachsen vermag. Jakobs Aufblick ins Ungeheure war entsetzungsvoll, aber nicht ohne Kraft des Schauens, und seine Arbeit am Göttlichen erfuhr in dieser furchtbaren Nacht eine Förderung, die eine gewisse Verwandtschaft mit Rahels Qualen hatte."

Jakob hat in dieser Nacht der Tränen etwas von jener Wahrheit begriffen, die auch wir heute immer noch lernen müssen: Gott Gott sein lassen, das heißt, ihn als den unbegreiflich Heiligen anzuerkennen, oder, mit Paulus: „O Mensch, wer bist du, dass du mit Gott rechten willst?" (Röm 9,20).

Sein Kreuz tragen

Albertus Magnus

Jeder Jünger muss „sein" Kreuz annehmen, das heißt nach seinen Kräften; wer mehr Kraft hat, soll mehr Kreuz tragen; wer nicht so stark ist, soll weniger zu tragen haben; auf jeden Fall: Jeder muss seines tragen … „Sein" Kreuz kann auch bedeuten: was er schuldig ist; auch unter dieser Rücksicht ist das Kreuz von verschiedener Schwere; denn einer muss ein schwereres Kreuz tragen, weil er größere Schuld abzutragen hat als ein anderer. Es gibt noch eine dritte Stufe für „sein" Kreuz: Sie hängt von der Stellung ab, die jemand in der Kirche innehat. Am Stellvertreter Christi muss mehr Kreuz sichtbar werden als im Leben der anderen Christen. Auch mehr an den Patriarchen und Bischöfen, und ebenfalls mehr an den Prälaten als an denen, die ihrer Leitung unterstellt sind. Das Maß ihres Auftrags im Dienste Christi ist jeweils das Maß des Kreuzes, das sie zu tragen haben. Im gleichen Maß wird uns auch die im Kreuz sich verwirklichende Teilhabe an den Leiden Christi gewährt. 1 Petr 4,13: „Ihr habt Anteil an den Leiden Christi …" Mit der Teilhabe am Leiden Christi aber gelangen wir mit ihm in das Reich. Lk 24,26: „Musste nicht Christus all das erleiden und so in seine Herrlichkeit eintreten?"

Wir wissen, dass Christus die Macht hat, alle und jede Mühe, die wir in seinem Dienst aufgewendet haben, für uns aufzubewahren bis zu jenem Tag (des Gerichtes). Denn wir haben im Glauben die Überzeugung, dass er in der Scheuer des Himmels die Saatkörner unserer guten Taten mit hundertfacher Frucht uns zurückerstatten und allen Ertrag vom Acker unseres Erdenlebens zusammenbringen wird. Wenn wir im Tod vom Tag der Welt scheiden, sollen wir alles (Glück) finden in den ewigen Wohnungen (vgl. Lk 16,9).

LEIDEN ANNEHMEN

Johannes Tauler

Ob sie die wahre Gottesliebe haben, das wird man auch gewahr, wenn große, schwere Leiden über die Menschen kommen; mit diesen fliehen die wahren Gottesfreunde hin zu Gott und erleiden sie um seinetwillen und nehmen sie von ihm an, so dass sie sie mit ihm oder in ihm leiden; oder sie verlieren sie in ihm gänzlich, weil Gott sich ihnen so innig verbindet, dass ihnen Leiden in ihm kein Leiden mehr ist, ja es ihnen zur Freude und Wonne wird. Trifft aber die falschen Freunde Gottes in ihrer pharisäischen Art ein Leiden, so wissen sie nicht, wohin laufen; und sie durchlaufen alles und suchen Hilfe, Rat und Trost; und wenn sie ihn nicht finden, so wollen sie zerbrechen und verzweifeln; da ist denn große Sorge, dass es ihnen an ihrem Ende schlimm ergehen werde; denn sie finden in ihrem Grunde, in sich selbst, Gott nicht. Sie haben ihr Haus nicht auf Christus, der da der Grundstein ist, gebaut, darum müssen sie in den Abgrund stürzen.

Diese Leute sind tausendfach schlimmer dran als die gewöhnlichen weltlichen Leute; die halten sich für böse und verharren in demütiger Furcht wie auch das gewöhnliche Volk, das doch unserem Herrn folgte; aber die Pharisäer, die Vorsteher und die Schriftgelehrten, die nach außen so fromm schienen, die leisteten ihm hartnäckig Widerstand und führten seinen Tod herbei: Diesen getraut man sich nichts zu sagen, sie widerstehen oder fliehen ... Den einfachen Leuten ist viel besser zu raten und zu helfen, weil sie ihr Gebrechen bekennen und aller derer gut Rat wird, die sich für gebrechlich halten und in Furcht und Demut leben.

Zeichen grösster Liebe

Albertus Magnus

Dieses Sakrament (des Altares) bewirkt Liebe und Einigung. Denn es ist Zeichen größter Liebe, sich selbst zur Speise zu geben. Ijob 31,31: „Wahrlich, die Männer meines Zeltes sprachen: Wer möchte uns von seinem Fleische geben, dass wir satt werden?" Als ob er sagen wolle: So sehr liebte ich sie und sie mich, dass ich in ihrem Inneren zu sein begehrte; und sie begehrten mich so zu empfangen, dass sie, in mich einverleibt, meine Glieder würden. Sie konnten gar nicht inniger und natürlicher mit mir verbunden werden und ich mit ihnen. Darum sagt Hilarius in seinem neunten Buche über die Synoden, durch dieses Sakrament werde bewirkt, dass wir in natürlicher Weise in Gott sind und er in uns. So wird Wirklichkeit, was bei Johannes (17,23) gesagt wird: „Du, Vater, in mir und ich in ihnen, auf dass auch sie vollkommen eins seien."

So bewirkt er also unsere Einigung mit ihm, dem Haupte: dass wir seinem Leibe einverleibt sind zur Gemeinschaft der Sakramente; dass uns sein Blut eingegossen ist zur Besprengung unseres Inneren; abgewaschen durch das Wasser seines Herzens; zur Reinigung des Gewissens; durch seine Seele erlöst zur vollkommenen Versöhnung mit Gott dem Vater; belebt durch seinen heiligen Geist zur ganzen Wiederherstellung des verlorenen geistigen Lebens; durch seine Gottheit vollendet zur ganzen Vollkommenheit der Tugend.

Auf der anderen Seite dieses Schweigens

Timothy Radcliffe

Das ist unsere Herausforderung in der Kirche: Worte zu sprechen, die tatsächlich bedeutungsvoll sind, die Gewicht und Autorität haben. Neulich war ich in Rom in einer Kirche und hörte mir eine Predigt an. Alles, was der Priester sagte, war gut. Er sprach davon, wie wichtig Gerechtigkeit und Frieden sind, dass wir einander lieben und die Kirche als eine Gemeinschaft aufbauen sollen und so weiter. Niemand hätte ihm widersprechen können. Ein Blick in die Gesichter der Gemeinde, besonders die ihrer jüngeren Mitglieder, zeigte mir, dass sie ihm nicht glaubten. Diese Worte bedeuteten nichts. Sie waren nur Worte. Sie waren wie die Worte der Schriftgelehrten und Pharisäer und nicht wie die mit Autorität gesprochenen Worte Jesu. Wie sollten wir leben, damit wir mit Autorität sprechen können, so wie es sich für Prediger gehört?

Lassen Sie mich mit einem kleinen Beispiel antworten. Ich bin in England jahrelang auf die Straße gegangen und habe mich engagiert: gegen den Krieg, gegen den Atomkrieg, gegen den Krieg auf den Falklandinseln, gegen den Golfkrieg. Ich habe viele, viele Worte über den Krieg verloren. Aber als ich jetzt in Afrika war, da habe ich Krieg gesehen. Das hat mich zum Schweigen gebracht. Ich begab mich in das Kriegsgebiet in Ruanda, um die Arbeit unserer Schwestern dort zu sehen; ich ging in ein Flüchtlingslager mit 35.000 Menschen und sah Kinder, die den Versuch aufgegeben hatten weiterzuleben. Ich besuchte ein Krankenhaus mit Stationen, die mit jungen Männern und Kindern gefüllt waren, die keine Beine mehr besaßen, weggerissen von Minen. Wir sahen es und konnten so gut wie nichts mehr sagen. Am Ende des Tages taten wir das einzig Mögliche: Wir feierten miteinander Eucharistie. Hier fanden wir ein Gedächtnis, das zu ertragen möglich machte, was wir gesehen hatten. Und welche Worte wir auch immer sprechen könnten, sie wären auf der anderen Seite dieses Schweigens.

Verspottung Jesu

Peter Kreutzwald

Heil dir, König der Juden!" (Mk 15,18), verhöhnen die Soldaten Jesus (s. Abb. 2). Zum Spott haben sie ihn in ein strahlend weißes Gewand gekleidet und mit verbundenen Augen auf einen roten Block gesetzt, wie auf einen Thron.

Hinter Jesus hängt ein grünes Tuch, das den Hintergrund bildet für die Symbole seiner Folter: zwei bloße Hände, die zur Ohrfeige ausholen. Eine weitere Hand, die mit einem Stock die Dornenkrone in sein Haupt drückt. Eine andere, die an seinen Haaren zieht, und ein Kopf, der ihn höhnisch grüßend bespuckt.

Doch kein Schrei kommt aus Jesu Mund. Klaglos nimmt er die Marter hin, er hält sich kerzengerade. Es scheint, als bliebe die Folter wirkungslos. Den Stein in seiner Linken hält er so würdevoll wie einen Reichsapfel und den Stock in seiner Rechten wie ein Zepter. Weil er ganz auf Gott vertraut, können Hohn und Spott ihm nichts anhaben. Er hält den Widerspruch aus: ein König auf dem Kreuzesthron.

Zu Füßen des Podestes sitzen Maria und der heilige Dominikus. Maria wendet sich traurig ab, die Linke tastend an die Wange gehalten, die Rechte mit einer abwehrenden Geste. Dominikus ist ganz gesammelt in ein Buch versunken. Vielleicht betrachtet er eines der Evangelien vom Leiden Christi. So stimmen die beiden uns auf das Passionsgeschehen ein und fordern uns auf zu bedenken, welche Bedeutung es für unser eigenes Leben hat.

FÜR UNS GESTORBEN

Johannes B. Brantschen

Am Karfreitag steht Gott gegen Gott: der Gott Jesu gegen den Gott seiner Gegner. Im Namen seines Gottes hat Jesus getan, was er getan hat, und im Namen ihres Gottes haben seine Gegner ihn umgebracht. Durch Jesu Auferweckung gab Gott Jesus recht: Ich bin so, wie Jesus in Wort und Tat gezeigt hat, und nicht ihr habt recht, die ihr ihn in meinem Namen umgebracht habt. Sünde ist, mit dem Evangelisten Johannes gesprochen, Unglaube. Und worin besteht dieser Unglaube? Darin, dass wir nicht glauben wollen, dass Gott Liebe ist. Jesus ist *für uns* gestorben, damit wir endlich glauben, dass Gott uns das Glück gönnt. …

Jesu Kreuzesopfer ist nicht – wir haben es schon gesagt – der Preis, der dem Vater für seine angeblich verletzte Ehre bezahlt werden musste! Was wäre das für ein Gott, der mit Schmerzquanten besänftigt werden müsste; es wäre sicher nicht der bedingungslos liebende Vater, wie Jesus ihn uns im Gleichnis vom verlorenen Sohn so plastisch vor Augen führt. Opfer meint Selbsthingabe im Horizont der Liebe. Opfer meint Dasein für andere, so dass diese anderen zu sich selbst, zu ihrer Wahrheit finden. In diesem Sinn war das ganze Leben Jesu Opfer, Pro-Existenz, und das Kreuz war die Radikalisierung dieses Daseins für andere.

Hinabgestiegen in das Reich des Todes

Peter Kreutzwald

Mit einem lauten Knall ist das Tor zum Reich des Todes aus den Angeln gebrochen und zu Boden gestürzt (s. Abb. 3). Jesus Christus hat es mit solcher Wucht aufgesprengt, dass Risse den Boden und die Decke der Unterwelt durchziehen. Entschlossen schreitet er auf Wolken gehend voran. Die Wolken unter seinen Füßen und das Siegesbanner mit dem roten Kreuz in seiner Linken kennzeichnen ihn als den Auferstandenen. Ein Licht geht von ihm aus, das die dunkle Höhle hell erleuchtet. Die Dämonen fliehen und verstecken sich in den hintersten Ecken. Einen von ihnen hat das Tor unter sich begraben. Dem Auferstandenen haben sie nichts entgegenzusetzen. In der Bildmitte begegnen sich Hände. Wahrscheinlich ist es Abraham, der Stammvater aller Glaubenden, der Christus seine Hände entgegenstreckt. Dieser wiederum umfasst das Händepaar mit seiner Rechten in einer liebevollen Geste und zieht Abraham an sich. In der zweiten Reihe sind Adam und Eva sowie König David zu erkennen und schließlich noch Mose.

Christus hat das Tor unserer letzten Einsamkeit durchschritten. Die Macht des Todes ist gebrochen. „Der Tod, der vordem die Hölle war, ist es nicht mehr. ... Die Todestür steht offen, seit im Tode das Leben: die Liebe wohnt ..."

Die Freiheit der Erlösung

Otto Hermann Pesch

War das *Kreuzesleiden* als Weg der Genugtuung notwendig? Thomas bestreitet dies ausdrücklich. Ein allergeringstes Leiden Christi hätte als Genugtuung für alle Sünde der Menschheit genügt – es hätte überhaupt kein Tod sein müssen. Es hätte einfach ein Leiden an der Sünde der Menschen genügt. Damit ergibt sich also: *Das Todesleiden Christi hat in all seinen Bezügen keinen zwingenden Grund.* Das Kreuz – also doch nicht die vernünftigste Sache von der Welt?

Der zentrale Gedanke der Genugtuung, zentral in der Soteriologie im engsten Sinne, erfährt vom Ganzen her eine grundsätzliche Relativierung. Die Soteriologie umfasst das *ganze* Heilswerk, und dieses ist nicht nur eingeengt auf Genugtuung. Christus ist nicht nur *redemptor, propitiator, satisfactor* (Erlöser, Versöhner, Genugtuung Leistender). Erlösung ist mehr als Rettung aus der Sünde. Damit gewinnen jene „Wirkweisen" des Leidens Christi an Gewicht, die nicht, wie die Genugtuung, auf das Leiden und Sterben Christi beschränkt bleiben, sondern seinem ganzen Leben und Wirken zukommen.

KREUZ

Edward Schillebeeckx

Am Kreuz teilte Jesus mit uns die Gebrochenheit unserer Welt. Das bedeutet aber, dass Gott in absoluter Freiheit, vor aller Zeit, bestimmt hat, wer und wie er in seinem tiefsten Wesen sein will, nämlich ein Gott der Menschen, Bundesgenosse in unserem Leiden und unserer Absurdität, Bundesgenosse auch in dem Guten, das wir verrichten. In seinem eigenen Wesen ist er ein Gott für uns. ... Im Neuen Testament findet eine theologische Neudefinition verschiedener Gottesbegriffe wie auch eine Neudefinition des Menschen statt. Gott nimmt den Menschen bedingungslos an, und gerade durch diese bedingungslose Annahme verwandelt er den Menschen und ruft zur Umkehr und Erneuerung. Deshalb ist das Kreuz auch ein Gericht über unsere eigenmächtigen Ansichten: ein Gericht über unsere Wege der Erfahrung dessen, was Mensch-Sein und was Gott-Sein bedeutet.

Darin offenbart sich zuhöchst und endgültig die Menschlichkeit Gottes, der Kern der Botschaft Jesu vom Reich Gottes: Gott, der in der Menschenwelt zu seinem Recht kommt, zu Heilwerdung und Glück der Menschen; auch durch Leiden hindurch. ... Nicht Gott, sondern Menschen haben Jesus dem Tod überliefert; zugleich aber ist diese Hinrichtung das von Menschen bereitete Material für die höchste Selbstoffenbarung Gottes, wie aus dem neutestamentlichen Glauben an die Auferstehung Jesu hervorgeht.

Auferstehung

Edward Schillebeeckx

Außerhalb der Glaubenserfahrung ist es unmöglich, sinnvoll von Jesu Auferstehung zu sprechen. Das würde bedeuten, dass man von „Farben" spricht, wo doch jeder blind geboren ist. Die Auferstehung Jesu – das heißt das, was nach seinem Tod mit ihm selbst persönlich geschehen ist – ist, ohne damit identisch zu sein, nicht zu trennen von der Oster- oder Glaubenserfahrung der Jünger, das heißt von ihrem Bekehrungsprozess, in dem sie das Werk des Geistes sehen … Ohne diese christliche Glaubenserfahrung fehlt es den Jüngern an jedem Organ, das ihnen Einblick in die Auferstehung Jesu verschaffen könnte.

Aber außer diesem subjektiven Aspekt ist genauso ersichtlich, dass (nach christlicher Glaubensüberzeugung) auch keine Ostererfahrung erneuerten Lebens möglich gewesen ist ohne die persönliche Auferstehung Jesu, und zwar so, dass Jesu persönlich-leibliche Auferstehung … jeder Glaubenserfahrung „vorausgeht". Dass Jesus auferstanden ist, er selbst, bedeutet daher nicht nur, dass er vom Vater von den Toten auferweckt worden ist …, sondern zugleich – und genauso wesentlich –, dass Gott ihm in der Dimension unserer Geschichte eine Gemeinde … schenkt; es bedeutet zugleich, dass der zum Vater erhöhte Jesus bei uns ist, in einer völlig neuen Weise.

Tod – Hoffnung – Auferstehung

Edward Schillebeeckx

Im christlichen Auferstehungsverständnis des Todes liegt ja, falls es konsequent ist, eine gewaltige Lebenskraft. Nicht eine Flucht vor der Gegenwart ist darin die Quelle von Hoffnung auf ein Leben nach dem Tod, sondern das Leben heute, die Gottesgemeinschaft, ist die Quelle jedes Ausblicks auf diese Zukunft. Hoffnung auf Leben nach dem Tod ruft ja nicht aus der Gegenwart weg; religiöse Dichte gerade der Gegenwart ist ja das Einzige, das Grund für diese Erwartung bieten kann. … Denn in der Gegenwart wird gerade das vollzogen, was, über den Tod hinaus, wegen seiner eigenen Güte von Gott bestätigt werden soll oder wegen seiner Unmenschlichkeit von ihm nicht bekräftigt werden kann: Einsatz für den Mitmenschen, für unsere Geschichte … in Lebensverbundenheit mit Gott, bezeugt als der Herr der Geschichte.

Der Auferstehungsglaube gibt dem Christen – in der gläubigen Sicherheit der Entmachtung des Todes – unerschrockene Freiheit, Freimut gegenüber den „Mächten dieser Welt". … Der christliche Auferstehungsglaube ist daher ein fundamentaler Protest gegen die Vergewaltigung persönlicher Freiheit, weil dieser christliche Glaube nur aus der Überzeugung geboren werden kann, dass ein definitiver Sinn möglich ist für die menschliche persönliche Freiheit innerhalb des Gesamtsinns der ganzen Menschengeschichte.

DER WEG DER OHNMÄCHTIGEN LIEBE

Johannes B. Brantschen

Wenn die *historischen* Gründe, die Jesus ans Kreuz geführt haben, vergessen werden, wird das Kreuz zum abstrakten Symbol, und das Leiden wird – weil gottgewollt – heiliggesprochen. Nicht Widerstand gegen das Leiden, sondern geduldiges Ergeben in das Leiden wird dann gepredigt. Dagegen ist Widerspruch nötig, denn Leiden ist nicht an sich etwas Gutes und Gott Wohlgefälliges. Kreuzesnachfolge heißt deshalb heute zuerst einmal dies: Wir sollen uns wie Jesus dafür einsetzen, dass unsere Brüder frei, dass unsere Schwestern glücklich werden. Tun wir das aber – nicht in Utopien, sondern jeder an seinem Platz hier und heute –, dann geraten wir angesichts der Widerstände der Welt unweigerlich ins Leiden und ans Kreuz wie Jesus. …

Durch Jesu Auferweckung wurde das Kreuz nicht ausgelöscht, sondern wir haben zu lernen: Der Weg der *ohnmächtigen* Liebe ist der Weg, den die *Macht* Gottes in dieser Welt gehen will. Wer somit Jesu Jüngerin und Jünger sein will, der hat wie Jesus den Weg der ohnmächtigen Liebe zu praktizieren, auch wenn dieser Weg uns ans Kreuz führt. Die Auferstehungshoffnung gibt den Jüngern und Jüngerinnen Jesu aber die Gewissheit, dass das Scheitern nicht das letzte Wort behalten wird – mag auch Gott gegenwärtig schweigen, wenn unsere Schwestern und Brüder an vielen Orten dieser Welt ans Kreuz müssen, wie Gott damals geschwiegen hat, als Jesus ans Kreuz ging.

Im Horizont der Liebe hoffen

Johannes B. Brantschen

G ott – so haben wir gesehen – hat unsere beklemmende Frage „Warum gibt es Leid?" durch die Auferweckung Jesu, des ermordeten Gerechten, in Hoffnung verwandelt. Seit Ostern dürfen wir hoffen, dass die unschuldigen Opfer der menschlichen Unrechtsgeschichte und der nicht abreißenden Naturkatastrophen nicht im Nichts verschwinden oder auf dem „kosmischen Abfall" landen, sondern von Gott im Tod aufgefangen werden. Oder, wie der Volksmund sagt: Sie kommen in den „Himmel".

Dabei dürfen wir uns den Himmel nicht als „privates Tête-à-Tête" mit Gott denken, sondern als soziale Größe. Weil Gott in seinem Reich unsere hier und heute angefangene Gerechtigkeit und Liebe vollenden will, geht es im Himmel nicht primär um „meine Seele und meinen Gott", wie Augustinus sagt, sondern um solidarische Liebesgemeinschaft untereinander und mit Gott. Diese *Communio*-Gestalt (*communio* = Gemeinschaft) des Himmels suggerieren denn auch die biblischen Bilder vom Hochzeitsmahl (Mt 22) und von der „neuen Stadt" (Offb 21). Die christliche Hoffnung ist kein egoistischer Selbsterhaltungstrieb über den Tod hinaus, sondern Hoffnung auf eine neue, unzerstörbare Gemeinschaft.

Weil der Himmel eine soziale Größe ist, kann ich mich nicht allein retten. Wir müssen vielmehr einander mit in den Himmel nehmen. Ein tröstlicher Gedanke, denn er besagt im Horizont der Liebe nicht weniger als dies: Ich darf auf Rettung hoffen, weil andere Menschen, die frommer sind als ich und mich gernhaben, nicht ohne mich im Reich Gottes sein wollen. Wenn jeder jemanden gernhat und ihm die Hand reicht und dieser wieder einem anderen und so fort, bilden wir zuletzt eine unendliche Solidaritäts- und Liebeskette und reißen so einander mit in den Himmel: die Frommen, die weniger Frommen, alles aber Liebende (und Liebende gehören zusammen für Zeit und Ewigkeit. So hat es Gott gefallen).

Das österliche Geheimnis

Pierre-André Liégé

Unser Glaube sieht im Opfer und im Tod Christi die Quelle und das Tor alles dessen, was in unserem Leben an Formen des Opfers und der Entsagung vorkommt. Zeigt sich der lebendige Gott nicht durch das Kreuz Jesu als der Gott, der den Tod und die übrigen Übel und Nöte, die es in unserem Leben gibt, in Hoffnung verwandelt? Hat nicht Jesus in seinem eigenen Opfer die Beziehungen der Menschen zu Gott voll wiederhergestellt, da er den schwersten Kampf des Geistes kämpfte?

Vereint mit Christus zu sterben bedeutet, sich in seine Nachfolge zu begeben, sich auf diese Hoffnung zu stützen und sich in diesen geistigen Kampf einzulassen. Darin werden wir frei mit Christus, da wir uns, koste es, was es wolle, für Gott und die Liebe zum Nächsten einsetzen gegen all das, was uns an Lüge und Ungerechtigkeit, an Verhängnis und Gewalt, an Hass und Ränke und an Drohungen der Mächtigen begegnet. In der Hoffnung werden wir Christus zu eigen, wenn wir aus dem Abgrund des Todes, der Entmutigung und unseres Versagens, des Unglaubens und der Hoffnungslosigkeit der Menschen, ja aller Vorwürfe unseres Lebens uns dem lebendigen Gott ganz überlassen.

Das österliche Geheimnis leuchtet über aller Art von Entsagung, die wir bejahen, wie von Enttäuschung, die wir erleben, sowohl in den Entscheidungen, die wir treffen, wie in der Zucht, der wir uns unterziehen. Es geht uns dabei nicht um stoische Weisheit oder moralischen Asketismus. Das Leben aber, das mit Christus auferstanden ist, wird mit dem „Mit Christus sterben" eins. Es gestaltet unseren Kampf und unsere Armut um, es ruft uns auf zu Hingabe und Entscheidung.

HEIMAT IN GOTT FINDEN

Provinzkapitel Teutonia

Nicht wenige Gläubige haben im Blick auf viele innerkirchliche Vorgänge und Geschehnisse Fragen und Zweifel. Auch wir sind davon nicht unberührt. Uneinigkeit und Zwiespalt, Unrecht und Unfrieden machen es uns schwer, an ein erlöstes Dasein zu glauben und von ihm in Predigt und Katechese Zeugnis zu geben. Immer mehr Gläubige verlassen die kirchliche Gemeinschaft. In ihr, so meinen sie, ist Christus zum zweiten Mal gestorben, jetzt für immer. Wo findet ein solch erschütterter Glaube Halt? Wie soll er zum Apostolat fähig werden, zur Predigt und Katechese?

In dieser Situation kann uns die Geschichte vom ungläubigen Thomas in der Begegnung mit dem auferstandenen Herrn zum Wegweiser werden. Sie beginnt mit der Erscheinung des Auferstandenen im Kreis der Jünger am Abend des ersten Tages der Woche. Es ist also die versammelte Jüngergemeinde, in der der auferstandene Herr anzutreffen ist. In ihr begegnet er den Jüngern leibhaftig. Weil er ihre Mitte ist, tritt er ein in ihre Mitte und spricht in die Mitte ihres Daseins: „Friede sei mit euch!" Der Friede ist also das Wichtigste. Er ist nicht von Menschen machbar. Er verheißt auch kein konfliktfreies Leben. Ebenso wenig verspricht er ein Leben, das frei wäre von Leid, Krankheiten und Verzichten. Er reicht tiefer als alle Auseinandersetzungen, als alles Leid, alle Krankheit und aller Tod. Von ihm her kann vielmehr das alles getragen werden. Ihn erfährt, wer Heimat in Gott gefunden hat.

Diesen Frieden zu verkünden, wird der Inhalt zukünftiger Jünger-Predigt sein. Dass er ihr eigenes Wesen verändert hat, zeigt sich an ihrem Umgang mit dem „ungläubigen Thomas". Trotz seines Unglaubens trennen sich die Jünger nicht von ihm. Sie nehmen ihn mit seinem Unglauben als einen der Ihren an. So erweist sich christliche Gemeinde als eine Versammlung, die in ihrem Glauben an den Auferstandenen einander annimmt: mit allen Fragen, mit allen Zweifeln, mit allen Ängsten.

GOTTESPRÄSENZ

Diethard Zils

Das Osterfest ist ein Fest „sui generis". Vierzig Tage Vorberei-tung gehen ihm voraus, und dann wird es wochenlang bis zum fünfzigsten Tag gefeiert. Aber trotz allen Jubels kann es seine Her-kunft aus schuldbeladener Vergangenheit, da Menschen den Men-schen zum Opfer fielen, nicht verleugnen. Ja, es ist gerade deshalb ein so schönes Fest, weil es uns Gott in der Gottlosigkeit entdecken lässt. …

Auferstehung heißt: Gott bekennt sich zu den Opfern. Wo Men-schen einen Schlussstrich ziehen, erschließt Gott eine Zukunft. Eine Zukunft in seiner für uns unvorstellbaren Gegenwart und eine Zu-kunft für unsere Welt, wo wir uns den Opfern, unseren Opfern, stel-len, ihr Opfer für uns sinnvoll werden lassen und uns von ihnen ge-sendet wissen, einzustehen für eine Welt, in der nicht mehr Men-schen den Menschen zum Opfer fallen. Die Opfer unserer Geschich-te umgeben uns als Auferstandene, nicht rachsüchtig, sondern freundlich. Und das dürfen wir feiern, mit verhaltener Freude oder, wie es die Alten ausdrückten, „in nüchterner Trunkenheit".

Frucht gläubiger Existenz

Otto Hermann Pesch

Ein Element der klassischen Tugendlehre in ihrer ausgereiften, hochmittelalterlichen Gestalt fehlt in den modernen Bemühungen, sogar das entscheidende Element: die Spontaneität, Anstrengungslosigkeit und Freudigkeit des christlich-ethischen Handelns, also das Element jener menschlichen Vollendung und Reife, die das Christsein in dem ihm gemäßen Handeln erlangen kann … Es ist wichtig zu begreifen, dass dabei nicht lediglich eine schöne Frucht gläubiger Existenz begrüßt und bewundert wird, die gleichwohl auch fehlen könnte und dürfte; die am Ende nichts als eine außergewöhnliche Besonderheit darstellte; dass vielmehr hier ein Thema der theologischen Anthropologie und der theologischen Ethik aufgenommen wird, dem die Theologie sich auch heute um ihrer Sache willen zuwenden *muss*.

Es läuft auf einen fundamentalen Unterschied im Konzept hinaus, ob man das Theologische einer theologischen Ethik dadurch bestimmt und gewährleistet sieht, dass die Güterwahrnehmung und die Werteinsichten, dass überhaupt das Menschenbild des Glaubens sich bei der ethischen Urteilsbildung zur Geltung bringen, oder ob man darüber hinaus auch die Frage nach der anthropologischen Vollzugsweise christlichen Handelns als entscheidend für den theologischen Charakter einer Ethik einschätzt.

Ja, es fragt sich allen Ernstes, ob theologische Ethik überhaupt schon ihr eigentliches Wort gesagt hat, wenn sie davon schweigt. Es lässt sich unschwer mit repräsentativen Belegen aus allen Epochen der Theologiegeschichte nachweisen, dass jene Spontaneität, Selbstverständlichkeit und Freudigkeit des aus dem Glauben fließenden ethischen Handelns die Signatur des christlichen Ethos und als solche einhellige theologisch-ethische Tradition ist … Da darf uns wirklich der lange Schatten Kants nicht dazu verführen, die Identität von Tugend und Neigung aus dem Auge zu verlieren und damit geradezu das Proprium christlicher Ethik preiszugeben.

LEICHT UND FROH

Otto Hermann Pesch

Die thomanische Tugend- und Habituslehre geht davon aus, dass christliche Existenz in Glaube, Hoffnung und Liebe, unbeschadet des „eschatologischen Vorbehaltes", auch hier, schon auf Erden, menschliche Vollendung erreichen kann. Diese besteht keineswegs in besonderen, außergewöhnlichen Hochleistungen, sondern einfach darin, dass das Leben in Glaube, Hoffnung und Liebe, das Bemühen um ein Leben nach Gottes Gebot leicht, selbstverständlich und freudig wird. Indem die Tugend- und Habituslehre zur Vermittlerin zwischen Gnadenlehre und theologischer Ethik wird, will sie das deuten und zugleich durch die Deutung zum Maßstab machen, der durch sich selbst fasziniert und motiviert.

Es ist kaum übertrieben, wenn wir sagen, dass wir hier schon im Hinblick auf das zugrunde liegende theologische Menschenbild an eine „vergessene Wahrheit" erinnert werden. Über die Gründe mag man spekulieren, es ist jedenfalls Tatsache, dass christliche Existenz heute nur sehr selten jene mitreißende Selbstverständlichkeit und Freudigkeit an den Tag legt, die mehr als alle Argumente durch sich selbst zum attraktiven Glaubenszeugnis werden. Mehr noch, empfinden wir nicht eine solche Selbstverständlichkeit und Freudigkeit des Lebens aus dem Glauben als geradezu unmöglich und unzulässig? Wo sie einmal zutage tritt, gerät sie nur zu leicht in den Verdacht der Naivität, der Blindheit für die unheile Welt, in der wir leben …

In dieser Situation erinnert uns die Tugend- und Habituslehre des Thomas an den einfachen Tatbestand, dass es eine Epoche der Theologiegeschichte gegeben hat …, die in dieser Sache ganz anders gedacht und – vor allem – auch empfunden hat.

AN DIE JUNGEN SCHWESTERN DES KLOSTERS SAN VINCENZO

Caterina de' Ricci

Liebste, von mir in Christus sehr geliebte Töchter! Wenn ihr euren Bräutigam aus ganzem Herzen liebt, wie ihn diese glorreiche Heilige [Katharina von Siena] liebte, dann wird es euch nicht schwerfallen, euch euren Vorgesetzten unterzuordnen und ihnen in Einfalt zu gehorchen ...

Meine lieben Töchter, gebt euch alle froh Jesus hin, wie er sich euch aus freiem Willen ganz hingegeben hat und wie diese strahlende Heilige es gemacht hat, die sich mit einer solchen Leidenschaft Jesus hingab, dass es ihr nicht schwer schien, aus Liebe zu ihm das Martyrium auf sich zu nehmen. Ertragt froh und gerne die Lasten und die Regeln des heiligen Ordenslebens, die für die Sinne genauso schwer sind wie das Martyrium. Für den aber, der Jesus aus ganzem Herzen liebt, ist alles süß und mild, wie euer Bräutigam sagte: Mein Joch ist mild, und meine Last ist leicht.

Deshalb, meine lieben Töchter, folgt eurem Bräutigam auf dem heiligen, religiösen Weg froh nach; und wenn ihr dabei noch nicht so weit seid, wie ihr sein solltet, beunruhigt euch nicht, bittet vielmehr demütig, mit dem festem Vorsatz, euch zu bessern, Jesus um Verzeihung. Sucht mit großem Vertrauen und großer Hoffnung Zuflucht bei ihm, weil er euer Vater, euer Bräutigam ist und sich in der Sehnsucht, euch Gnaden zu geben, sozusagen verzehrt; aber er will darum gebeten werden. Geht also mit großem Vertrauen zu ihm und zweifelt nicht daran, erhört zu werden.

Prato, 17. November 1554
Eure Mutter in Christus

Echt sein

Henri-Dominique Berthier

Ganz besonders empfehle ich euch, freundlich und gütig zu sein gegen jene, die euch auf die Nerven gehen – bei den anderen ist man es von selbst.

Lasst ein Kind niemals merken, dass ihr an seiner Aufrichtigkeit zweifelt; und wenn ihr sichere Beweise habt, dass es nicht die Wahrheit sagt und wirklich täuscht, so zeigt ihm seine Fehler mit Takt und in einem günstigen Augenblick während der Unterhaltung und helft ihm so, sein Unrecht einzugestehen. Dabei müsst ihr aber sofort der Entmutigung begegnen, indem ihr ihm beweist, dass es den Keim der entgegengesetzten Tugend in sich trägt, die es erlangen kann und muss. Durch eine solche Ermutigung wird es nicht verletzt, und euer Vertrauen in seine Fortschritte gewinnt euch das seinige.

Droht euren Kindern nie damit, ihre Fehler ... zu offenbaren. Urteilt nie hart über ihr Betragen, ihre Fehler, so peinlich sie auch sein mögen. Wer unter uns kann sich rühmen, nie solche Fehler zu begehen? Und wenn wir selber noch nicht gefallen sind, sind wir deshalb unserer Zukunft so sicher?

Gewöhnt euch daran, ein beständiges Lächeln auf den Lippen zu tragen. Eure Liebe soll ganz echt sein, so dass es von ihr nicht heißt, wie mir kürzlich eine Aspirantin sagte: „Oh, was mir am meisten weh tut, ist das Gefühl, dass man mich nicht liebt!" Und als ich sie fragte, wie sie dazu komme, so zu sprechen, antwortete sie: „Oh, ich sehe schon, ob die Güte von Herzen kommt oder nur von den Lippen: Es gibt eine Art zu lächeln, die nur eine Grimasse ist."

Vermehrt doch die Liebe in euren Herzen, damit man nicht merkt, dass euch ihre Übung eine Anstrengung kostet. Sympathie lässt sich nicht befehlen, aber mit Hilfe übernatürlicher Gesinnung triumphiert man über solche Schwierigkeiten.

Lieben um Gottes willen

Henri-Dominique Berthier

Seid stets mit Gott vereinigt! Wenn ihr mit ihm vereinigt seid, seid ihr es auch untereinander.

Liebt die Menschen, die der gütige Gott euch senden wird, ertragt ihre Gebrechen! Aber ich beschwöre euch: Liebt sie um Gottes willen und nicht um euretwillen! Macht aus ihnen nicht eure Geschöpfe!

Diese Zuneigung fürchte ich am allermeisten. Wenn ihr sie um euretwillen liebt, dann werdet ihr euch verlieren, die Menschen verlieren und auch Bethanien.

Kein Firlefanz

Henri-Dominique Berthier

Seid gut untereinander! Wiederholt nicht der einen, was euch eine andere gesagt hat und was ihr weh tun würde! Ihr würdet mehr Unheil stiften als jene, die etwas wenig Wohlwollendes über ihre Schwester gesagt hat. Im Weitersagen macht ihr euch zu Werkzeugen der Spaltung. Die Einheit aber, das ist die Liebe. Liebt einander! Besonders darin soll eure Frömmigkeit bestehen, denn das ist das Wahre.

Leistet einander Dienste, vergesst die kleinen Übel, denen ihr im Gemeinschaftsleben begegnen könnt.

Möge eure schwesterliche Liebe vor allem konkret sein, etwas weniger Firlefanz und Grimassen vor dem lieben Gott und etwas mehr Selbstvergessenheit im gegenseitigen Ertragen!

Die zweite Unschuld

Jean-Joseph Lataste

Man hält sie für schuldig. – Das trifft nicht zu. Sie waren es, ja, aber seit langer Zeit sind sie es nicht mehr, und wenn sie einst gefehlt haben, haben sie schon lange in den Tränen und in der Liebe zu Gott eine zweite Unschuld erlangt.

Sie waren schuldig, das ist wahr! Aber welche Seele hätte sich noch niemals etwas vorzuwerfen gehabt, und welche von denen, die immer rein geblieben sind, hat nicht in einem bestimmten Augenblick gefühlt, dass sie, hätte nicht Gottes Hand sie festgehalten, untergegangen wäre? Wer steht, der sehe zu, dass er nicht falle, sagt der Apostel Paulus, und der heilige Johannes fügt hinzu: Wenn wir sagen, dass wir keine Sünde haben, führen wir uns selbst in die Irre. Ja, sie waren schuldig. Aber Gott fragt uns nicht nach dem, was wir waren, ihn geht nur an, was wir sind. Es heißt gar nichts, rein und tugendhaft gewesen zu sein, wenn man es nicht mehr ist; es heißt rein gar nichts, schuldig gewesen zu sein, wenn man seine Tugend wiedererlangt hat.

Glaubt ihr, Judas würde in der Hölle weniger bestraft, weil er einst zu den Aposteln zählte? Meint ihr, Augustinus sei im Himmel weniger nahe bei Gott, weil er in seiner Jugend gesündigt hat, oder Maria Magdalena werde weniger geliebt, weil sie so viele Fehltritte begangen hat? Nein, nein, habe ich euch gesagt, und ich wiederhole es. Diejenigen, die dank der Gnade Gottes rein geblieben sind, mögen nicht nur zusehen, dass sie nicht fehltreten, sondern sogar – sage ich –, dass sie nicht überholt werden. Denn der Preis für den Lauf und die Palme des Sieges sind nicht für den, der nie gefallen, sondern für den, der am weitesten gelaufen ist.

Handeln in der Nachfolge Jesu

Edward Schillebeeckx

Kirche und Religion sind der dankbare Willkommensgruß für das gleichsam anonyme, verhüllte und bescheidene In-die-Welt-Kommen Gottes. Bekenntnis und Wort, Sakrament und Glaubenspraxis, heilendes und Kommunikation erschließendes Handeln in der Nachfolge Jesu machen die Erfahrung des Weltgeschehens nicht überflüssig, während das sogenannte äußere Weltgeschehen das Reden in Glaubenssprache und die christliche Praxis notwendig macht. Gerade deshalb lässt sich die geschichtliche, auch gesellschaftspolitische Praxis in der Welt nicht von dem verkündigenden, pastoralen und sakramentalen kirchlichen Handeln trennen. Wer diesen Zusammenhang zerstört, verletzt die innere Struktur der Religion und des Kirche-Seins.

Das bekennende Reden religiöser Menschen und ihrer Leiter ist daher nie ein eigenmächtiges Reden, sondern eine gnadenhafte Antwort auf das, was allem Reden von Gläubigen vorausgeht: Gottes schöpferisches Handeln in der Geschichte in und durch Menschen zum Heil der Menschen. … Wir verdanken unser bekennendes Reden von Gott Gott, der uns sich selbst zuspricht. Deshalb sind Kirchen auch Gemeinschaften, die zu Gott sprechen: betende Glaubensgemeinschaften und nicht nur irgendwelche Aktionsgruppen … Ihre Praxis ist die Befolgung der Geschichte, die sie, vor allem in der Liturgie, erzählen.

Zeichen der Hoffnung

Hanna-Renate Laurien

Geht von Kirche, geht von Christen das Signal aus, dass Glaube das Ja zur Zukunft in Gottes Hand ist? Haben wir die Botschaft des Synodendokuments „Unsere Hoffnung" vergessen, dass wir Christen nicht die Ängste der Menschen mehren, sondern ihre Hoffnung stärken sollten? Wird nicht, ganz unkonziliar, ganz unchristlich, immer wieder das Bild der bösen heutigen Welt beschworen, die dem „Heil" entgegensteht?

Das Zweite Vatikanum hat, wie Yves Congar in seiner Kommentierung von „Gaudium et Spes" im „Lexikon für Theologie und Kirche" feststellt, Glauben und Geschichte, Evangelium und Zivilisation, kirchliche Gemeinschaft und Menschheitsfamilie verbunden. Christen, Männer wie Frauen, sind Bürger beider Gemeinwesen, der Gesellschaft wie der Kirche. Gerade Christen müssen – und bei den um die Situation der Frauen kreisenden Fragen wird dies exemplarisch deutlich – Zeichen setzen für die Gleichrangigkeit des Unterschiedlichen.

Gleichheit tötet. Gleichrangigkeit und Gleichberechtigung setzen frei in das Recht auf Unterschiedlichkeit. Und wir müssen zur Sprache bringen, dass Liebe nicht Ersatz für Gerechtigkeit, sondern Entschlossenheit zur Gerechtigkeit ist. Sie steht täglich gegen den Egoismus unserer Herzen, und sie verbindet Freiheit und Gerechtigkeit, die sonst umschlagen können in Beliebigkeit und beckmesserisches Nachrechnen.

ANDERS SEIN

Timothy Radcliffe

Die Herausforderung für die Kirche besteht also darin, eine Gemeinschaft zu sein, die überzeugend von Gott spricht, das heißt ein Ort der Gnade und des gegenseitigen Wohlwollens, der Freude und der Freiheit. Wenn man uns als eingeschüchterte Menschen wahrnimmt, die Angst vor der Welt und voreinander haben, warum sollte dann irgendjemand auch nur ein Wort von dem glauben, was wir sagen? Eine gewisse Ausgefallenheit in unserem Leben sollte verblüffen und provozieren.

Wir müssen, wie der Brief an Diognet es ausdrückte, so auffallend anders sein, dass die Menschen nicht umhinkommen, sich zu fragen, was der Sinn unseres Lebens ist. Und der Sinn unseres Lebens ist natürlich Gott. Das soll mitnichten heißen, dass wir das Evangelium nur bezeugen können, wenn wir Christen schrecklich gut sind und moralisch über anderen Menschen stehen. Das ist genau die Art von Gemeinschaft, die Jesus nicht wollte. Er berief die Sünder, die Schwachen, den „Abschaum". ...

Wenn wir darauf vertrauen, dass der Heilige Geist am Pfingstfest auf die Kirche ausgegossen wurde, dann können wir ganz gewiss entspannt miteinander umgehen. Wir brauchen uns keine Sorgen darüber zu machen, dass die Kirche wegen der Starrheit der sogenannten Konservativen oder der chaotischen Bestrebungen der sogenannten Liberalen zusammenbrechen wird. Wir können dem inneren Drang widerstehen, die hinauszuwerfen, die nicht mit uns übereinstimmen. ...

Während der napoleonischen Ära wurde der vatikanische Kardinalstaatssekretär Consalvi gewarnt: „Eure Eminenz, die Situation ist ernst. Napoleon will die Kirche zerstören." Worauf der Kardinal erwiderte: „Das haben nicht einmal wir selbst geschafft!"

Tradition und Traditionen

Yves Congar

Alles in der Kirche kommt von fern her, von gewissen Anfängen, die die Quellorte der Heilsgeschichte sind: Das Christentum ist wesentlich etwas Ererbtes, ein Abhängigsein von den Vätern im Glauben. Aber sie ist auch aktuell. Sie ist alt, dennoch ist sie immer frisch, immer lebendig: Sie gibt von ihrem ererbten Schatze her Antworten auf die neu entstehenden Fragen des Tages. Sie schreitet in der Geschichte voran, auf ein Ende der Erfüllung zu, indem sie sich mit der glaubenden und christlichen Menschheit selbst entwickelt. Sie wird getragen von Menschen, die lebendig sind und aufeinander folgen, und in ihnen wird sie zur gleichen Zeit von einem ihnen jenseitigen Träger getragen, dem Heiligen Geist, dem Grunde der Gemeinschaft, der über die Zeit und über den Raum hinweg die Einheit der Kirche schafft.

Es gibt die Tradition. Es gibt die Traditionen. Hierzu gehören Weisen der Betätigung und des Ausdrucks des Glaubens, Gebräuche, Riten ... Man kann sie weder durch die von den Anfängen herkommenden Texte, insbesondere die heiligen Schriften, noch durch entscheidende Gründe vollständig rechtfertigen. Sie sind indes von größter Bedeutung für die Bewahrung und für die Lebendigkeit des Christentums. Sie sind für das Christentum genau das, was eine Sprache für die Kultur eines bestimmten Volkes ist: ein konkretes Beförderungsmittel eines Geistes, durch den man konkret Glied einer bestimmten Gemeinschaft wird ... Die Traditionen sind auch die bescheidenen Mittel für eine gewisse Wärme, ohne die unsere Kirche mehr einem Schulzimmer des vergangenen Jahrhunderts als einem Heime ähnlich wäre. Sie erzeugen jenes Klima der Wärme, der Vertrautheit und der Sicherheit, das einem bewohnten Hause, der Wohnung einer Familie eigen ist. Indes haben sie nicht denselben Wert des Absoluten wie die Tradition des Glaubens. Sie sind vielmehr das Kleid für diese.

Offenheit für die Fülle

Yves Congar

Die Kirche ist keine abgeschlossene Größe, sondern baut sich ständig auf oder, besser gesagt, wird von Gott auferbaut. Nicht alles ist gleichsam vorgefertigt, der Rahmen nicht genau abgesteckt. Es gibt Raum für das, was die Einzelnen beizutragen haben, in diesem Sinne für ihr schöpferisches Handeln. Die Kirche hat die Fülle des Geistes nur in der Gesamtheit der allen ihren Gliedern gegebenen Gaben. Sie ist keine Pyramide, bei der alles von der Spitze abzuleiten wäre – eine Vorstellung, die jahrhundertelang das Bewusstsein beherrschte. Die Kirche ist Gemeinschaft (*communio*). Gewiss hat sie eine Struktur, was dem Ausdruck „hierarchische Gemeinschaft" einen wirklichen Inhalt verleiht. Sie ist auch konkrete Gemeinschaft, was bestimmte Erfordernisse und Formen mit sich bringt; es geht nicht an, sich aus der konkreten Wirklichkeit in ein Ideal zu flüchten, ebenso wenig wie es möglich ist, die vielfältige Wirklichkeit dieser Gemeinschaft auf das zu reduzieren, was zu einer bestimmten Zeit oder in einer bestimmten sozialen Schicht, Schule oder Tradition gängige Vorstellung ist, und auch nicht einzig und allein auf das zu setzen, was hier und heute im Vordergrund der Aufmerksamkeit steht. Gemeinschaft heißt Offenheit für die Fülle. Dies gilt nicht nur für die Gemeinden und besonderen Gemeinschaften, in denen die Gaben eines jeden einzelnen Christen anerkannt werden müssen, sondern auch für das Verhältnis der Ortskirchen zur universalen oder katholischen Kirche, in der es heute um die Wiedergewinnung des Eigenwertes der Ortskirchen geht … Sie ist tatsächlich nur katholisch, wenn sie die in allen Kirchen vorhandenen Gaben in ihre Gemeinschaft aufnimmt und sammelt.

Volk Gottes

Yves Congar

D er Gedanke vom Volk Gottes führt … in die Betrachtung der
Kirche ein dynamisches Element ein. Dieses Volk besitzt ein
Leben und ist unterwegs auf einen von Gott festgesetzten Zeitpunkt.
Von Gott dazu auserwählt, eingesetzt und geheiligt, um ihm zu dienen und ihn zu bezeugen, existiert das Volk Gottes gleichsam als das
der Welt angebotene Sakrament des Heiles. Das bedeutet: Gott, der,
vorgängig zur freien Entscheidung des Menschen, das Heil aller
Menschen will, hat der Welt eine von sich aus hinreichende Ursache
eingestiftet, um diesen seinen Willen effektiv durchzuführen. So hat
er Jesus Christus und, abhängig und abgeleitet von ihm, die Kirche
in die Welt gestellt, die als das messianische Volk nach der neuen und
endgültigen Bundesordnung gestaltet ist, von den Bundesgütern lebt
durch die Mittel, die der Herr dafür gestiftet hat. Das durch die Offenbarung, die Einrichtungen und Sakramente der neuen und endgültigen Bundesordnung gebildete Gottesvolk ist das mitten in die
Welt und um der Welt willen eingestiftete Zeichen, gleichsam das
allen Menschen angebotene Heilssakrament.

Auf dem Weg zu einer Vollendung, dienend und Zeugnis gebend, ist
das Gottesvolk dazu geheiligt, sich selbst auszubreiten … Stellen wir
die Kirche in den Rahmen der Heilsgeschichte hinein, so können
wir uns mit dem Begriff des Gottesvolkes besonders an die schwierige, aber wichtige Frage ‚Israel' heranwagen, das heißt des jüdischen
Volkes dem Fleische nach, das zwar gegenwärtig ein „gestrauchel-
tes" ist (Röm 11,11), aber dennoch ein gotterwähltes und -geliebtes
Volk bleibt.

IN DER KIRCHE ZU HAUSE

Yves Congar

Aufgrund einer Erfahrung habe ich besser verstanden, was die Kirche für mich bedeutet. Mehr als einmal ist es mir passiert, gleichsam wie abgeschnitten von meinen menschlichen Wurzeln zu sein. Es war Gefangenschaft, Festung und sogar Gefangenenlager. Es war das Exil in einem Klima des Argwohns. Es war auch in banalerer Weise das Krankenhaus … Damals, als ich es nicht hatte, habe ich gespürt, welche Bedeutung in unserem Leben einer affektiven Beziehung zu einem vertrauten Milieu zukommt, welches man auch einfach mit „Zuhause" bezeichnet. Es handelt sich um mehr als eine gefühlsmäßige Bindung. Es handelt sich, über das hinaus, was man mit klaren Ideen ausdrücken kann, um jene vitale Einfügung, die vorgedanklich und doch mit Wahrheit befrachtet ist, in eine Umgebung, in etwas, das vor uns begonnen hat, das über uns hinausgeht, das uns umgibt und uns trägt. Ich lebe in einem „Milieu" wie ein Fisch im Wasser, doch das Milieu durchdringt mich auch, es webt sein Muster in den Stoff meines Lebens.

Geduld und Hoffnung

Yves Congar

Was können wir hoffen? Alles, wenn der Heilige Geist am Werk ist. Nach Charles de Foucauld ist Jesus der Lehrer des Unmöglichen. Wenn wirklich Gott mit der Wiedervereinigung der Christen etwas begonnen hat, wer könnte seinem Wirken eine Grenze setzen? Es bleibt nur eins: Treue, mit allen eigenen Kräften und mit der Kraft seiner Gnade arbeiten. *Er* kennt das Ziel. Will man doch eine menschliche Rechnung anstellen, dann ist zu sehen, dass die Wiedervereinigung menschlich zwar unmöglich ist und trotzdem mehr Dinge Wirklichkeit wurden, als man realistisch erhoffen konnte. [Congar benennt menschlich unüberwindlich erscheinende Schwierigkeiten, die Unfehlbarkeit des Papstes oder bei den Kirchen der Reformation, ob überhaupt eine kirchliche Instanz definitiv entscheiden kann.] … Ein gutes Stück Weg ist bereits geschafft. Dinge, die vor 30 oder 40 Jahren unmöglich erschienen, sind heute Tatsachen. Bei der kirchlichen Lehre selbst zeigte sich, dass Themen, die strittig waren oder sogar als die *entscheidenden* Gegensätze galten, besser erklärt, nicht mehr Grund zur Trennung sein müssen, dies ohne Konzessionen gegenüber einem falschen Liberalismus [etwa das Filioque oder die Frage der Rechtfertigung. Bei anderem wie Schrift und Tradition oder Glaube und Sakrament seien Klärungen oder Annäherungen möglich.] …
Fällen wir also keine voreiligen Urteile im Blick auf die Zukunft. Arbeiten wir. Zahlen wir den Preis für ein so großes Werk: den Preis der Mühe, des Gebets, der Ausdauer. Es ist auch ein Preis der Geduld und der Bewährung. Darüber spricht Paulus in einer Weise, die uns staunen lässt, die aber viel mehr noch Hoffnung geben kann: Die Hoffnung enttäuscht nicht, „denn die Liebe Gottes ist ausgegossen in unsere Herzen durch den Heiligen Geist, der uns gegeben ist" (vgl. Röm 5,4–5).

An den Dialog glauben

Pierre Claverie

Ich vergegenwärtige mir, dass Jesus nicht nur der Prophet des göttlichen Lebens ist, sondern dass er sein Leben hingegeben hat, um diese Liebe zu verdeutlichen. Und er tat dies, indem er sein Leben und sein Tun an den Bruchstellen einer verletzten Menschheit platziert hat: Bruch im desorientierten Menschen, weil er den Sinn seines Lebens verloren hat; Brüche zwischen den Menschen, die sich gegenseitig ausschließen, sich ausnutzen oder zerdrücken; Brüche zwischen den Gläubigen, Juden oder Heiden, die sich an die Stelle Gottes setzen, sich gegenseitig verurteilen und sich gegenseitig in die Hölle verdammen. Er hat seine Arme geöffnet, um zwischen den Feinden die Brücke der Versöhnung auszubreiten. Das Zeichen des Kreuzes, welches einer großen Zahl von Gläubigen so gotteslästerlich vorkommt, ist für uns der Einigungsvertrag zwischen Gott und dem Menschen und zwischen den Menschen untereinander ... Jesus platziert meine Kirche inmitten dieser Bruchlinien, unbewaffnet und ohne irgendeinen Willen oder ein Mittel zur Macht.

Seit der Unabhängigkeit Algeriens erleben wir eine inhaltliche Verarmung bei all den Dingen, die uns Gewicht und soziale Struktur waren (Schulen, Krankenhäuser, diverse Einrichtungen) ... Aber diese Mittel waren für uns Orte der Begegnung, um sich besser kennen und verstehen zu lernen, mit unseren Verschiedenheiten und dem schweren Erbe unserer vergangenen und aktuellen Konflikte. Was gibt es heute Notwendigeres und Dringenderes, als diese menschlichen Orte zu schaffen, an denen man lernt, sich anzuschauen, sich zu empfangen, zusammenzuarbeiten, gemeinsam das kulturelle Erbe zu pflegen, welches die Größe eines jeden ausmacht.

Gemeinschaft von Personen

Yves Congar

Es ist wichtig, durch Anerkennung des Wirkens des Geistes der Ekklesiologie eine trinitarische Struktur zu geben. Jugendlichen im Schulalter mag man es nachsehen, wenn sie meinen, das trinitarische Dogma habe keine Konsequenzen für das Leben des Christen …, doch Theologen müssen weiter denken. Ein trinitarisches Modell der Kirche bedeutet, ihr Wesen als Gemeinschaft von Personen anzuerkennen und zu begründen; es heißt auch, die Verschiedenheit der Situationen, die Kommunikation und Austausch nötig macht, anzuerkennen und zu begründen. Dies bedeutet konkret, dass die Hierarchie nicht in sich selbst kreist und die Bewegung des Geistes keine Einbahnstraße ist.

Die Hierarchie hat kein Monopol auf den Geist, so als ob sie über ein Reservoir verfügte, aus dem sie von oben austeilen könnte. Er wohnt auch in den Gläubigen, und die geweihten Priester müssen zunächst selbst einmal Gläubige sein. Wie heilsam ist da in theologischer und zugleich seelsorgerlicher Hinsicht das Wort, das Augustinus immer wieder gesprochen hat: Für euch bin ich Bischof, mit euch Christ, das heißt Diener, Lernender und Schüler ebenso wie ihr, mit euch zusammen unter dem, der allein der Hirte ist. Damit ist eine Wechselwirkung zwischen der institutionellen Funktion der Repräsentation Christi und dem personalen Leben in der Gnade des Heiligen Geistes ausgesagt.

Die Welt im Tiefsten verstehen

Guy Bedouelle

Die Ausstrahlung eines Heiligen übersteigt offensichtlich sein eigenes Lebenswerk. Dominikus' Gnade strahlt weit über den von ihm gegründeten Orden hinaus, gerade weil er sich so bewusst in den Dienst der ganzen Kirche stellte; *in medio Ecclesiae*. Ich zitiere gern Lacordaire, der behauptete: „Es genügte, dass der heilige Dominikus nur ans Herz der Welt seiner Zeit klopfte, um eine Leidenschaft darin zu finden oder sie entstehen zu lassen." Wir können auch auf Dominikus anwenden, was Lacordaire in einem Brief an Madame Swetchine von sich selber schrieb: „Ich wage zu behaupten, dass ich von Gott die Gnade erhalten habe, die Welt meiner Zeit, welche ich so sehr liebte, im Tiefsten zu verstehen."

Dies ist vielleicht die Botschaft des Dominikus an unsere Zeit: Die Gnade der Verkündigung besteht darin, die Welt unserer Zeit wahrzunehmen, wie sie ist, selbst in ihren stummen Schreien, sie zu lieben, wie sie sein sollte – allem und uns selbst zum Trotz, da sie doch von Gott geliebt ist, der will, dass alle Menschen „zur Erkenntnis der Wahrheit" gelangen …

GESCHAFFEN NACH DEM BILD DES DREIEINEN GOTTES

Yves Congar

Alle … üben so die Funktion der geistigen Mutterschaft aus, durch die die Menschen zu einem gottwohlgefälligen Leben in Jesus Christus geboren werden. Wie denn? Durch ihre Liebe, ihr Gebet, ihre Buße, denen, wenn sie aufrichtig sind, immer der Geist Gottes innewohnt. Augustinus bestimmt dies näher … Er stellt fest, dass die Heilige Schrift die Gläubigen einmal Kinder und ein andermal Vater oder Mutter nennt, und verteilt diese beiden Rollen, wobei er sich bewusst bleibt, dass das Geistige die natürlichen Kategorien der Verwandtschaft umfasst; er verteilt sie aber so: Wir sind, sagt er, Kinder der Kirche, wenn man uns als Einzelne betrachtet, aber wir üben alle ihre Rolle der geistigen Mutterschaft aus, wenn man uns als Gemeinschaft betrachtet, in unserer Einheit als Gemeinschaft der Christen und verbunden durch die Liebe …

Wenn wir, selbst im natürlichen Sinn, geschaffen sind, um uns miteinander zu verbinden, so deshalb, weil wir nach dem Bilde Gottes erschaffen sind. Welch wunderbare und unerschöpflich tiefe Bestätigung gibt uns hier die *Genesis* (1,26–27)! … Gott ist, obwohl er alleiniger Gott ist, keineswegs einsam; in ihm sind drei vollständig und immer zusammen; er ist Gemeinschaft, er ist Familie. Der Mensch ist nach dem Bilde Gottes geschaffen nicht nur in seinen Anlagen und den Eigenschaften einer Natur, die jeder Einzelne ebenfalls verwirklicht, insofern er geist- und vernunftbegabt, frei und schöpferisch ist, insofern in ihm die gleiche Wirklichkeit zu Bewusstsein, Intelligenz und Willen oder Liebe führt. Er ist nach dem Bilde Gottes des Dreifaltigen geschaffen, auch weil er angelegt ist für die Gemeinschaft mit mehreren Personen in ein und demselben Leben, das in der Familie ganz natürlich verwirklicht wird und das die Gemeinschaften durch einen Willensakt verwirklichen sollen. Eine echte Gemeinschaft von Christen spiegelt das Bild Gottes wider.

Sendung an die Grenzen

Generalkapitel Avila

Die Sendung in die Grenzsituation erfordert eine totale Offenheit für die Wahrheit, woher sie auch immer kommen mag, in der uns umgebenden Welt, bei den Menschen, in deren Mitte wir leben, in den Ereignissen, in den Institutionen, in den alternativen Bewegungen usw. Die Suche der Wahrheit verlangt von uns eine Haltung der Reflexion, die in die Tiefe geht. Gerade die Situationen, auf die wir treffen, fordern uns zum Fragen, zum Prüfen, zum Forschen heraus, was uns dazu führt, zu lernen und uns zu wandeln, und uns, so herausgefordert, zum Antworten drängt. Die Option, mit unseren geistigen Kräften die Grenzsituation, auf die wir treffen, zu analysieren und alles daranzusetzen, um im Dialog mit der uns umgebenden Welt lokale Theologien zu erarbeiten, ist integraler Bestandteil unserer Antwort auf die Fragen, mit denen wir in unserer dominikanischen Sendung konfrontiert sind …

Die Sendung in die Grenzsituation erfordert von uns die Grundhaltung tiefen Mitleidens (*compassio*) mit den Menschen, vor allem mit jenen, die sich am Rande der menschlichen Gesellschaft befinden. Es gilt, die Erwartungen und Bedürfnisse dieser Menschen in ihrer Vielfalt und selbst in ihrer Entstelltheit richtig zu erkennen und ihnen in der Antwort gerecht zu werden. Darum ist es unumgänglich, sich die nötige Kompetenz im Gebrauch der Instrumente der Gesellschaftsanalyse und die Fähigkeit, auf Menschen und Ereignisse zu hören, anzueignen. Ebenso gilt es, sich in die Arbeit für Gerechtigkeit und Frieden einzuüben …

Aus Erfahrung schöpfen

Bruno Cadoré

Wie für die Brüder und Schwestern des Ordens ist die Verkündigung der dominikanischen Laien in der eigenen Lebenserfahrung tief verwurzelt. Deswegen kommt der Reichtum ihres spezifischen Beitrags zur Verkündigung des Ordens aus ihrer Erfahrung des Familien- und Berufslebens, aus ihrer Erfahrung der Elternschaft, aus ihrer Erfahrung des Lebens innerhalb der Kirche. Dieser Reichtum kommt auch aus ihrer Erfahrung, jung zu sein in den heutigen [alten] Gesellschaften, sowie aus der ganz besonderen Erfahrung von Getauften, die von ihrem Glauben Rechenschaft ablegen müssen innerhalb einer Familie oder einer Gruppe von Freunden, mit denen sie täglich und emotional verbunden sind, die aber den gleichen Glauben nicht teilen und die oft überhaupt kein Verlangen danach haben … Außerdem erleben sie auf besondere Weise die Schwierigkeit des Glaubenszeugnisses: An vielen Orten der heutigen Welt konfrontiert die gewöhnliche Lebenssituation eines Laien ihn mit Gleichgültigkeit, Skepsis und Unglauben, und zwar in ganz anderer Weise als die Ordensleute, und dies muss die Verkündigung des ganzen Ordens bereichern …

Innerhalb des Ordens obliegt den dominikanischen Laien die Aufgabe, die anderen Mitglieder an diese grundsätzliche Begebenheit zu erinnern: Die Laien in der Kirche sind nicht bloße Empfänger der Verkündigung, der Evangelisierung und der Pastoral, sondern sie sind genauso aufgerufen, eine aktive Rolle zu spielen.

Grenzenlos lieben

Katharina von Siena

L iebe kann nur durch Liebe erworben werden. Wenn ihr Liebe wollt, müsst ihr selbst zu lieben beginnen – das heißt den Willen haben, zu lieben. Sobald ihr diesen Willen habt, müsst ihr das Auge eures Verstandes öffnen und sehen, wo und wie sich diese Liebe finden lässt. Ihr werdet sie in euch selbst finden. Und wie? Indem ihr euer Nichts erkennt. Sobald ihr erkennt, dass ihr nicht durch euch selbst existiert, werdet ihr dankbar anerkennen, dass ihr euer Sein von Gott habt sowie jede Gnade, die auf diesem Sein gründet – also sowohl die geistlichen als auch die irdischen Gnaden und Gaben, die Gott uns schenkt. … Und in der Tat ist alles, was wir haben, und alles, was wir in uns selbst vorfinden, ein Geschenk der unermesslichen Güte und Liebe Gottes.

Die Entdeckung und Erkenntnis dieser großen Güte unseres Schöpfers erhebt uns und lässt in uns die Liebe und das Verlangen so sehr wachsen, dass wir uns selbst und die Welt mit allen ihren Freuden für nichtig halten … Und das ist nicht verwunderlich, denn so ist die Weise der Liebe, dass das Geschöpf sofort liebt, sobald es sich geliebt sieht.

Wer Gott mit glühender und verzehrender Liebe betrachtet, der findet in ihm das Bild des Geschöpfes. In sich selbst aber – dem Abbild des Schöpfers – findet er Gott. Und er sieht, dass dieselbe Liebe, die Gott zu uns hat, sich ausdehnt auf alle Geschöpfe. Wer daher den Urquell des Meeres der göttlichen Wesenheit betrachtet, der fühlt sich sofort gedrängt, den Mitmenschen zu lieben wie sich selbst, weil er sieht, dass Gott ihn liebt bis zum Äußersten. Dieses Verlangen macht ihn dann fähig, die Menschen in Gott und Gott in den Menschen zu lieben.

FEUER UND FUNKE

Katharina von Siena

Du, o Gott, bist, bist wahrhaft ein glühendes und immer brennendes Feuer! Dies meinte ja offenbar die ewige Wahrheit, als sie sprach: „Ich bin das Feuer, und ihr seid die Funken." Er sagt, das Feuer will stets zu seinem Ursprung zurück und brennt daher immer nach oben. O unsagbare Liebe! Wie wahr sagst du, dass wir dabei die Funken sind (vgl. Jes 1,31) und folglich auch demütig werden müssen! Denn so wie der Funke sein Entstehen ja nur dem Feuer verdankt, so verdanken auch wir unser Dasein allein dem ersten Ursprung, nämlich Gott. Und deshalb hat er gesagt: „Ich bin das Feuer, und ihr seid die Funken."

Lass es also nicht zu, dass sich deine Seele stolz erhebt, sondern mache es wie der Funke. Er steigt zuerst auf und kommt dann wieder herunter. Genauso muss auch bei uns die erste Bewegung unseres heiligen Bemühens auf Gott ausgerichtet sein und auf seine Ehre. Und dann müssen wir wieder heruntersteigen, um unserer eigenen Armseligkeit und Nachlässigkeit innezuwerden.

Aber nur, wie gesagt, nachdem wir uns zuerst zu Gott erhoben haben. Und wenn wir uns dort im Abgrund seines Erbarmens wiederfinden, werden wir demütig werden. O süße Mutter Liebe! Welcher Geist wäre denn so verhärtet, dass er nicht aufgeweckt würde aus seiner Trägheit durch eine so glühende Liebe!

SEELENBRUNNEN

Katharina von Siena

Die Seele ist wie ein Brunnen, in dem es sowohl Wasser als auch Erde gibt.

Unter der Erde verstehe ich, liebster Vater, unser Elend und die Erkenntnis, dass wir aus uns nicht sind, sondern nur aus Gott – o unschätzbare und glühende Liebe!

Und indem wir so der Erde, das heißt unseres eigenen Elends ansichtig werden, erhalten wir das lebendige Wasser, nämlich die wahre Erkenntnis seines süßen, wahren Willens, der nichts anderes möchte als unsere Heiligung.

Steigen wir also hinab in die Tiefe dieses Brunnens! Denn wenn wir darin verweilen, werden wir unvermeidlich beides erkennen: uns selbst und die Güte Gottes. Sobald wir erkennen, dass wir aus uns nicht sind, werden wir uns demütigen.

LIEBE UND ERKENNTNIS

Katharina von Siena

Oft unterhielt sich die heilige Jungfrau mit mir über die Beschaffenheit einer Seele, die ihren Schöpfer liebt: ... Eine Seele, die sieht, dass sie nicht ist, und begreift, dass all das, was gut an ihr ist, in ihrem Schöpfer liegt, eine solche Seele gibt mit all ihren Kräften sich und alles Geschaffene restlos auf und versenkt sich ganz in ihren Schöpfer. ... Ihre Mitgeschöpfe sieht und liebt sie ebenso wie sich selbst nur in Gott. ... Das ist wie bei einem Taucher, der ins Meer springt und unter Wasser schwimmt: Er sieht und berührt nichts als nur das Wasser und was im Wasser ist. ... Das ist ... die richtige und wahre Liebe zu sich selbst und zu allen Geschöpfen. Sie allein schließt jeden Irrtum aus, weil sie sich nur am göttlichen Maßstab ausrichtet. ... Deswegen schaut sie nur auf Gott und bleibt in ihm.

[Es ist so] ähnlich, wie wenn wir in eine Quelle schauen, unser eigenes Bild erblicken, daran Gefallen finden und uns selber lieben. Wenn wir klug sind, werden wir aber zuerst die Quelle lieben und dann erst uns selbst. Denn hätten wir uns nicht in der Quelle gesehen, würden wir uns nicht lieben und uns nicht freuen über uns selbst. Auch könnten wir nicht die Fehler verbessern im Antlitz, das uns die Quelle gezeigt hat! Bedenkt also, ... dass wir weder unsere Würde noch unsere Fehler, die die Schönheit unserer Seele beeinträchtigen, erkennen können, wenn wir uns nicht aufmachen, um hineinzublicken ins friedliche Meer der göttlichen Wesenheit; denn dort entdecken wir unser eigenes Bild. Und warum? Weil wir aus ihr, der göttlichen Wesenheit, hervorgingen, als uns Gottes Weisheit nach seinem Bild und Gleichnis schuf.

SELBSTERKENNTNIS UND GOTTESERKENNTNIS

Katharina von Siena

Im Haus der Selbsterkenntnis ... kommen wir zur Erkenntnis unserer eigenen Armut, da wir mit den Augen unseres Geistes und in Wahrheit unser Nichtsein und unsere Sündhaftigkeit erkennen. Mit „Wahrheit" ist gemeint, dass wir beides erkennen müssen: uns selbst und die Güte Gottes in uns. Denn wollten wir nur uns selbst kennenlernen oder Gott erkennen ohne Kenntnis unserer selbst, so wäre eine solche Erkenntnis nicht in der Wahrheit gegründet. Auch würden wir nicht die Frucht daraus ziehen, die wir aus der Selbsterkenntnis ziehen müssen. Wir würden eher verlieren als gewinnen. Und warum? Weil wir aus der Selbsterkenntnis allein nur Lauheit und Verwirrung erzielen würden. Dadurch aber würde unsere Seele austrocknen, und wenn dieser Zustand weiter verbliebe, ohne Heilmittel zu besitzen, würden wir schließlich verzweifeln. Umgekehrt aber, wenn wir Gott kennenlernen wollten ohne Selbsterkenntnis, würden wir daraus die stinkende Frucht einer schrecklichen Anmaßung ziehen, die den Hochmut nährt und zugleich selbst von ihm genährt wird. ...

[Der Glaube] muss also sehen und erkennen in Wahrheit: Er muss die Selbsterkenntnis mit der Kenntnis Gottes würzen und die Gotteserkenntnis mit der Erkenntnis von uns selbst – dann kommt es in uns weder zur Anmaßung noch zur Verzweiflung. Denn aus der Selbsterkenntnis ernten wir die Frucht der wahren Demut ... Aus der Erkenntnis dieser großen Güte Gottes, die wir in unserem Innern wahrnehmen, ziehen wir als Frucht die abgrundtief glühende Gottes- und Nächstenliebe.

Die Güte Gottes entdecken

Katharina von Siena

Die Selbsterkenntnis ist der Raum, wo wir die Güte Gottes entdecken und ebenso unsere eigene Armseligkeit – und das macht uns demütig. Aus diesem Licht und aus dieser Erkenntnis erwächst uns eine solche Wärme und ein so großes Liebesfeuer, dass alles Bittere süß und jegliche Schwäche stark wird und das Eis unserer Eigenliebe zu schmelzen beginnt. Von da an lieben wir uns nicht mehr ichbezogen, sondern durch Gott; und es entquillt uns ein Strom von Tränen und ergießt sich unser liebendes Verlangen auf unsere Brüder und Schwestern, so dass wir sie mit reiner Liebe lieben ohne jeglichen Egoismus.

Ich möchte darum, dass Ihr immer in der Selbsterkenntnis bleibt und in Euch das Feuer und die Güte der Liebe Gottes kennenlernt. Das ist die Zelle, die Ihr immer bei Euch tragen sollt bei allem, was Ihr zu tun habt, wo immer Ihr auch seid. Verlasst sie nie, weder beim Chorgebet noch im Refektorium, in der Versammlung oder bei der Arbeit! … Was immer Ihr zu tun habt: Schließt Euch fest in sie ein.

DEMUT UND ERKENNTNIS

Katharina von Siena

Die Tugend der Demut erlangen wir durch wahre Selbsterkenntnis. Das heißt, wir müssen unsere Armseligkeit und unsere Schwäche erkennen, dass wir aus uns selbst heraus unfähig sind, auch nur eine einzige tugendhafte Handlung zu vollbringen, und uns von keinem Kampf und keinem Schmerz befreien können. Denn wenn wir körperlich krank sind oder unter geistigen Schmerzen oder einem geistigen Kampf leiden, können wir uns nicht selbst von ihnen befreien oder sie loswerden. Denn wenn wir das könnten, würden wir uns ihrer gewiss sofort entledigen. Folglich ist es wohl wahr, dass wir von uns aus nichts sind. …

Es wäre aber nicht gut, ausschließlich in der Selbsterkenntnis zu verharren, denn so würden wir nur entmutigt und beschämt werden und schließlich in Verzweiflung enden. Nur will der Teufel aber nichts anderes, als uns mutlos zu machen, damit er uns dann in die Verzweiflung führen kann. Deshalb müssen wir uns in die Erkenntnis der Güte Gottes versenken und dabei betrachten, wie er uns nach seinem eigenen Bild und Gleichnis erschaffen hat und uns von neuem erschuf zur Gnade im Blut seines eingeborenen Sohnes, des lieben fleischgewordenen Wortes, und wie die Güte Gottes beständig in uns wirkt.

Andererseits wäre es aber nicht gut, nur in der Gotteserkenntnis zu verharren, denn davon würden wir eingebildet und hochmütig werden. Daher muss die eine Erkenntnis immer mit der anderen verbunden sein. Wir müssen in der heiligen Erkenntnis der Güte Gottes verweilen und ebenso in der Selbsterkenntnis. Dann werden wir demütig, geduldig und sanft.

Der Geist der Einheit

Yves Congar

So setzt der Geist als Einheitsprinzip schon eine anfängliche Einheit – die auch er schon insgeheim wirkt – voraus, eine Übereinkunft, beisammen zu sein, und das gemeinsame Einschlagen dieser Richtung. Davon spricht Augustinus so oft unter den Bezeichnungen *fraterna caritas*, *caritas unitatis*, *pacifica mens* als von einem liebenden Hingezogensein zum Frieden, zur Eintracht, zur Einheit, im Gegensatz zur partikularistischen, sektiererischen, schismatischen Einstellung. Darum kann er einerseits sagen, man müsse im Leibe Christi sein, um den Geist Christi zu haben, und andererseits, man habe den Geist Christi, man lebe wirklich aus ihm, wenn man im Leibe Christi sei.

Dies ist das Entscheidende. Man empfängt den Geist dann, wenn man beieinander ist, aber nicht deshalb, weil man, wenn man ein einziger Leib ist, auch ein einziger Geist ist, sondern deshalb, weil, wo ein einziger Geist Christi ist, auch nur ein einziger Leib, der Leib Christi, da ist. Der Geist *wirkt*, damit man in den Leib eintritt, aber er wird dem Leib *gegeben*, und in diesem empfängt man ihn. „Durch den einen Geist wurden wir in der Taufe alle in einen einzigen Leib aufgenommen" (1 Kor 12,13; vgl. Eph 4,4). Der Geist ist *der Gemeinde gegeben* …, in die der Einzelne durch die Taufe aufgenommen wird. Die Väter sagen, erklären, preisen dies unaufhörlich.

DER ALLEN INNEWOHNENDE GEIST

Yves Congar

So kann der einzige, allgegenwärtige, transzendente und allen innewohnende, subtile und souveräne Geist, der die Freiheit respektiert und sie mächtig zu inspirieren vermag, den Plan Gottes vorantreiben, der sich mit den Worten wiedergeben lässt: Communio, viele (vieles) in Einem, „Unipluralität". Am Ende wird Gott „alles in allem" sein (1 Kor 15,28), das heißt, ein einziges Leben wird eine Vielfalt beseelen, ohne das Innere von irgendjemand zu profanieren – so wie am Sinai Jahwe den Dornbusch durchglühte, ohne ihn zu verbrennen.

Der Geist ist eine eschatologische Wirklichkeit. Er ist „der Verheißene", wir haben hienieden von ihm bloß die Vorgabe. Er ist die Kommunikation Gottes bis aufs Äußerste, Gott als Gnade, Gott *in uns* und in diesem Sinn außer sich. Diese Selbstmitteilung und dieses Innesein führen nicht zu einer Verschmelzung, sondern zu einem gegenseitigen Ineinanderwohnen, er in uns und wir in ihm, ohne Verwischung der Personen.

DER GEIST JESU CHRISTI

Yves Congar

Der Heilige Geist aktualisiert auch die Offenbarung Christi. Er treibt das Evangelium vorwärts in das Noch-nicht-Gekommene der Geschichte hinein. Christus wurde nur einmal geboren, hat nur einmal gesprochen, ist nur einmal gestorben und auferstanden; doch dieses *Einmal* muss entgegengenommen werden, Wurzel fassen und Frucht tragen in einer Menschheit, die sich durch die Kulturen, die menschlichen Räume und den Ablauf der Zeit hindurch vervielfältigt und unendlich diversifiziert. Es muss eine Verbindung hergestellt werden zwischen dem Gegebenen und dem Unverhofften, zwischen dem ein für alle Mal Feststehenden und dem beständig Unerhörten und Neuen. Es ist der Heilige Geist, der Geist Jesu, Jesus als der Geist, der dies alles leistet, und man versteht, dass er ebenso sehr „Geist der Wahrheit" wie der Freiheit ist.

Konkret besagt dies, dass die uns bekannten Formen, so richtig und respektabel sie auch sein mögen, für die Wirklichkeiten, die sie wiedergeben, nicht das letzte Wort sind: Die Dogmen lassen sich vervollkommnen, die Kirche ist in ihren Strukturen ein offenes System …

Aber der Geist ist der Geist *Jesu Christi*. Er tut kein anderes Werk als das Werk *Jesu Christi*. Es gibt kein Zeitalter des Parakleten, das nicht die Zeit Jesu Christi wäre.

Der Geist der Heiligung

Yves Congar

Durch den einen Geist wurden wir in der Taufe alle in einen einzigen Leib aufgenommen" (1 Kor 12,13). „Er hat uns gerettet aufgrund seines Erbarmens durch das Bad der Wiedergeburt und der Erneuerung im Heiligen Geist. Ihn hat er in reichem Maß über uns ausgegossen durch Jesus Christus, unseren Retter, damit wir durch seine Gnade gerecht gemacht werden und das ewige Leben erben, das wir erhoffen" (Tit 3,5ff).

So ist der Geist das Verwirklichungsprinzip des „christlichen Mysteriums", welches das Mysterium des menschgewordenen Gottessohnes ist, der die Menschen zu Söhnen Gottes geboren werden lässt. In der katholischen Theologie spricht man von „Gnade", manchmal auf die Gefahr hin, sie zu verdinglichen, obschon man sie nicht vom Wirken des Geistes, der ungeschaffenen Gnade, trennen kann. Gott allein ist heilig; Gott allein heiligt durch seinen menschgewordenen Sohn und in ihm, durch und in seinem Geist.

„Gott hat euch als Erstlingsgabe dazu auserwählt, aufgrund der Heiligung durch den Geist und aufgrund eures Glaubens an die Wahrheit gerettet zu werden" (2 Thess 2,13). „Ihr seid reingewaschen, seid geheiligt, seid gerecht geworden im Namen Jesu Christi, des Herrn, und im Geist unseres Gottes" (1 Kor 6,11; vgl. Röm 15,16; Hebr 2,11). Und doch wirken wir zu dieser Heiligung mit; wir könnten zumindest es daran fehlen lassen und so die Gnadengabe vergeblich empfangen (vgl. 1 Thess 4,3.7f; Röm 6,22; Hebr 10,29).

DER GEIST LÄSST CHRISTUS
IN UNS WOHNEN

Yves Congar

Christ sein heißt in Christus sein, Christus zu seinem Lebensprinzip machen, sein Leben von Christus her und auf Christus hin leben. Dies bringt Paulus durch die bekannten Wendungen „Christus in uns", „Christus in euch, die Hoffnung auf Herrlichkeit" (Kol 1,27), „wir in Christus" zum Ausdruck. Paulus freut sich, wird betrübt, ist stark, ermahnt „in Christus" oder „im Herrn". …
Diese geistliche, mystische Identifizierung mit Christus, worin wir uns ganz ihm überlassen, damit er in unserem Leben voll Raum gewinne, wirkt der Heilige Geist als zugleich transzendente und uns zutiefst innewohnende Ursache – er wohnt ja in uns –, aber der Glaube verwirklicht sie als Disposition in uns. Gott der Vater lässt durch seinen Geist Christus in unserem Herzen wohnen, das heißt in unserer tiefsten Tiefe, worin sich die Ausrichtung unseres Lebens bildet (Eph 3,14–17). Der Glaube, der uns von Gott aus lauter Liebe geschenkt wird (Eph 2,8), ist das, von wo aus (*ex*) oder wodurch (*dia*) der Geist uns gegeben wird. Dies wird durch eine Menge von Texten bei Paulus, Lukas und Johannes belegt. …
Christus ist Zentrum und sogar Gipfel, aber nicht Ziel. Als „Menschensohn", Typus des Menschen, geht er über sich selbst hinaus und führt über sich hinaus. Er ist ganz „*ad Patrem, pros ton patera* – zum Vater hin" und für ihn da. Sonst würde er uns nicht über das Menschsein hinausführen. „Der Geist führt uns zum Sohn, der uns zum Vater führt", sagen unsere klassischen Autoritäten. Wie wir sahen, ist unser Sohnsein im Sohnsein Jesu begründet. Um zu sehen, wie man als Kind des Vaters lebt, müssen wir zunächst schauen, wie Jesus sein Sohnsein gelebt hat.

DER GEIST, DER UNS
ZU KINDERN MACHT

Yves Congar

Obwohl wir als Erstlingsgabe den Geist haben, seufzen wir in unserem Herzen und warten darauf, dass wir mit der Erlösung unseres Leibes als Söhne offenbar werden (Röm 8,23). Diese Erstlingsgabe ist eine Gewähr für unsere Erbschaft und festigt uns im vollen Vertrauen (2 Kor 1,21f; 5,5). „Durch ihn habt ihr das Siegel des verheißenen Heiligen Geistes empfangen, als ihr den Glauben annahmt. Der Geist ist der erste Anteil des Erbes, das wir erhalten sollen, der Erlösung" (Eph 1,13f). Der Geist, der in Fülle gegeben werden und tätig sein wird, wird die Auferstehung unseres Leibes herbeiführen, wie er dies bei Christus getan hat (Röm 1,4; 1 Petr 3,18). Wir werden erst dann voll Söhne Gottes sein, wenn wir, wie Christus, in den Status von Söhnen Gottes versetzt sein werden. ... Durch seinen Geist schafft Gott Söhne und legt in sie sein Gesetz, dessen Inbegriff die Liebe ist; Söhne, die allesamt Brüder seines menschgewordenen Sohnes sind. Es gibt keine Vaterschaft ohne Brüderschaft: Gott ist nicht paternalistisch. Transzendenz und Immanenz gehören zusammen. Der Christ ist gleichzeitig für Gott, seine Brüder und die Welt offen und da. Da wir immer nur zum Teil erfassen und leben, gibt es Christen, die einer Transzendenz ohne Immanenz, und andere, die einer Immanenz ohne Transzendenz nachleben. Aber die Wahrheit und Gnade des Heiligen Geistes verbindet beides.

Der Geist der Sendung

Pierre Claverie

Der Geist ist uns in der Taufe gegeben, damit wir die Sendung Jesu und seiner ersten Jünger fortsetzen. Denn Jesus hat seine Apostel in alle Welt gesandt, damit sie allen Nationen das Geschenk verkünden, das Gott den Menschen macht: die Vergebung und Versöhnung in seinem Geist. Dieser Gott, welcher Gemeinschaft in der Liebe ist, beruft die ganze Menschheit, sich ihm zuzuwenden und im selben Geist in diese Gemeinschaft einzutreten. Jesus rettet uns aus unseren Verschlossenheiten, unseren Teilungen, unserer Selbstgefälligkeit und unseren Ängsten, und er drängt uns zur Begegnung mit den anderen. Die Kirche und jeder Christ existiert nur in der Bewegung, die ihn zum anderen hin trägt. Wenn sie sich auf sich selbst zurückziehen, in den geschlossenen Raum ihrer Riten und Gesetze, verkümmern sie und verlieren ihre Bedeutung – so wie Jesus nur insofern eine Bedeutung hat, als er auf den Vater, von dem er kommt, ausgerichtet ist und als er der Menschheit gegeben wird, zu der der Vater den Sohn sendet. Wir finden unsere Wahrheit, unsere Gerechtigkeit und unser Glück nur in dieser doppelten und einzigartigen Beziehung: in der zum Vater und zu den anderen …

Die Sendung des Christen – und ein jeder Christ hat eine Mission – besteht daher darin, ohne Hintergedanken, Kalkül und Reserviertheit um sich herum die Liebe zu verbreiten, welche Jesus gelebt und in seiner Existenz in Palästina bezeugt hat und die seine Jünger mit ihrem Zeugnis weitergegeben haben. Sie besteht nicht im Rekrutieren, um die Reihen der Kirche zu vergrößern. Weil sie zu lange teilhatte an Herrschaft und politischen Interessen, hat die Kirche ihre Mission und ihre Expansion durcheinandergebracht.

Blühen im Geist

Johannes Tauler

Und er [der Mensch] soll ganz so tun wie der Landmann, der im März zu pfropfen hat. Sieht er die Sonne höher steigen, so behaut und beschneidet er seine Bäume, jätet das Kraut, kehrt seinen Boden um und gräbt mit großem Fleiß. Ebenso soll der Mensch mit gar großem Fleiß sich selbst umgraben, in seinen Grund blicken und den verkehrten Grund gründlich umkehren. Er soll seine Bäume – das sind seine äußeren Sinne und seine niederen Kräfte – behauen und sein Unkraut gänzlich ausreuten. Er soll zuerst abhauen und ausroden die sieben Hauptsünden …

Sobald der äußere Mensch und die niederen und oberen Kräfte wohl behauen und bereitet sind und der (ganze) Mensch innen und außen, kommt die milde göttliche Sonne und beginnt hell in den Grund, in den edlen Acker zu scheinen, und ein freudvoller Sommer entsteht nun, eine rechte, wahre Maienblüte … Da lässt der liebevolle ewige Gott den Geist grünen und blühen und allerherrlichste Frucht bringen, von der keine Zunge zu sprechen vermag, die kein Herz ausdenken kann; solche Wonne entsteht in dem Geist (eines solchen Menschen). Sobald der Heilige Geist durch seine Gegenwart seinen wonnigen Glanz und seinen göttlichen Schein ohne Hinderung in den Grund (des Menschen) gießen kann und der Geist, der da der wahre Tröster heißt und ist, seinen milden Einfluss dort ausüben kann, o welch liebliches Genießen findet (dann) dort statt!

ORDNUNG IN GEISTLICHEN DINGEN

Johannes Tauler

Ihr dürft aber (auch) nicht meinen, falls ihr des Heiligen Geistes solcherart warten wollet, eure äußeren guten Werke, als da sind solche des Gehorsams, euer Singen und Lesen, euer Dienst an den Schwestern und die Werke der Liebe, könnten ein Hindernis für den Empfang des Heiligen Geistes sein.

Nein, es ist nicht so, dass man sich allen Tuns entschlagen dürfe und nur warten müsse. Wer Gott gerne liebt und nach ihm verlangt, wird alles aus Liebe tun, Gott zum Lobe in rechter Ordnung, wie es an ihn kommt, wie Gott es ihm fügt, in Liebe, sanftmütiger Güte und friedlicher Gelassenheit, zu deinem und deines Nächsten Frieden. Nicht die Werke hindern dich, sondern deine Unordnung in ihrer Durchführung. Die lege ab, und richte deinen Sinn ganz auf Gott in all deinem Tun und sonst nichts. Sodann beobachte dich oft selbst, hüte deinen Geist, lass keine Unordnung da Eingang finden; habe acht auf deine Rede und dein äußeres Verhalten: Dann wirst du Zufriedenheit in all deiner Tätigkeit bewahren; dann wird der Heilige Geist zu dir kommen, dich erfüllen, in dir wohnen und in dir Wunder wirken, wenn du seine Unterweisungen beobachtest.

LEER WERDEN

Johannes Tauler

Nun wollen wir betrachten, was wir tun müssen zum Empfang dieses überaus herrlichen Heiligen Geistes. Die nächste und allerhöchste Vorbereitung hierzu muss er in dem Menschen selbst vornehmen und wirken. Er muss sich in ihm selbst eine Stätte bereiten und sich im Menschen selbst empfangen. Welches ist aber sein Werk, durch das er den Menschen bereitet, sich dort selbst zu empfangen? Er wirkt zweierlei im Menschen; das eine: Er entleert ihn; das andere: Er füllt das Leere, soweit und soviel er es leer findet. Diese Entleerung ist die erste und größte Vorbereitung für den Empfang des Heiligen Geistes.

Denn ganz so weit und ebensoviel der Mensch entleert ist, so viel mehr wird er auch fähig, den Heiligen Geist zu empfangen. Denn will man ein Fass füllen, so muss zuerst heraus, was drinnen ist ... Er muss alles lassen, dieses Lassens selbst noch ledig werden und es lassen, es für nichts halten und in sein lauteres Nichts sinken. Andernfalls vertreibt und verjagt er sicher den Heiligen Geist und hindert ihn, in der höchsten Weise in ihm zu wirken. Aber diesen Weg sucht (so leicht) niemand auf. Wann immer diese Vorbereitung im Menschen geschehen ist, wirkt der Heilige Geist sogleich sein zweites Werk in dem so vorbereiteten Menschen: Er füllt ihn nach seiner ganzen Empfängnisfähigkeit aus. Soviel du in Wahrheit geleert bist, ebenso viel empfängst du auch; je weniger des Deinen du behältst, umso mehr des Göttlichen empfängst du ...

AUFMERKSAMKEIT FÜR DEN RUF

Yves Congar

Das Evangelium ist kein Gesetz, sondern eine Person, Jesus. Es ist ein Ruf, ein personaler An-spruch, der vorwärtstreibt, der Heilige Geist. Das Leben des Christen verlangt, auf einen Ruf eine persönliche Antwort zu finden. Dieser Ruf hat in den Seligpreisungen seinen typischen Ausdruck. In ihnen hat uns Jesus aber weder ein Programm für die anzuwendenden Mittel noch ein Rezept noch ein Gesetz, das man nur wörtlich zu befolgen hätte, an die Hand gegeben. Das Ausmaß des Unbekannten in unseren Entscheidungen ist offensichtlich in einer Religion der Berufung größer als in einer Gesetzesreligion …

Was verhindert oder ermöglicht, dass wir zur Wahrheit gelangen, ist unsere innere Bereitschaft. Je nachdem wie unsere erste Entscheidung ausfällt, öffnet sich eine Tür zu mehr Licht oder zu tieferer Dunkelheit: „Wer hat, dem wird gegeben werden!" (vgl. Lk 19,26; Lk 8,18; Mt 13,12). Außerdem kommt dem Prinzip dieses Prozesses, der zum Glauben führt oder nicht, der Aufmerksamkeit bzw. der Unaufmerksamkeit, entscheidende Bedeutung zu. Schon die Stoiker hatten die Bedeutung der Aufmerksamkeit erkannt, sodann Augustinus, Thomas und ihre modernen Interpreten. Die Aufmerksamkeit erscheint in der Tat als der grundlegende ethische Wert: Sie ist notwendig, um mit dem Moment des Unfassbaren in unserem Handeln, seiner Geheimnishaftigkeit nicht nur im Sinne seines Unbekannt- oder Verborgenseins, sondern auch aufgrund seiner Zugehörigkeit zum „Mysterium" des Heilsplanes Gottes, umgehen zu können. Es gibt wenige Themen, die in den synoptischen Evangelien öfter begegnen, als die dringliche Aufforderung zur Wachsamkeit …

DISKUSSION UND DIALOG

Timothy Radcliffe

Ein Zeichen der wahren Liebe besteht darin, dass sie uns von der Angst heilt, denn „vollkommene Liebe treibt die Furcht aus" (1 Joh 4,18). Furcht ist für jede Gemeinschaft wie Rost. Sehr häufig haben wir in der Kirche Angst, Angst vor Diskussion. Es besteht aber kein Grund zur Furcht. Seit den Zeiten des Pfingstfestes hat die Kirche Spannungen erlebt. Die Gemeinde von Jerusalem, die „ein Herz und eine Seele" war, erlebte Gegensätze wegen der Verteilung des Geldes und wegen der verschiedenen Auslegungen des Gehorsams gegenüber dem Gesetz. Da hat sich bis heute nicht viel geändert. Das Geheimnis unserer Gemeinschaft im Geist, für das die Hierarchie sichtbares Zeichen ist, bedeutet nicht Einmütigkeit ohne Gegensätze. Diskussionen und Auseinandersetzungen sind Zeichen einer durch den Geist ständig erneuerten Kirche. Absolute Einmütigkeit wäre ein Zeichen für die Unbeweglichkeit des Todes.

„Gaudium et Spes" spricht von der Sendung der Kirche zum Dialog, wobei von uns „gegenseitige Hochachtung, Ehrfurcht und Eintracht bei Anerkennung aller rechtmäßigen Verschiedenheit" (92) verlangt wird. Fruchtbar ist der Dialog, wenn man um gegenseitiges Verstehen bemüht ist. Die vom heiligen Thomas geübte mittelalterliche *disputatio* gründet auf der Voraussetzung, dass der Gegner immer irgendwie recht hat. Es ist leicht, die Irrtümer der anderen herauszufinden; aber sind wir in der Lage zu hören, was sie uns zu sagen haben? Das Bemühen um einen echten Dialog ist wie der Kampf Jakobs mit dem Engel, der einen zugleich verwundet und geadelt zurücklässt. Von uns ist Verwundbarkeit verlangt. In vielen Ordenskongregationen gibt es die Praxis des Kapitels, bei dem man gegenseitigen Gehorsam lernt, indem man auf den Bruder oder die Schwester hört. Dieses Beispiel des Gehorsams, obwohl auf ein bestimmtes Gebiet begrenzt, stellt eine reiche Tradition dar, die der Kirche vieles bieten könnte.

Ewiger Bund

Gordian Landwehr

Wir wollen niemals auseinandergehen." Ob es leichtfertig dahingesagt wird oder aber ob es ernst gemeint ist, ob es in Liedern und Schlagern bei einem Glas Sekt dahingesungen oder aber ob es als ein Treuegelöbnis vor dem Altar einem anderen in die Hand gegeben wird; es ist ein gewaltiges Wort: ein Wort, das Himmel und Erde bewegen kann, das Heil und Unheil in diese Welt gebracht hat.

Gott selbst hat es zum ersten Mal ausgesprochen. Schon im Anfang, vor aller Zeit, vor allen Ewigkeiten, da hat es der Vater zum Sohn und ebenso der Sohn im Heiligen Geist zum Vater gesagt: Wir wollen niemals auseinandergehen. Seitdem hat es keinen Augenblick gegeben, in dem auch nur der Gedanke an ein Auseinandergehen in Gott möglich gewesen wäre.

Es wird auch keinen Augenblick in der ganzen nun vor uns liegenden Ewigkeit geben, in dem der Gedanke an eine Trennung – an ein Auseinandergehen – in Gott möglich sein wird. Das ist das Geheimnis des einen Gottes in drei Personen. Ein Geheimnis des ewigen Gottes im Geheimnis der Heiligen Dreifaltigkeit. „Wir wollen niemals auseinandergehen."

Gott ist der Erste gewesen. Er hat den Anfang gemacht. Seitdem haben es unzählige andere nach ihm gesagt …

Ich weiß nicht, ob dir ein einziges Mal in deinem Leben zum Bewusstsein gekommen ist, was es heißt, dass du einen ewigen Bund mit dem ewigen Gott geschlossen hast. Dass du zu ihm gesagt und sogar immer wieder gesagt hast und dass auch umgekehrt er zu dir gesagt hat: „Wir wollen niemals auseinandergehen."

Nicht allein sein

Yves Congar

Wir empfinden ein vitales Bedürfnis, nicht allein zu sein … Für den normalen Menschen ist nichts zerstörerischer für seine Menschlichkeit als die Einsamkeit: nicht der Augenblick der Einsamkeit, der im Gegenteil die Erfüllung begünstigen kann, sondern das Herausgerissensein, die Isolierung, die Verlassenheit. Und wenn er ganz im Stich gelassen würde, wäre es die Schwelle zum Tode. Deshalb hat Jesus uns versprochen, uns nicht als Waisen ohne Heimat zurückzulassen. Waisen sind wir niemals, wir haben den Vater im Himmel. Doch Jesus hat an unsere irdische Einsamkeit gedacht. In seinem Vermächtnis … hat er verfügt, was die Zeit seiner körperlichen Abwesenheit ausfüllen sollte, der Heilige Geist und das Apostolat. Die Umstände, die seinen Tod begleiteten und die derselbe heilige Johannes feierlich bezeugt, sind auch bezeichnend. Jesus haucht seinen letzten Atemzug … über den Jünger Johannes und die Mutter Maria aus, welche beide die Kirche zu Füßen des Kreuzes darstellen. Dann durchbohrt der Soldat die Seite des im Tode entschlafenen Jesus, und es kam Blut und Wasser heraus. Die Kirchenväter und das Mittelalter haben darin einstimmig ein Symbol für die Sakramente gesehen, durch die sich die Kirche aufbaut.

MARIA ALS GARTEN

Katharina von Siena

Der menschliche Stolz muss sich schämen, wenn er sieht, wie Gott sich im Schoß der Jungfrau Maria erniedrigt hat. Sie wurde der Garten, in den du, mein Gott, den Samen des menschgewordenen Wortes hineingestreut hast, den wahren Sohn Gottes. Das ewige Wort ließ es zu, in diesen Garten, in Maria, wie Samen in die Erde gesät zu werden, und da brachte es unter den wärmenden Strahlen der Sonne Blüten und Früchte hervor. O selige und gütige Mutter Maria, du hast uns die Blüte, den guten Jesus, geschenkt. Und wann brachte diese Blüte ihre reife Frucht? Sie tat es, als sie an das Holz des Kreuzes geheftet wurde. Denn damals verdiente er uns das neue Leben.

Haltet es fest im Geist und bewahrt es im Herzen, im Gedächtnis und in der ganzen Seele, dass Ihr Maria geschenkt worden seid. Bittet sie also, dass sie Euch die Gaben des guten Jesus darreiche, dass sie als gütige Mutter Euch ihren Sohn anbiete und vorstelle. Seid dankbar und erkennt das an, denn sie hat noch keine Eurer Bitten abgewiesen, im Gegenteil, sie hat sie immer in Liebe entgegengenommen. Seid also treu, achtet nicht auf die Täuschungen des Satans und auch nicht auf die Kritik der Menschen, geht männlich Euren Weg, habt immer den Wunsch im Herzen, Gottes Ehre und das Heil der Seelen zu verwirklichen.

DAS VERWUNDETE HERZ MARIENS

Katharina von Siena

Geliebtester Herr, die Lanze, die dir Herz und Seele durchstach, war die gleiche, die in Herz und Seele deiner Mutter eindrang. Wie der Leib des Sohnes durchstoßen wurde, so auch Herz und Seele deiner Mutter. Denn dieses Fleisch hatte er ja aus ihr angenommen. Aber ich sehe noch eine andere Verbundenheit zwischen Mutter und Sohn. Er hat aus ihr menschliches Fleisch angenommen. Ihr Herz aber wurde vom Heiligen Geist und vom Wort mit dem Verlangen nach dem Heil der Seelen besiegelt. Sie empfing also in sich die von Liebe erfüllte Seele ihres Sohnes. Die Seele ihres Sohnes war ganz und gar von dem Wunsch, den Willen des Vaters zu tun, verwundet, und sie, die Mutter, wurde wie ein Baum, in den man ein Zeichen schneidet mit dem Messer des Hasses gegen die Sünde und der Liebe zu Gott und den Seelen, schwer verletzt.

Dieser Hass und diese Liebe sind in einem solchen Maß in der Mutter und im Sohn gewachsen, dass der Sohn sehnsüchtig zum Tod am Kreuz eilt in dem Verlangen, uns durch seinen Hunger, den Willen des Vaters zu erfüllen, Leben zu schenken. Und das Gleiche tut diese liebenswürdige und gute Mutter, die freiwillig auf den natürlichen Ausdruck der Liebe zu ihrem Sohn verzichtet. Sie tut nicht, was andere Mütter tun würden, sie macht keinen Versuch, ihn dem Tod zu entreißen, sondern sie macht sich selbst sogar noch zur Sprosse an der Leiter zum Kreuz, damit der Sohn hinaufsteigen kann, um für uns zu sterben. Wundern wir uns darüber nicht, denn sie war ja getroffen vom Pfeil der Liebe zu uns Menschen.

Erwählt und gesegnet

Jordan von Sachsen

Bruder Jordan, ein unnützer Knecht, wünscht seinen geliebten Töchtern, den Bräuten des Lammes, den Schwestern von St. Agnes, dem Lamm zu folgen, wohin immer es geht.

Meine Töchter sind zwar gut gebaut und geschmückt, aber nicht wie in diesem Gleichnis des Tempels ... die Töchter, in denen Schönheit, aber keine Heiligkeit ist; der Tempel Gottes aber ist heilig, und der seid ihr; es besteht kein Zweifel, dass der Herr in seinem heiligen Tempel ist, das heißt in euch. Weint also nicht über euch, Töchter Jerusalems, weil ich leiblich von euch weggegangen bin, sondern freut euch über euren Bräutigam, der in eurer Mitte ist. Auch ich bin ja bei euch gegenwärtig im Geist, voll Freude und Erinnerung, weil es nur eine kleine Weile dauert, bis meine Töchter dem König und Herrn zugeführt ... werden in Freude und Jubel.

Sie werden herangeführt werden zu der Jungfrau Maria, zu ihrer auserwählten Mutter. Denn diese ist seine einzige Taube, seine Schöne, seine ganz Schöne, und kein Makel ist an ihr. Diese ist es, die kein Bett in Verfehlung kannte, die von selbstloser Liebe erfüllt war; sie war von Gnade erfüllt, unter allen Frauen gesegnet, und der Herr ist mit ihr. Nach ihr werden die Bräute Christi in den Tempel des Königs geführt werden, der nicht von Menschenhand gebaut ist, in dem der Bräutigam sich über die Braut freuen wird nach Jesaja: Und freuen wird sich über euch euer Gott.

FREU DICH, MARIA

Albertus Magnus

Sei gegrüßt, Menschheit des Erlösers,
die du im jungfräulichen Schoße
mit der ewigen Gottheit vereinigt wurdest!
Sei gegrüßt, höchste und ewige Gottheit, die du
in der Menschheit verborgen zu uns gekommen bist.
Sei unsagbar gegrüßt, die du durch die Kraft des
Heiligen Geistes mit dem jungfräulichen Leibe
vereinigt wurdest!
Sei gegrüßt auch du, MARIA,
in der die Gottheit leibhaftig Wohnung genommen!
Sei gegrüßt du, in der ohne Maß die Fülle
des Heiligen Geistes gewohnt hat.
Sei gegrüßt, unbefleckte Jungfräulichkeit,
die du über die Chöre der Engel erhoben bist!
Freu dich, Herrin der Welt,
dass du für würdig erachtet wurdest,
der reinsten Menschheit Christi Tempel zu sein.
Freu dich und frohlocke, Jungfrau der Jungfrauen,
in deren jungfräulichem Schoße die selige Gottheit
mit dieser reinen Menschheit sich vermählen wollte.
Freu dich, der Himmel Königin,
in deren heiligstem Schoße diese heiligste
Menschheit eine würdige Wohnung fand.
Freu dich und frohlocke, edle Braut des heiligen
Patriarchen, die du diese heilige Menschheit
an deiner jungfräulichen Brust nähren durftest.
Sei gegrüßt, in Ewigkeit gesegnete,
fruchtbare Jungfräulichkeit,
in der wir die Frucht des Lebens
und die Freude des ewigen Heils erlangt haben. Amen.

Die Demut Marias

Girolamo Savonarola

Die Apostel haben deswegen nicht über die Jungfrau geschrieben, weil unser Heil vom Glauben an Christus abhängt, und da sie alle auf dieses eine Ziel ausgerichtet waren, verkündeten sie nichts anderes als Christus. Und außerdem: Wegen des großen Lichts, das sie von Gott empfangen hatten, waren sie stets mit ihm und nicht mit den Geschöpfen beschäftigt, und sie brauchten daher nicht diesen Köder, um die Leute zum Glauben anzuspornen, mochten sie auch nichtsdestoweniger ihr immer größte Liebe und Ehrerbietung entgegenbringen.

Ferner: Hätten die Apostel über das Lob der Jungfrau, über ihre tiefe Demut, ihre unendliche Liebe und ihre anderen unermesslichen Tugenden geschrieben, so hätten die Leute wohl eher das Evangelium der Jungfrau als das von Christus gelesen und sie wie Gott betrachtet und gehalten.

Die Verehrung der Jungfrau ist bei den Leuten sehr groß. Du siehst es daran, dass sogar die schlechten Menschen mehr Angst und Entsetzen haben, die Jungfrau zu lästern, als jeder andere. – Die Apostel waren also bestrebt, Christus zu preisen und zu verherrlichen und zu beweisen, dass er allein Gott und der zur Erlösung der Welt gekommene Messias sei und sonst niemand anders.

MUTTER DER GNADE

Heinrich Seuse

O du, Gottes auserwählte Herzensbraut, du schöner güldener Thron der Ewigen Weisheit, erlaube mir armen Sünder doch, von meinen Mängeln ein klein wenig mich mit dir traulich zu unterhalten! ... Je sündiger ja eine Seele ist, mit desto mehr Recht dünkt sie, sie habe Zugang zu dir; je reicher an Missetat sie ist, mit desto mehr Recht dringt sie zu dir. ... Gedenke, gedenke, milde auserwählte Königin, dass du all deine Würde von uns sündigen Menschen hast! Was hat dich zu einer Mutter Gottes gemacht, zu einem Schrein, in dem die Ewige Weisheit süß geruht hat? Fraue, das haben unsere, der armen Menschen, Sünden getan! Wie wolltest du die Mutter der Gnade und der Barmherzigkeit heißen als nur von unserer Mühseligkeit, die deiner Gnade und Barmherzigkeit bedarf? Unsere Armut hat dich reich gemacht, unsere Gebrechen haben dich über alle Kreaturen geadelt. ... Ach, süße Königin, wie mag sich deiner mit Recht das Frauengeschlecht rühmen!

Wie nun: Verflucht sei Eva, weil sie je in die Frucht gebissen? Gesegnet sei Eva, weil sie uns die süße himmlische Frucht gebracht! Niemand beklage mehr das Paradies – wir haben ein Paradies verloren und haben zwei Paradiese gewonnen: Jesus und Maria.

GOTTESGEBURT

Meister Eckhart

Hätte Maria Gott nicht zuerst geistig geboren, er wäre nie leiblich von ihr geboren worden. ...
Das allergrößte Heil, das Gott dem Menschen je zuteilwerden ließ, das war, dass er Mensch ward. ...
Unsere Frau sprach: „Wie soll dies geschehen?" Da sprach der Engel: „Der Heilige Geist wird von oben herabkommen in dich", vom obersten Throne, vom Vater des ewigen Lichts (Lk 1,34f; Weish 18,15; Jak 1,17). ...
So tut's Gott: Er gebiert seinen eingeborenen Sohn in das Höchste der Seele. Im gleichen Zuge, da er seinen eingeborenen Sohn in mich gebiert, gebäre ich ihn zurück in den Vater. ...
Wenn sich der Mensch demütigt, kann Gott in einer (ihm) eigenen Güte sich nicht enthalten, sich in den demütigen Menschen zu senken und zu gießen, und dem allergeringsten teilt er sich am allermeisten mit und gibt sich ihm völlig. Was Gott gibt, das ist sein Sein, und sein Sein ist seine Gutheit und seine Gutheit ist seine Liebe. ...
Freude und Leid kommen aus der Liebe. Der Mensch soll Gott nicht fürchten, denn wer ihn fürchtet, der flieht ihn. *Diese* Furcht ist eine schädliche Furcht. Das aber ist die rechte Furcht, wenn man fürchtet, dass man Gott verliere. Der Mensch soll ihn nicht fürchten, er soll ihn lieben. Denn Gott liebt den Menschen mit seiner ganzen höchsten Vollkommenheit.

SAKRAMENTE

Thomas von Aquin

Aus drei Gründen sind Sakramente zum menschlichen Heil notwendig. Der erste liegt in der Beschaffenheit unserer Natur, zu der es gehört, durch Körperliches und Sinnliches zu Geistlichem und Geistigem hingeführt zu werden. Es ist aber die Art der göttlichen Vorsehung, für jegliches Ding seiner Beschaffenheit entsprechend zu sorgen. In passender Weise verleiht daher die göttliche Weisheit dem Menschen unter körperlichen und sinnenfälligen Zeichen Hilfen zum Heil, die man Sakramente nennt.

Sakrament heißt im strengen Sinne das, was dazu bestimmt ist, unsere Heiligung zu bezeichnen. Dabei können drei Dinge unterschieden werden: die Ursache unserer Heiligung, nämlich das Leiden Christi; das Wesen unserer Heiligung, das in der Gnade und in den Tugenden besteht; und das letzte Ziel unserer Heiligung: das ewige Leben. Alle diese Dinge werden durch die Sakramente bezeichnet. Darum ist das Sakrament sowohl ein erinnerndes Zeichen dessen, was vorher geschehen ist, nämlich des Leidens Christi; als auch ein hinweisendes Zeichen, das darauf hinweist, was in uns durch Christi Leiden gewirkt wird, nämlich die Gnade; wie auch ein vorhersagendes Zeichen, nämlich eine Vorankündigung der künftigen Herrlichkeit.

Lauda Sion Salvatorem I

Thomas von Aquin

L obe, Sion, deinen Erlöser, der dir Führer und Hirte ist,
lobe ihn mit Hymnen und Liedern.

Wie sehr du es vermagst, so sehr wage es,
denn ihn, der größer ist als alles Lob, kannst du nie genügend loben.

Als Thema des Lobes wird uns heute verkündet:
Brot, das lebendig ist und Leben spendet.

Dass Christus dieses Brot seinen zwölf Brüdern beim heiligen Mahl gab,
ist ohne Zweifel wahr.

Lob erklinge voll und schallend, voll Freude und Glanz
sei der Jubel des Glaubenden.

Ein Festtag wird gefeiert, des Tages wird gedacht,
da dieses Mahl eingesetzt wurde.

An diesem Tisch des neuen Königs macht das neue Pascha
des neuen Gesetzes der alten Zeit ein Ende.

Neues treibt das Alte fort, die Wahrheit verscheucht den Schatten,
das Licht verbannt die Nacht.

Was Christus beim Mahl vollzog, das trug er uns auf
zu seinem Gedächtnis zu tun.

Durch heilige Worte unterwiesen, weihen wir zu unserem Heil
als Opfer Brot und Wein.

Lauda Sion Salvatorem II

Thomas von Aquin

Als Glaubenswahrheit ist den Christen gegeben:
Zu Christi Fleisch wird das Brot, der Wein zu seinem Blut.

Was du nicht fassen noch sehen kannst, starker Glaube hält es fest,
es liegt außerhalb der natürlichen Ordnung der Dinge.

Unter beiderlei Gestalten, die Zeichen nur, nicht das Wesen sind,
ist verborgen das Außerordentliche.

Fleisch als Speise, Blut als Trank, doch bleibt Christus ganz
unter jeder Gestalt.

Wer ihn empfängt, empfängt ihn unversehrt,
nicht gebrochen noch geteilt, auch nicht von den Zähnen zermalmt.

Ihn empfängt einer, ihn empfangen tausend, gleichviel dieser wie
jener,
wie oft auch empfangen, er wird nicht aufgebraucht. …

Guter Hirt, du wahres Brot, Jesus, erbarme dich unser,
weide und beschütze uns, lass uns deine Güter im Lande der Lebenden schauen.

Du, der du alles weißt und vermagst, der du uns hier,
wo wir sterblich sind, weidest, lass uns dort im Kreis der Heiligen
mit dir gemeinsam speisen, mit dir Erben, deine Gefährten sein.
Amen.

Pange lingua gloriosi

Thomas von Aquin

Preise, Zunge, das Geheimnis dieses Leibes voll Herrlichkeit
und des kostbaren Blutes, das die Frucht des edlen Schoßes,
das der König der Völker vergossen hat, um die Welt zu erlösen.
Uns ist er gegeben, uns ist er geboren aus Maria, die unberührt blieb.
Auf Erden hat er gelebt, hat den Samen des Wortes ausgestreut.
Beschlossen hat er sein Leben mit einer wunderbaren Stiftung.

In der Nacht beim letzten Mahl, als er mit den Brüdern das Gesetz
erfüllt
und die vorgeschriebenen Speisen gegessen hatte, reichte er mit
eigener Hand
den Zwölfen sich selbst als Speise dar.

Das Wort, das Fleisch geworden, wird zum wahren Brot;
durch das Wort wird Brot zum Fleisch, wird Wein zum Blute Christi.
Wenngleich die Sinne nicht hinreichen, genügt einem aufrichtigen
Herzen
der Glaube allein zur Bestärkung.

Darum lasst uns tief verneigt dieses so große Sakrament verehren!
Diesem neuen Vermächtnis soll die alte Lehre weichen.
Unser Glaube mag ergänzen, wo unsere Sinne nicht hinreichen.

Gott dem Vater und dem Sohn sei Lob, Jubel, Heil und Ehre,
Kraft und Herrlichkeit.
Dem Geist, der aus beiden hervorgeht, sei in gleicher Weise Lob-
preis. Amen.

SACRIS SOLEMNIIS

Thomas von Aquin

Freude verbinde sich mit dem heiligen Tag.
Tief aus dem Herzen erschalle Jubel.
Altes sei abgetan, alles sei heute neu: Wort, Tat, das ganze Herz.

Denn wir begehen das Mahl des letzten Abends,
wo, wie der Glaube uns sagt, Christus Lamm und ungesäuert Brot
den Brüdern darreichte nach Vorschrift und Brauch der Väter.

Nachdem verzehrt war das Lamm, das ein vorausweisend Bild war,
gab der Herr den eigenen Leib den Jüngern hin,
er schenkte sich selber ganz –
allen wie jedem; dies bekennen wir mit seiner Jünger Schar.

Er reichte den Schwachen als Nahrung den eigenen Leib.
Er reichte den Verzagten zum Trank das eigene Blut.
Er sprach: Nehmet den Kelch, den ich euch reiche.
Trinket alle daraus …

Das Brot der Engel wird Brot der Menschen.
Was auf dieses Himmelsbrot vorausweisend
Bild nur war, hat nun ein Ende.
O welch ein Wunder: Seinen Herrn verzehrt
Armer, Sklave, demütig Gebeugter.

Dich, dreifaltig-einen Gott, bitten wir:
Wie wir dich ehren, so kehr du bei uns ein.
Führ uns auf deinem Weg, wohin wir streben,
zum Licht, in dem du wohnst. Amen.

Adoro te devote

Thomas von Aquin

Voll Hingabe bete ich dich, verborgene Wahrheit, an, die du unter diesen Gestalten wahrhaft gegenwärtig bist. Dir unterwirft sich mein ganzes Herz, denn wenn es dich betrachtet, verliert es sich ganz.

Schauen, Berühren, Schmecken täuschen sich in dir, allein, was das Ohr hört, schenkt sicheren Glauben. Ich glaube, was Gottes Sohn gesagt hat; nichts kann wahrer sein als das Wort der Wahrheit.

Am Kreuz war allein die Gottheit verborgen, hier jedoch ist es zugleich auch die Menschheit. Dennoch glaube ich beide und bekenne sie. Worum der reuige Schächer bat, das erbitte auch ich.

Deine Wunden kann ich nicht wie Thomas schauen, dennoch bekenne ich, du bist mein Gott. Lass mich immer mehr dir glauben, auf dich hoffen, dich lieben.

O Zeichen des Gedächtnisses an den Tod des Herrn, Brot, das dem Menschen wahres Leben schenkt, lass meinen Geist von dir leben, dich immerzu in deiner Süßigkeit kosten.

Du liebender Pelikan, Jesus Herr, reinige mich Unreinen mit deinem Blut; bereits ein einziger Tropfen kann die ganze Welt von aller Bosheit heilen.

Jesus, den ich nun verhüllt schaue, wann wird geschehen, was ich so sehr ersehne: dich mit enthülltem Antlitz schauen, glücklich sein im Schauen deiner Herrlichkeit. Amen.

Die Eucharistie empfangen

Meister Eckhart

Wer den Leib unseres Herrn gern empfangen möchte, der braucht nicht danach zu schauen, was er in sich empfinde oder spüre oder wie groß seine Innigkeit oder Andacht sei, sondern er soll darauf schauen, wie beschaffen sein Wille und seine Gesinnung seien. ... Der Mensch, der unbekümmert zu unserm Herrn gehen will und kann, der muss zum Ersten dies haben, dass er sein Gewissen frei von allem Vorwurf der Sünde finde. Das Zweite ist, dass des Menschen Wille zu Gott gekehrt sei, so dass er nach nichts strebe und ihn nach nichts gelüste denn nach Gott und nach dem, was völlig göttlich ist, und dass ihm missfalle, was Gott ungemäß ist. ... Zum Dritten muss ihm dies eigen sein, dass die Liebe zum Sakrament und zu unserm Herrn dadurch mehr und mehr wachse und dass die Ehrfurcht dabei sich nicht mindere durch das häufige Hinzugehen. Denn was oft des einen Menschen Leben ist, das ist des andern Tod. Darum sollst du dein Augenmerk darauf in dir richten, ob deine Liebe zu Gott wachse und die Ehrfurcht nicht verlischt. Je öfter du dann zum Sakrament gehst, um so viel besser wirst du und um so viel besser und nützer ist es auch. ...

Nun könntest du sagen: Ach, Herr, ich finde mich so leer und kalt und träge, darum getraue ich mich nicht, zu unserm Herrn hinzugehen. Dann sage ich: Umso mehr bedarfst du's, dass du zu deinem Gott gehest! Denn in ihm wirst du entzündet und heiß, und in ihm wirst du geheiligt und in ihm allein verbunden und vereint. Im Sakrament nämlich und nirgends sonst so eigentlich findest du die Gnade, dass deine leiblichen Kräfte durch die hehre Kraft der körperlichen Gegenwart des Leibes unseres Herrn so geeiniget und gesammelt werden, dass alle zerstreuten Sinne des Menschen und das Gemüt hierin gesammelt und geeiniget werden, und sie, die für sich getrennt zu sehr niederwärts geneigt waren, die werden hier aufgerichtet und Gott in Ordnung dargeboten.

BARMHERZIGKEIT

Meister Eckhart

Ein Meister sagt: Das höchste Werk, das Gott je wirkte in allen Kreaturen, das ist Barmherzigkeit. Das Heimlichste und Verborgenste, selbst das, was er je in den Engeln wirkte, das wird emporgetragen in die Barmherzigkeit, und zwar in das Werk der Barmherzigkeit, so wie es in sich selbst ist und wie es in Gott ist. Was immer Gott wirkt, der erste Ausbruch ist (immer) Barmherzigkeit, (und zwar) nicht die, da er dem Menschen seine Sünde vergibt und da ein Mensch sich über den andern erbarmt; vielmehr will er [der Meister] sagen: Das *höchste* Werk, das Gott wirkt, das ist Barmherzigkeit.

Ein Meister sagt: Das Werk (der) Barmherzigkeit ist Gott so wesensverwandt, dass zwar Wahrheit und Reichtum und Gutheit Gott benennen, wenngleich (von diesen) das eine ihn mehr aussagt als das andere. Das *höchste* Werk Gottes aber ist Barmherzigkeit, und es bedeutet, dass Gott die Seele in das Höchste und Lauterste versetzt, das sie zu empfangen vermag: in die Weite, in das Meer, in ein unergründliches Meer; dort wirkt Gott Barmherzigkeit. Darum sprach der Prophet: „Herr, des *Volkes*, das in dir ist, dessen erbarme dich."

GNADE IN DER SCHWÄCHE

Louis Chardon

Die Gnade kann in der Seele nicht untätig sein. Aber sie bedarf des Brennstoffes, ohne den sie verlöschen müsste. Sie wächst, und da sie ohne Kreuz nicht genug wachsen könnte, überantwortet Gott sie ihrer Schwäche, versetzt sie in die Nacktheit und hebt gleichsam die Gnade auf. Dadurch lernt die Seele sich kennen und wird von sich frei, um nur noch Gott anzuhangen. Elias warf sich der Länge nach unter einen Wacholderstrauch, der, wie in Übereinstimmung mit seinen inneren Qualen, nur Stacheln und Dornen für ihn bereithält. ... In solcher Verzweiflung wird ihm das zuteil, was er bisher in all seinem glühenden Eifer für die Ehre Gottes nicht hatte erlangen können. ... Gott führte ihn auf ein hohes Gebirge und offenbarte sich ihm nicht in ungestümer Gewalt, sondern in dem sanften, heiteren Windhauch, der keine Erregung verursacht, keinen Lärm macht, mit einer Deutlichkeit, die keiner auffälligen Zeichen bedurfte. So, in der tiefsten Erniedrigung, begegnete Elias der Größe Gottes, wie er es in seinen bisherigen Erfolgen nie zu hoffen gewagt hätte. In der Verzweiflung wird ihm die Gegenwart Gottes zuteil. In der finsteren Höhle, verborgen unter seinem Mantel, empfängt er, was bisher seine Opfer, die heldenhafte Hingabe seiner Frömmigkeit, seine tiefe religiöse Inbrunst nicht hatten erreichen können ... Hier zeigt sich das Paradoxon als wahr, dass Gott sich gibt, indem er sich entzieht.

Umwege

Eduard Heinrich Knackfuß

Angenommen, es würde jemand vom ersten Vernunftgebrauche an in allen Lagen und Verhältnissen sich durchaus richtig verhalten und betätigen nach Maßgabe der Vernunft, des Glaubens und der göttlichen Liebe – mit anderen Worten, er würde stets seine Pflicht tun und alle Gnaden Gottes in der rechten Weise benutzen –, so würde sein Lebensweg einer gerade verlaufenden Landstraße gleichen, er würde auf dem kürzesten Wege zu dem Endziele seiner ewigen Bestimmungen gelangen. In Wirklichkeit macht aber jeder Mensch mehr oder weniger Umwege, Zickzacklinien, weil jede Verkehrtheit, Untreue und Unklugheit ein Abirren vom geraden Wege bedeutet.

So wie unsere einzelnen Handlungen nach Ursache und Wirkung untereinander verknüpft sind, so sind auch die Gnaden, die Gott uns schenkt, unter sich verbunden. Wenn wir einstens unser seliges Endziel erreicht haben, wird uns Gott in allem die Führung seiner Barmherzigkeit und Güte erkennen lassen – wie er uns nach allen Abweichungen von der geraden Linie immer wieder zurückgeführt, den abgerissenen Faden wieder angeknüpft hat. „Und deine Barmherzigkeit wird mich verfolgen alle Tage meines Lebens" [Ps 23,6]. Zuweilen gibt uns Gott schon hier die Verknüpfung der Gnaden zu erkennen. Vorher ahnten wir nicht die Tragweite einer Handlung. Nachher erkennen wir ihre Auswirkungen.

Frei geschenkte Gnade

Gustavo Gutiérrez

Frei geschenkte Gnade ist nicht Willkür. Sie ist letzten Endes die tiefste all unserer Sehnsüchte. Wer von uns möchte nicht gnädig geliebt sein? Wer von uns hat nicht Angst, allein wegen seiner Qualitäten, die er aber in einigen Jahren verlieren könnte, geliebt zu werden? Wer von uns sucht sich nicht im Leben auf irgendeine Art und Weise unbedingter Zuneigung, die nicht von eigenen Verdiensten abhängt, zu vergewissern?

Wenn wir nur die Gerechtigkeit predigten, könnten wir zu unmenschlichen Aktivitäten kommen. Es gibt nichts Menschlicheres – gerade weil es von Gott kommt – als die frei geschenkte Liebe. In der Beziehung zwischen Gerechtigkeit und geschenkter Gnade, zwischen Prophetie und Kontemplation liegt der große Weg, um zu sagen: „Dein Reich komme" ...

Es ist kein Zufall, dass Personen wie Las Casas häufig den Evangelientext wiederholen: „Umsonst habt ihr empfangen, umsonst sollt ihr geben" (Mt 10,8). Gnade und Gerechtigkeit müssen in der Verkündigung des Evangeliums enthalten sein.

GNADE UND GERECHTIGKEIT

Gustavo Gutiérrez

Im heutigen Evangelisierungswirken auf dem Kontinent ist es nötig ..., zu zwei Sprachen zu kommen, zu zwei Annäherungen an die Verkündigung des Evangeliums. Die eine könnten wir – um biblisch zu sprechen – eine prophetische Sprache nennen. Manchmal setzen wir Prophetie mit Anklage gleich. Aber der Prophet ist vielmehr jemand, der im Namen Gottes spricht. Die prophetische Sprache hat einen Akzent, der auf der Gerechtigkeit liegt, auf dem Fundament des Friedens, auf gegenseitigem Respekt. Die Gerechtigkeit ist ein großes, reiches und vielseitiges biblisches Thema. Gerechtigkeit wird ein zentrales Thema der prophetischen Sprache sein, sie wird neben anderen einer der Wege sein, die man gehen muss, um den König des Lebens zu verkündigen.

Daneben gibt es noch eine andere Sprache, die wir die Sprache der frei geschenkten Gnade (*gratuidad*) nennen könnten. Die wichtigste Erkenntnis des christlichen Denkens wird in vielfältiger Weise in der Bibel ausgedrückt: Gott liebt uns zuerst – ohne jegliches Verdienst von unserer Seite aus. Das Gleichnis des Arbeiters der elften Stunde drückt das deutlich aus (Mt 20,1–16). Die Liebe Gottes ist frei geschenkt. Man bevorzugt den Armen nicht, nur weil er gut ist. Es gibt Menschen, die den Armen idealisieren. Sie sagen: „Die Armen! Wie gut sie sind, wie edel!" Meiner Erfahrung nach gibt es unter den Armen alles: Es gibt höchst edelmütige Leute, und es gibt Leute, die mir nicht gefallen würden, wenn ich sie um zwei Uhr nachts auf den Straßen meines Viertels treffen würde ...

Der letzte Grund der Bevorzugung des Armen ist nicht unsere Sozialanalyse, ist nicht unser menschliches Mitleid und nicht unsere direkte Erfahrung von Armut. Der letzte Grund ist der Gott Jesu. Das ist die Sprache der frei geschenkten Gnade und Ungeschuldetheit: Gott liebt uns zuerst.

GOTT HANDELN LASSEN

Alexandre Piny

So müssen wir also, lieber Leser, dies als Wahrheit festhalten, dass der Weg, der dadurch zu Gott führt, dass man Gott handeln lässt und alles, was er tut, annimmt, der vollkommenste von allen inneren Wegen ist. Wenn es folglich Gott gefiele, uns zwischen diesem oder jenem Wege die Wahl zu lassen, ach nein, zögern wir dann nicht. Bitten wir ihn vielmehr kühnlich, uns in jene Seelenverfassung zu bringen, in der wir allerdings tun, was unsere Pflicht und Schuldigkeit ist, in der es uns aber vor allem am Herzen liegt, ihn handeln zu lassen, allem anzuhangen, was er anordnet, und alles, was er tut, anzunehmen.

Da nun Gott das höchste Gut und seinem Wesen nach die Güte ist, so brauchen wir nur ihn wirken zu lassen und alles, was er tut, anzunehmen, um sicher zu sein, dass alles, was er tun wird, stets gut für uns, zu unserem Besten und zu unserem Heile sein wird. O wie zuverlässig ist dieser Grundsatz, und wie treibt er uns dahin, Gott wirken zu lassen und uns damit, dass wir ihn wirken lassen, in die Freiheit der Kinder Gottes zu begeben!

Maria sopra Minerva

Guy Bedouelle

Das Geheimnis der dominikanischen Identität hängt möglicherweise damit zusammen, dass die Dominikaner nahezu einhellig in einem Punkt mit dem heiligen Thomas von Aquin übereinstimmen – selbst wenn dabei jeder den einen oder anderen Aspekt mehr bevorzugt –, nämlich dass die Gnade, deren Verkündiger sie sind, die Natur nicht unterdrückt, dass vielmehr die Natur der Gnade bedarf. Ich glaube, man kann zeigen, dass diese wohl bekannte und im Werk des Thomas zentrale Wahrheit wichtigere Konsequenzen hat, als ihr schlichter Wortlaut vermuten lässt.

Wenn die empfangene, geglaubte und verkündigte Gnade die Natur nicht unterdrückt, sondern sie im Gegenteil voraussetzt und sich ihr mitteilt, dann kann sie sich auf die großen Werte stützen, die sich außerhalb des Evangeliums, wenn auch vielleicht von ihm inspiriert, der Menschheit erschließen und von ihr anerkannt werden. Deshalb wirkt der Dominikanerorden so modern und vermag trotz seiner mittelalterlichen Ursprünge die Menschen auch heute noch anzuziehen. …

Die Natur braucht die Gnade, die sie erlöst: Das hat Pater Clérissac, der geistliche Lehrer Jacques Maritains, gemeint, als er sagte, die Berufung der Dominikaner sei es, die christliche Weisheit auf der menschlichen Weisheit aufzubauen, gewissermaßen *Maria sopra Minerva* zu errichten (eine Anspielung auf das berühmte, über einem Minerva-Tempel erbaute römische Kloster).

FESTIGUNG IM GUTEN

Jordan von Sachsen

Wie ich mir wünsche, dass es mir selbst gut geht, so auch dir, meine teuerste Tochter, weil mein Herz mit deinem Herzen eins ist im Herrn. Doch um so viel ist in mir selbst dein Anteil der bessere, dass ich lieber etwas an Beschwernis in mir ertragen will, als zu dulden, dass es dir widerfahre.

Daher, Liebste, strebe immer danach, Fortschritte zu machen, Gott zu lieben und an ihm mit allen Fasern des Herzens zu hängen, weil es gut ist, an ihm zu hängen und auf ihn deine Hoffnung zu setzen. Sag ihm also: Meine Seele hängt an dir.

Übrigens tröste dich inzwischen damit, dass ich dich durch die Gnade Gottes bald leibhaftig sehen werde, die ich geistig zu sehen nicht ablasse. Leb wohl und grüße die Schwestern, meine lieben Töchter …

Wenn es dir gut scheint, die Tochter der Lambertina aufzunehmen, sollst du die Erlaubnis haben, und was immer du diesbezüglich unternimmst, gefällt mir …

Grüß mir alle, die ich liebe und die mich lieben, besonders jene, von denen du weißt, dass sie mir vertrauter sind. Bologna ist unter allen Städten der Lombardei, der Toskana, Frankreichs, Englands, der Provence und fast auch Deutschlands gewissermaßen ein einzigartiger und süßer Schatz meines Herzens. Die Gnade Jesu Christi wohne in deinem Herzen. Amen.

WERTSCHÄTZUNG UND FREUDE

Jordan von Sachsen

Also fliehe auch du, Teuerste, immer mehr zum Herrn, und alles, was sich für dich an Schwerem und Schmerzhaftem ereignet, wird deinen Herzensgrund nicht erschüttern, solange er fest bleibt. Dies präge gut und häufig deinem Herzen ein und dasselbe rate auch deinen Schwestern. Zu deinem Trost schreibe ich dir kurz, was ich neulich in einem Traum über dich gesehen habe. Es schien mir nämlich, dass du zu mir sprachst auf eine ganz wahrhaftige und reife Weise, über die ich mich immer noch freue, wenn ich mich an sie erinnere, und Folgendes sagtest: Der Herr sprach zu mir derartige Worte: Ich Diana, ich Diana, ich Diana und fügte in ähnlicher Weise durch Wiederholung oftmals hinzu: Ich bin gut, ich bin gut, ich bin gut. Du sollst wissen, dass mir dies sehr tröstlich erschien.

AUS LIEBE ZU GOTT

Jordan von Sachsen

Im Übrigen, Teuerste, wirf deine Sorgen auf den Herrn, sei in ihm immer voll Zuversicht und lerne, in ihm alles Widrige zu besiegen, was die Veränderlichkeit dieser Welt dir bringt. Sei wegen mir nicht besorgt, weil derselbe, der dich behütet, die du in Bologna bleibst, auch mich, wie ich hoffe, behüten wird, wenn ich auf verschiedenen Wegen wandle; denn wenn du in der Stille verbleibst und ich in verschiedenen Gebieten wandle, tun wir es ganz allein für seine Liebe. Er selbst ist unser einziges Ziel …

Im Übrigen, meine Teuerste, verhalte dich vertrauensvoll und heiter in allem, und was dir an meiner Anwesenheit fehlt, die du nicht haben kannst, das erwirb dir bei dem besseren Freund, deinem Bräutigam Jesus Christus, dessen Gegenwart du öfter haben kannst im Geist und in der Wahrheit und der mit dir süßer und heilbringender redet als Jordan …

Christus ist unser Band, in dem mein Geist mit deinem Geist verbunden ist, in dem ich dich ohne Unterbrechung gegenwärtig habe, wohin auch immer ich mich wende …

Wechselseitig

Jordan von Sachsen

Teuerste, wenn ich mich auch beim Schreiben beeilen muss, versuche ich doch, dir zumindest einige wenige Zeilen zu schreiben, um dadurch deine Freude etwas zu entfachen. Denn du bist so sehr in das Mark meines Herzens eingeprägt, dass ich dich umso weniger vergessen kann und mich umso mehr an dich erinnere, als ich weiß, dass du mich ohne Verstellung und mit allen Fasern deines Herzens liebst. Deine Liebe, die du mir gegenüber hegst, ruft umso glühender meine Liebe zu dir hervor und befällt meinen Sinn umso heftiger. In Kürze muss ich den Brief beenden, aber jener höchste Tröster und Beistand, der Geist der Wahrheit, möge dein Herz erfüllen und trösten und es uns gewähren, in jenem himmlischen Jerusalem ohne Ende vereint zu sein durch die Gnade Jesu Christi …

Weil ich dich, Teuerste, nicht so oft leibhaftig sehen kann, wie du und ich es möchten, und ich mich mit dir nur selten sozusagen trösten kann, wird dennoch das Sehnen meines Herzens ein wenig gestärkt und gemäßigt, wenn ich dich durch einen Brief besuchen und dir meinen Zustand schreiben kann, so wie auch ich über dich informiert zu werden wünsche, wie es dir geht, weil dein Fortschritt und deine Annehmlichkeit für meinen Geist süße Nahrung ist … Doch ist alles, Geliebte, was immer wir einander schreiben können, ungenügend; tief drinnen in den Herzen ist die Glut der Liebe im Herrn, durch den du mit mir und ich mit dir unaufhörlich in Gefühlen der Liebe spreche, die die Zunge nicht angemessen ausdrücken und der Brief nicht enthalten kann.

Um des Freundes willen verzichten

Jordan von Sachsen

Wenn es uns zufällt, dass ich von dir weggehen muss, tue ich dies schweren Herzens, und doch fügst du mir Schmerz zu. Denn ich sehe, dass du dich dann so untröstlich betrübst, dass ich nicht nur über die wechselseitige Trennung, sondern auch über deine besondere Verzweiflung traurig sein muss. Aber warum ängstigst du dich so? Bin ich nicht dein, bin ich nicht bei euch; dein in der Arbeit, dein in der Ruhe, dein in der Anwesenheit, dein in der Abwesenheit, dein im Gebet, dein im Verdienst und dein, wie ich hoffe, im Lohn? Was würdest du tun, wenn ich sterben würde? Sicher solltest du nicht einmal über meinen Tod so untröstlich trauern. Nicht nämlich würdest du mich durch den Tod verlieren, sondern mich vorausschicken in jene lichtüberströmten Wohnungen, damit auch ich, dort lebend, um vieles nützlicher wäre, als wenn ich, täglich sterbend, in dieser Welt zurückgehalten würde. Tröste dich also, verhalte dich tapferer und atme auf in der Barmherzigkeit und Gnade Christi …

Einander in Christus lieben

Jordan von Sachsen

L ang ist für mich der Gruß an dich, geliebte Schwester, ja wenn du es nicht ablehnst, möchte ich Tochter sagen; treffender würde ich Schwester und Tochter sagen, weil ein auch noch so langer Gruß nicht einmal eine mäßige Zuneigung auszudrücken vermag. Was also soll ich dir sagen über die übergroße Liebe, mit der ich dich so sehr liebe, in unserem Mittler Jesus, der Mittler ist nicht nur zwischen den Menschen, die einander in Christus lieben, sondern auch zwischen Gott und den Menschen, indem er beide vereint: Denn vereint hat er sie, damit Gott Mensch sei und der Mensch Gott, damit der Mensch Gott im Menschen und den Menschen in Gott liebe. Dies ist die geliebte und immer zu liebende Liebe, mit der er nicht die Engel, sondern die Kinder Abrahams umfängt. So wollen auch wir einander lieben, und wir wollen in ihm und durch ihn und für ihn lieben. Wir wollen laufen in dieser gegenseitigen Liebe durch Jesus selbst, der der Weg ist, auf dem er selbst zur Wahrheit führt, damit wir zu ihm gelangen, zum Leben, das er selbst gewährt, der lebt und herrscht im Leben und im Reich der Herrlichkeit.

Füreinander sorgen

Jordan von Sachsen

Dass du deinen Fuß verletzt hast, tut mir leid; sei vorsichtiger und achte besser auf deinen Fuß und deinen ganzen Leib. Du weißt von meinem Zustand, Teuerste, dass mich das Wechselfieber befiel, als ich von Vercelli mit acht guten geeigneten Novizen nach Mailand zurückkehrte und von dort nach Deutschland reisen wollte. Als ich dir diesen Brief schrieb, hatte ich drei Anfälle hinter mir, und nun erwarte ich noch den vierten. Aber durch Gottes Gnade ist diese Krankheit nicht gefährlich, sondern geht schnell vorüber, wie mir die Ärzte sagen. Dies schreibe ich dir, damit du dich nicht etwa schwer sorgst, wenn du von jemand anderem etwas über meine Krankheit hörst und glaubst, ich sei gefährlicher erkrankt. Darüber hinaus sollst du mich den Gebeten der Schwestern empfehlen … Lass dich von meiner Krankheit nicht schrecken; denn ich hoffe ja, dass ich durch sie sowohl geistig als auch leiblich gebessert werde.

Jubilatio

Johannes Tauler

Nun will ich von drei Graden (des mystischen Lebens) sprechen, die der Mensch als unteren, mittleren und höchsten Grad besitzen kann … Zum ersten Grad, dem Jubel, gelangt man, indem man eifrig beachtet, wie Gott uns köstliche Liebeszeichen in den Wundern des Himmels und der Erde gegeben, wie er eine Fülle von Wohltaten uns und allen Geschöpfen erwiesen; und ferner, indem man erwägt, wie alles grünt und blüht und Gottes voll ist und wie Gottes unbegreifliche Milde alle Geschöpfe mit seinen großen Gaben überschüttet hat; indem man bedenkt, wie Gott den Menschen gesucht, geführt und begabt, wie er ihn geladen und gemahnt hat und mit welcher Langmut er auf ihn harrt und wartet; wie er um des Menschen willen (selbst) Mensch geworden ist, gelitten und sein Leben, seine Seele, sich selber für uns eingesetzt hat, zu welch unaussprechlicher Nähe seiner selbst er den Menschen berufen, wie seiner die hochheilige Dreifaltigkeit geharret und gewartet hat, damit er sie ewiglich genieße. Und wenn dies der Mensch in liebevollem Erkennen betrachtet, so entsteht in ihm eine große, wirksame Freude. Und der Mensch, der diese Dinge in rechter Liebe betrachtet, wird von innerer Freude so überwältigt, dass der schwache Leib die Freude nicht zu halten vermag und (sie) in eigener, besonderer Weise ausbricht …
Unser Herr schenkt ihm dann seine große, liebliche Güte, und er erfährt die Vereinigung mit Gott in innerlichem Umfangen. So lockt und zieht und reißt Gott den Menschen zuerst aus seinem (menschlichen) Selbst und (dann) aus aller Ungleichheit zwischen beiden zu sich selber …

Drangsal

Johannes Tauler

Vom zweiten Grade ist das zu sagen: Wenn Gott den Menschen so sehr aus allen (irdischen) Dingen herausgezogen hat und er kein Kind mehr ist und wenn Gott ihn mit der Labung seiner Lieblichkeit gestärkt hat, dann, wahrlich, gibt man ihm gutes, hartes Roggenbrot, denn er ist ein Mann geworden und zu Tagen gekommen. Dem erwachsenen Menschen ist harte, kräftige Speise nützlich und gut; er braucht keine Milch und kein (weiches) Brot mehr; nun zeigt sich ihm ein gar wilder Weg, ganz finster und einsam; und diesen wird er geführt. Und auf diesem Weg nimmt ihm Gott alles (wieder) ab, was er ihm je gegeben hat. Und da wird der Mensch sich so sehr selbst überlassen, dass er von Gott gar nichts mehr weiß; und er gerät in solche Drangsal, dass er nicht weiß, ob er je auf dem rechten Weg gewesen ist, ob es einen Gott für ihn gebe oder nicht, ob er (selbst) lebe oder nicht, und darum wird ihm so seltsam wehe, so wehe, dass ihm diese ganze weite Welt zu enge wird. Er hat weder irgendein Empfinden noch ein Wissen mehr von Gott, und alles andere ist ihm zuwider, und ihm ist, als hänge er zwischen zwei Wänden und ein Schwert bedrohe ihn von rückwärts und ein scharfer Speer von vorne. Was soll er dann tun? Er kann weder nach rückwärts noch nach vorwärts ausweichen. Er kann sich nur niedersetzen und sprechen: „Gott grüße dich, bitter Bitterkeit, voll aller Gnaden!" …

Ei nun, fasse Mut! Der Herr ist sicherlich nahebei; und halte dich an den Stamm des wahren, lebendigen Glaubens; es wird (schon) bald gut werden. Aber in solcher Qual vermag die arme Seele es nicht zu fassen, dass diese unleidliche Finsternis je Licht werden könne.

ERHEBUNG

Johannes Tauler

Wenn unser Herr den Menschen so durch diese unleidliche Drangsal wohl vorbereitet hat – solches bereitet ihn mehr vor als alle Übungen (der Frömmigkeit), die alle Menschen vornehmen könnten –, dann kommt der Herr und hebt (den Menschen) auf die dritte Stufe. Und hier zieht der Herr ihm so recht den Mantel vor den Augen weg und lässt ihn die Wahrheit schauen. Da geht die Sonne in lichtem Glanz auf und enthebt ihn aller Not; der Mensch fühlt sich wie einer, der vom Tod zum Leben zurückkehrt. Da führt der Herr den Menschen aus seinem Selbst heraus in sich – den Herrn – hinein. Und nun entschädigt ihn Gott für all sein Elend, all seine Wunden heilen, und so zieht Gott den Menschen aus seiner menschlichen in eine göttliche Art, aus allem (irdischen) Jammer in göttliche Sicherheit. Und jetzt wird der Mensch so vergottet, dass alles, was er ist und wirkt, Gott in ihm wirkt und ist; solch ein Mensch wird weit über seine natürliche Weise hinaufgetragen, dass er so recht von Gottes Gnade *das* wird, was Gottes Sein von Natur ist …

Meine Lieben! Dahin wahrlich zu gelangen heißt den tiefsten Grund rechter Demut und Vernichtung erreicht zu haben; das überschreitet (alles), was man in Wahrheit mit den Sinnen erfassen kann. Hier nämlich haben wir die allerwahrste Erkenntnis des eigenen Nichts; und hier das allertiefste Versinken in den Grund der Demut; denn je tiefer man sinkt, desto mehr steigt man: Höhe und Tiefe ist hier ein und dasselbe.

Das wahre Gebet

Johannes Tauler

Was nun die Art betrifft, wie man beten solle, wie man sich dazu schicken, wie dabei verhalten solle, davon will ich ein wenig sprechen. Jeder gute Mensch, der beten will, soll seine äußeren Sinne auf sich selbst wenden und zusehen, ob sein Geist ganz auf Gott gewandt sei. Diese Sammlung kann auf drei Stufen geschehen: der höchsten, der niedersten und der mittleren. Und dazu ist es gut, dass ein jeder Mensch prüfe, was ihm für sein Gebet am förderlichsten sei und ihn am allermeisten zu rechter, wahrer Andacht anrege, und dieser Weise und dieser Übung soll er sich bedienen.

Wisset aber: Welcher gute Mensch sich zu dem wahrhaften und rechten Gebet hinwenden will, muss, damit sein Gebet in Wahrheit erhört werde, den Rücken gekehrt haben allen zeitlichen und äußeren Dingen, (all dem,) was nicht göttlich ist, es sei Freund oder Fremder; von aller Eitelkeit (muss er sich abwenden), es seien Kleider oder Kleinode oder alles, dessen wahre Ursache nicht Gott ist. Und er muss ferner sein Wort in Zucht halten und auf seinen Wandel achten und sie vor aller inneren und äußeren Unordnung bewahren. So soll der Mensch sich auf das wahre Gebet vorbereiten ... Glaubt doch nicht, das wahre Gebet bestehe darin, dass man viel außen mit dem Mund plappert, viele Psalmen und Vigilien betet, den Rosenkranz durch die Finger gleiten und die Gedanken (dabei) hier und dorthin laufen lässt! ... lass alles entschlossen fahren, was dich an dem wahren und wesentlichen Gebet hindert.

INNERLICHKEIT

Johannes Tauler

Wenn die Seele in ihren Adel höchster Vollkommenheit gelangt, dann geschehen mit ihr fünf Dinge. Das erste ist, dass die Seele erblindet. Ach, lieber Herr, eine blinde Seele wäre mir tausendmal lieber als eine sehende Seele. Nun merkt euch: Das andere ist, wenn das Herz stirbt. Das dritte ist, wenn der Geist still wird. Das vierte, wenn alle Kräfte vergehen. Das fünfte ist, wenn alle Gedanken verschwinden. Wenn die Seele in solch eine Innerlichkeit kommt, wenn Gott sie führt in eine besondere Vertraulichkeit, worin er seine auserwählten Freunde hineinführt und sie speist mit seiner Gegenwart, dann glauben einige Leute, sie seien sicher und sie könnten sich davon abkehren. Sie kehren sich wohl ohne Sünde ab, sie machen aber einen Sprung, so dass sie in die Vertrautheit nicht kommen (können). Fürwahr, ich sage euch: Sie müssen ein Leben wie Geißen und Böcke führen. Was ist ein Leben wie Böcke und Geißen?

Merkt es euch recht: dass sie (nur) auf Lehrer oder auf einen anderen gutmeinenden Menschen hören. Kinder, denkt daran. Ist es geschehen, dass euch Gott eine solche Innerlichkeit und Vertrautheit gibt, dann nehmt (nur) euer Selbst wahr und bleibt dabei. Das rate ich euch in rechter Treue. – Dies sprach der von Straßburg in Klingenthal. Dies ist ein Stück der Predigt, das mir am allerbesten gefiel. Dass wir zu dieser Vollkommenheit kommen wie (Gottes) allerbeste Freunde, dazu helfe uns Gott! Amen.

Mündliches und inneres Gebet

Girolamo Savonarola

Das mündliche Gebet *ohne* das innere Gebet ist kein Gebet! Denn gemäß den ehrwürdigen Theologen ist das Gebet eine innere und geistige Tätigkeit einer Tugend, die man *latria* oder *religione* nennt, durch die der Mensch die Gott geschuldete Anbetung und Ehre diesem zunächst geistig und dann auch körperlich erweist. Mündlich beten und dabei das innere Beten ausschließen wollen ist daher nichts anderes, als überhaupt nicht beten wollen … Im mündlichen Gebet soll sich der Betende bemühen, seinen Sinn auf Gott zu richten und mit ihm wie mit einer anwesenden Person zu sprechen, denn Gott ist überall, an jedem Ort, in jedem menschlichen Geist, und vor allem wohnt er durch die Gnade in den Seelen der Gerechten. Man braucht ihn daher weder im Himmel noch auf der Erde zu suchen, sondern im eigenen Herzen.

So tat auch der Prophet, der sprach: *audiam, quid loquatur in me Dominus Deus.* Er sagte: Ich will hören, was Gott der Herr in *mir* spricht.

Ausrichtung im Gebet

Girolamo Savonarola

Merke dir daher, dass es im mündlichen Gebet drei Möglichkeiten von Aufmerksamkeit gibt: Die *erste* richtet sich auf die Worte selbst – wie es einige Skrupelanten tun, die darauf achtgeben, dass sie die Worte deutlich aussprechen, und die darauf bedacht sind, kein einziges Teilchen ihres Gebetes auszulassen, und gerade deshalb lenken sie ihren Geist weg von Gott und schweifen fortwährend ab.

Die *zweite* Möglichkeit der Aufmerksamkeit richtet sich auf den Sinn der Worte, und obwohl diese Aufmerksamkeit besser als die erste sein mag, so ist sie trotzdem nicht ganz lobenswert, da sie infolge der Verschiedenheit der Bedeutungen der Worte, die im mündlichen Gebet gesprochen werden, den Geist auf viele Dinge sich zerstreuen lässt. Und ein solches Beten ist eher Studieren als Beten!

Die *dritte* Möglichkeit besteht darin, sich ganz Gott zu widmen, dem der Mensch sein Begehren kundgibt, auf den er mit ganzer Zuneigung seines Herzens ausgerichtet ist und den er um Dinge bittet, die sich auf das Heil beziehen. Und mag er auch die Worte verbunden mit der Einsicht in deren Sinn sprechen wollen, so ist sein Herz nichtsdestoweniger fest auf Gott ausgerichtet, er schweift weder zu den einzelnen Worten noch zu deren Bedeutung ab und erhebt den Geist über sich hinaus. Und *diese* Art von Aufmerksamkeit ist die beste, und bisweilen erhebt sie die Seele so hoch, dass sie alle menschlichen Dinge und sich selbst vergisst.

Das Paternoster I

Margarete Ebner

Herr, in deiner höchsten Minne und in deiner allergrößten und süßen Erbarmung, wie sie jemals aus deiner ewigen Gottheit vom Himmel auf die Erde floss, empfehle ich dir in Lauterkeit unsere Seelen, in Reinheit unsere Herzen, in wahrer Unschuld unser ganzes Leben und in lauterer Wahrheit alle unsere Begierden und alle unsere Meinungen. Deine unergründliche Erbarmung, Jesus Christus, möge uns dazu vorbereiten und deine vollkommene Minne uns dazu drängen, dass wir die allersüßeste Gnade und die allwahrhaftigste Liebe erlangen, dazu du deine allerliebsten Freunde erwählt hast im Leben und im Sterben und in Ewigkeit.

Ich bitte dich, mein Herr, dass du uns in deiner lauteren Minne gebest eine sichere Vereinigung mit dem höchsten Gute, das du, Gott, selber bist. Und ich bitte dich, mein Herr, um der kräftigen Hilfe willen, die du uns in deinem heiligen menschlichen Leben mit allen deinen Minnewerken gegeben hast: Lass uns innewerden mit deiner Gegenwart, sichtbar und unsichtbar, mit einer süßen Berührung – lass uns innewerden, was rechte, herzliche Liebe zu dir sei, lass uns an nichts anderem Lust haben als an deinem heiligen Leiden und an deinen heiligen Sakramenten, gib uns eine wahre Lossagung von dieser ganzen Welt und einen vollen Verzicht auf uns selbst, eine reine Erkenntnis unserer Sünde, um sie aus rechter Minne zu bereuen und zu lassen, und gib uns einen bitteren Schmerz um all unsere verlorene Zeit in Gedanken, in Worten, in Werken …

DAS PATERNOSTER II

Margarete Ebner

Gib uns, mein Herr, eine stete Wahrung unserer selbst in deiner herzlichen Liebe und einen kräftigen Sieg über alles Übel. Und gib uns, mein Herr, die lautere Wahrheit, in der wir dich erkennen und minnen werden, gib uns auch deine unergründliche Barmherzigkeit, in der wir geläutert und gereinigt werden von allen unseren Schulden, damit wir so lauter erscheinen vor dem lichten Spiegel deines göttlichen Antlitzes wie damals, als unsere Seele unserem Leibe eingegossen ward und unser Leib aus der Taufe gehoben ward.

Ich bitte dich, mein Herr Jesus Christus, durch deine vollkommene Gnade, dass du uns helfest, in allem deinem Willen zu folgen, es geschehe uns lieb oder leid.

Und ich bitte dich, du wollest kraftvoll in uns wirken die allersüßesten Werke, die du aus innerer Lust in deinen auserwählten Freunden gewirkt hast, bis dass wir innewerden, was rechte Liebe zu dir sei, und damit wir, wenn der letzte Augenblick unseres Lebens kommt, in den himmlischen Freuden innewerden, was eine reine Vereinigung sei zwischen dir und einer darbenden Seele, die du mit deiner Gottheit geziert hast und in die du dich klar gesenkt hast mit allem göttlichen Adel und in die du dich minniglich eingedrückt hast in göttlicher Kraft, so dass sie außer dir nichts ist, dass aber an ihr erscheint das Bild deiner Heiligen Dreifaltigkeit in göttlicher Klarheit.

Das Paternoster III

Margarete Ebner

Ich bitte dich, mein Herr, dass du uns durchbohrest mit den Schmerzen deines Herzens, auf dass sie so in uns eingeprägt werden zu einem wahren Minnezeichen deiner herzlichen Liebe, wie du es aus rechter, minnender Lust noch keinem Herzen je wahrhaft getan hast.

Gib uns, mein Herr, ein inniges, süßes Verlangen aus einem reinen Herzen nach der lebendigen Speise deines heiligen Leibes und einen minnenden Durst, worin wir dich empfangen dürfen nach deiner innersten Barmherzigkeit. Und nimm ein barmherziges Werk an uns vor mit Süßigkeit und mit vollen Gnaden, auf dass wir die in deinen heiligen Sakramenten verborgene Kraft wahrlich an uns empfinden mit Fortschritt in den Tugenden und mit Zunahme an Gnaden.

Und ich bitte dich, mein Herr, du wollest uns heute speisen im Verein mit dem allerwürdigsten Priester, der dich auf Erden heute empfängt, damit wir mit allen den Gnaden dieses heiligen Sakramentes so wahrlich erfüllt werden, als ob wir dich empfingen gegenwärtig von seinen Händen und in gleicher Würdigkeit des Verlangens wie er. Lass uns gnädig wegen der Verwirrung in der Christenheit der Gnade deiner Gegenwart nicht beraubt werden und lass uns ferner niemals irgendwelchen Schaden leiden an der lauteren Wahrheit, die du, Gott, selber bist, in dem alle Wahrheit geschaut wird. Lass uns vor deinem göttlichen Antlitz erscheinen frei von dieser Schuld und von aller Schuld und wohlgeschmückt mit der Vollkommenheit aller Gnaden.

DAS PATERNOSTER IV

Margarete Ebner

Kräftige uns mit deiner lebendigen Speise, auf dass wir zunehmen in feuriger Minne und dass du uns dann umgebest mit deiner unergründlichen Barmherzigkeit wider alles Übel und umfangest mit deiner lauteren Wahrheit. Alle deine Gnaden mögen uns umschließen und sich nun allezeit in uns mehren, auf dass sie uns nimmermehr genommen werden und uns im ewigen Leben seien vor dir ein ewiger Lohn und eine ewige Freude und eine ewige Wonne in dir ewiglich.

Hilf uns, mein Herr, dass wir aus lauter Minne sterben und dass uns gegeben werde von der Minne, die dich aus Minne zu uns sterben ließ am heiligen Kreuz, damit wir, derweil wir noch wähnen, in diesem Leben zu sein, schon in den ewigen Freuden seien bei dir. Hilf uns, dass wir dieses Elend mit rechten Freuden verlassen und dass unsere Seele nach diesem Elende keine Traurigkeit mehr empfinde noch auch Schrecken und dass wir deiner niemals entbehren und dass uns von der tiefsten Güte deiner unergründlichen Barmherzigkeit nichts anderes bei dir möge werden als eine ewige Wonne in dir und eine ewige Freude bei dir und ewiger Lohn, womit wir ausgezeichnet werden zu genießen deine heilige Gottheit in der allerlautersten Klarheit, wie du dich deinen allerliebsten Freunden gibst.

Abb. 1: Fra Angelico, Darstellung des Herrn, Florenz, San Marco, Zelle 10.

Abb. 2: Fra Angelico, Verspottung Jesu, Florenz, San Marco, Zelle 7.

Abb. 3: Fra Angelico, Hinabgestiegen in das Reich des Todes, Florenz, San Marco, Zelle 31.

Abb. 4: Fra Angelico, Noli me tangere, Florenz, San Marco, Zelle 1.

Abb. 5: Fra Angelico, Verkündigung, Florenz, San Marco, Zelle 3.

Das Paternoster V

 Margarete Ebner

Nun bitte ich dich, mein Herr, durch die kräftige Hilfe, die du uns in deiner heiligen Menschheit und in deinem heiligen, kräftigen Leiden gegeben hast, dass du dich uns minniglich und barmherzig allem unserem Verlangen gebest.

Ich bitte dich, mein Herr, dass du dich uns gebest mit der allersüßesten Gnade, in der du dich deinen liebsten Freunden gegeben hast, und dass du uns mit dir abnehmest alles Übel. Was ist übel? Alles, mein Herr, was du nicht bist.

Und gib uns den Kuss deines ewigen Friedens durch das Herz in die Seele mit der allersüßesten Empfindung, womit deine lautere Seele in rechter, minnender Lust den allersüßesten Kuss eines reinen Herzens je empfunden oder empfangen hat. Gib uns den Kuss als Pfand deiner feurigen Minne, als Hilfe deiner unergründlichen Barmherzigkeit zur Stärkung in der lauteren Wahrheit, zur Unterweisung im wahren christlichen Glauben für Leben und Sterben, zur Festigung rechter, wahrer Hoffnung.

DAS PATERNOSTER VI

Margarete Ebner

Mein Herr, deine verklärte, wohl gezierte Menschheit, Jesus Christus, die möge meine innerste Kraft sein und eine Reinigung meines ganzen Lebens und eine Erleuchtung aller meiner Sinne zur Erkenntnis der rechten, lauteren Wahrheit. Der nächste Weg zu dir, mein Herr, auf dem Weg der rechten Wahrheit muss uns sein: das wahre Licht deines lauteren dreiunddreißigjährigen Lebens auf Erden, deine demütigen Werke, dein sanftmütiger Wandel, dein kraftvolles Leiden, dein minnevoller Tod, deine wahrhaften Worte. Mein Herr, gib mir eine süße Heilssicherung mit der Fülle der Gnaden, ein minnigliches Ende in rechter Gesinnung, ein ewiges Genießen der lauteren Minne, wo du, mein Herr, allein der Herr bist und niemand sonst, wo deine Ehre unsere ewige Speise ist und deine Gewalt unsere ewige Freude, wo dein klarer Anblick unsere ewige Lebensregel ist, wo alle Traurigkeit ein Ende hat und alle Freude gesichert ist aus dem Quell des lebendigen Brunnens. Von woher kommt er geflossen? Aus des Vaters Herz das ewige Wort, aus Minne zu uns eingeschlossen in einer Jungfrauen Schoß in lauter Reinheit.

Das Paternoster VII

Margarete Ebner

Maria, Gottes Mutter, deine Reinheit und deine reine Geburt möge uns reinigen, deine mütterliche Hilfe möge uns mit der Hilfe aller deiner Heiligen und aller deiner Engel erschließen den Brunnen aller Barmherzigkeit, aus dem niemals einem Menschen verweigert ward zu schöpfen – auf dass du, mein Herr, dich ergießest in uns und über uns mit reichen Gaben in vollen Gnaden. Reinige uns und wasche uns mit dem heiligen Blut deiner heiligen Wunden von allen unseren Schulden und tränke uns, mein Herr, mit dem Wasser, von dem du, ewige Weisheit und Wahrheit, gesagt hast, dass, wer davon trinkt, nimmermehr dürste. Daraus möge unsere Seele schier mit Klarheit getränkt werden.

Dass deine minnende Lust an uns erfüllt werde, dass dein Lob durch uns gemehrt werde, mein Herr, in deinen ewigen Freuden, das gib uns, Jesus, aus der Kraft deiner innigsten Minne, aus der uns alle unsere ewige Seligkeit geflossen ist. Aus der überfließenden Kraft deines heiligen Leidens werde uns gegeben deine unergründliche Barmherzigkeit, in der du uns mit aller Gnade berietest für deinen liebsten Willen, besonders dass du uns zierest mit der lauteren bloßen Wahrheit, mit starker, brennender Minne, mit einem wahren Frieden, innerlich und äußerlich, mit wahrer Demut, mit einem wahren, leuchtenden Licht des wahren christlichen Glaubens. Gib uns, mein Herr, ein wahres Zunehmen in allen deinen Gnaden, bis wir dazu kommen, dass uns deine göttliche Gnade sei eine ewige Freude und ein ewiger Lohn. Amen. Deo gratias.

BETEN ALS UMKEHR

Edward Schillebeeckx

Ist Beten eine „Ich-Du-Beziehung"? Es ist schwer, darauf allzu naiv mit Ja zu antworten; aber diese Beziehung zu leugnen scheint mir genauso unnuanciert. Natürlich ist eine gegenseitige Beziehung zwischen Gott und Mensch ein äußerst analoger Fall dessen, was wir „Intersubjektivität" oder Ich-Du-Beziehung nennen. Wenn die Unmittelbarkeit immer vermittelt ist und durch ihre Unmittelbarkeit trotzdem Vermittlung konstituiert, dann müssen wir diese Frage mit einem Paradox beantworten: ja und zugleich nein. Wenn wir dann nur bedenken, dass diese wechselseitige Beziehung zwischen Gott und Mensch nicht durch ein Minus, sondern durch ein Plus außerhalb unserer menschlichen Kategorie der Intersubjektivität fällt, ein „Plus", welches das ausdrückliche Beten einerseits zur schwierigsten *metanoia* oder Umkehr in unserem Leben macht, zu einer betenden Umkehr, die wir andererseits nicht entbehren können, denn sonst gründen wir unser Leben letztlich doch auf Götzen, Ideologien und Utopien und nicht auf Gott selbst. Beten ist nicht so sehr Einkehr als vielmehr Umkehr.

Deshalb gibt das Gebet – und ich denke: nur das Gebet – dem christlichen Glauben seine höchste kritische und produktive Kraft. Das kritische Element im Gottesglauben kommt nicht aus einer politischen Theologie, sondern fundamental aus der betenden Glaubensartikulation, aus dem Gebet als Akt des Glaubens.

Beten mit den Psalmen

Yves Congar

Die Großtaten Gottes, die die Psalmen besingen, sind die Schöpfung und die Befreiungs- und Heilstaten in der Geschichte. Für beide Typen von Gottestaten gibt es Psalmen; manchmal sind beide Themen auch in ein und demselben Vers verbunden. Am meisten fällt auf, dass vom lebendigen Gott nur in Worten gesprochen wird, die eine Tätigkeit angeben. Er ist immer der Gott, der *etwas tut*. Manchmal wird der Relativsatz durch ein aktives Partizip ersetzt: „Gepriesen sei Jahwe, … der alle Fehltritte Vergebende, der alle Krankheiten Heilende, der aus der Grube Befreiende, der mit Huld Krönende, der mit Glück Überhäufende, der Gerechtigkeit Vollbringende."

Grundlegend ist Gott der, „der Israel aus Ägypten heraufziehen lässt". Die Psalmen erinnern immer wieder an diese Geschichte, indem sie Gott preisen und ihre Hoffnung auf ihn bekunden … Schon der Name *Jahwe*, der 670-mal im Psalter vorkommt …, bezeichnet Gott als den Lebendigen. Wenn man ihn mit „Herr" übersetzt, besteht die Gefahr, dass die wichtigsten Anklänge verloren gehen. Denn seine Offenbarung gegenüber Mose (Ex 3,14) bedeutet, wie uns die besten Ausleger sagen: *Ich bin da* für und mit euch; ich bin der, als den ihr mich bei meinem Eintreten für euch erfahren werdet. „Jahwe" bedeutet nicht so sehr „der, welcher ist", „der Ewige", obwohl diese Bedeutungen nicht völlig ausgeschlossen werden dürfen, sondern verweist auf den lebendigen Gott, der sich ein Volk erwählt, beruft und sich zueignet, der es führt und behütet, der straft und verzeiht, kurz: den Gott der Heilsgeschichte. Dies ist auch der Gott, von dem die Psalmen sprechen. Und ihr Beten besteht darin, ihm in allen möglichen Lebenslagen, in Trauer und Freude, in nach Hilfe verlangender Not oder dankbarer Zufriedenheit, zu sagen: Mein Gott bist du, mein Gott wirst du immer bleiben.

GEBETE SPRECHEN

Yves Congar

Beten heißt auch, sich mit Gebeten an Gott wenden, die sich nicht abnutzen, wie das Vaterunser, das Gloria-in-excelsis und das Magnifikat. Ich werde nicht müde, das Magnifikat zu beten. Es ist ein Gebet der Hoffnung, der Gewissheit und dazu noch ein Dankgebet. Ich singe es täglich in der Vesper, aber ich habe mir auch angewöhnt, es wenigstens an den hohen Festen als Gebet Mariens und der Kirche zu sprechen. Es hat dann, wie ich finde, einen erstaunlichen Klang.

Ich halte auch sehr viel vom Fürbittgebet, das eine Art betenden Ringens mit Gott ist, ähnlich der Fürbitte Abrahams, als er sich für Sodom verwandte. Das Fürbittgebet ist ein Eintreten bei Gott für die anderen, für die Welt, und kann Gottes Barmherzigkeit erweichen und, wie jemand gesagt hat, „von seiner Gerechtigkeit an seine Barmherzigkeit appellieren". Es nimmt seinen Weg über Christus, da es … „den Geist nicht ohne das Wort, kein Wort ohne den Geist" gibt. Wort und Windhauch des Geistes sind ein schönes Bild: Das Wort, das sich formt, muss auch nach außen treten. Ohne den Atem bliebe das Wort in der Kehle stecken, und es ist der Heilige Geist, der es freisetzt.

Beten im Heiligen Geist

Yves Congar

Es ist absolut legitim zu bitten. Dies sieht man in der Bibel, im Evangelium und in der Erfahrung der Kirche aller Zeiten. In der Regel ist es so, dass die Dinge ihren Lauf nehmen, ohne dass wir den Eindruck hätten, erhört worden zu sein. Es kommt aber vor, dass Gott eingreift. Auch dies kommt in der Bibel vor und ebenso auch im Leben der Christen. Im äußersten Fall ist das ein Wunder, ein großes oder ein kleines. In der sogenannten Charismatischen Bewegung kommt es sogar zu sehr eindrucksvollen Krankenheilungen. Aber meistens nehmen die Dinge einfach ihren Lauf …

Die Rolle des Heiligen Geistes ist für das Beten von entscheidender Bedeutung. Er lässt uns wie Kinder nach ihrer Mutter oder ihrem Vater rufen. Und unsere menschlichen Wünsche und Sehnsüchte mitsamt dem Gefühl ihrer Vergeblichkeit laufen dann darauf hinaus, dass sich Gott selbst in uns zu unserem Frieden, unsrer Freude, unserm Handeln und unserem Beten macht. Wilhelm von St. Thierry, der Freund und Briefpartner des heiligen Bernhard, führt im 12. Jahrhundert an einer wunderbaren Stelle den Gedanken aus, dass die Liebe, mit der Gott liebt, zu unserer eigenen Liebe wird …

Es geht darum, zu verstehen, dass der Heilige Geist so in uns wohnt, dass er in uns das Gebet aufsteigen lässt und selbst für es als Vorbild dient. Durch seine Anwesenheit in uns gestaltet er unser Gebet nach seiner eigenen Vorstellung und verwandelt uns derart, dass wir uns mit Gottes eigenem Sehnen nach Gott sehnen.

Das Gute verbreiten

Girolamo Savonarola

Man soll nicht nur für sich allein, sondern auch für die andern beten, *quia bonum est diffusivum sui ipsius*, das Gute ist etwas, das die Eigenschaft hat, sich selbst auszubreiten. Das Feuer breitet seine Kraft im Holz und in anderen Dingen aus, soviel es nur kann. So verbreiten alle Dinge ihre eigene Kraft und ihr Gutes, soviel sie dazu imstande sind. Wer also das Gute besitzt, muss es verbreiten, und so muss, wer Liebe hat, für den Nächsten beten. Da sich nun die Seligen im Zustand vollkommener Liebe befinden, beten sie für uns, weil sie von Natur aus dazu neigen, und obwohl sie dann Gottes Gnade haben, nimmt ihnen die Gnade die Natur nicht weg, sondern unterstützt sie.

Daher bittet unser Erlöser zu dieser für uns seinen Vater und so auch alle Heiligen, weswegen der heilige Paulus von Jesus Christus sagt: *qui est ad dexteram Dei, qui etiam interpellat pro nobis*, das heißt, sein Sohn, der sich zur Rechten des Vaters befindet, *betet* auch für uns.

FÜRBITTE

Timothy Radcliffe

Für den heiligen Thomas von Aquin war die typische Gebetsform die Fürbitte und der Dank. Wir bitten Gott um das, was wir brauchen – und wir danken ihm, wenn er es uns gibt. Das mag kindisch klingen, als ob wir nicht in der Lage wären, uns selber zu helfen. Tatsache ist, dass hier die Reife derer durchscheint, die wissen, dass alles Geschenk ist. In der Welt des Konsumismus, wo alles zu einem Preis gekauft werden kann, wird das Fragen um etwas als Versagen angesehen. Aber wenn wir in der wirklichen Welt leben, die Gott gemacht hat, dann ist das Bitten um das, was wir brauchen, wahr. Es ist eine Anerkennung, dass Gott „die Quelle alles Guten" für uns ist.

Aber noch mehr: Gott handelt manchmal in der Welt, weil er auf unsere Gebete antwortet. Gott möchte, dass wir beten, damit er uns darauf antworten kann. Gebet ist kein Augenzwinkern zu Gott, damit er seine Meinung ändert. Es gehört zu seiner Freundschaft zu uns, dass er uns gibt, um was wir bitten. Daher sind eure Gebete Teilhabe an Gottes Handeln in der Welt.

AUFMERKSAM SEIN

Carlos Alfonso Aspiroz Costa

Die gegenwärtige Zeit zu deuten – die „Zeichen der Zeit" zu erkennen – ist das, was Jesus von seinen Jüngern erwartet. Maria von Bethanien erfüllt offensichtlich diese Erwartung des Herrn in vollem Umfang. Sie tut dies sowohl, indem sie zu seinen Füßen sitzt und seinen Worten lauscht, als auch, indem sie ein Pfund Salböl nimmt und verschwenderisch mit den Zeichen ihrer Liebe umgeht, ohne sich darum zu kümmern, was die Leute von ihr denken könnten. Wie kann man sich so benehmen? Welche Voraussetzung ist notwendig, um als kontemplativer Mensch die Zeichen der Zeit zu deuten? Es ist genau diese spezielle Art der Aufmerksamkeit, die Maria von Bethanien für den Herrn hat: Sie ist ihm als Person gegenüber ganz aufmerksam, sie ist ganz aufmerksam gegenüber seiner Sendung, und zugleich bleibt sie sich ihrer selbst bewusst und dessen, was für sie selber gut ist: Sie lebt aus der dauerhaften Beziehung zu „dem, den ihre Seele liebt" (Hld 3,1–3).

Aufmerksamkeit in diesem Sinne bedeutet, dass es für das ganze Leben nur einen Mittelpunkt gibt: mit Gott und seinem Willen verbunden sein. Schritt für Schritt wird einen das umgestalten nach der Weise, in der Jesus sein Leben führte: „Meine Speise ist es, den Willen dessen zu tun, der mich gesandt hat, und sein Werk zu Ende zu führen" (Joh 4,34).

Es besteht kein Zweifel über Jesu Unterwegssein, kein Zweifel darüber, dass er ein aktives Leben führte, aber ebenfalls kein Zweifel über sein Beten in Einsamkeit und Stille – der Schlüssel zum kontemplativen Leben ist die „Deutung der gegenwärtigen Zeit", das Erkennen der „Zeichen der Zeit", die Aufmerksamkeit gegenüber dem Willen des Vaters, die Bereitschaft, das Leben durch nichts anderes bestimmen zu lassen als durch das, was Gott hier und jetzt erwartet, „unseren Herrn und Gott zu lieben, allezeit auf seinen Wegen zu wandeln, seine Gebote zu halten, ihm anzuhängen und ihm zu dienen aus ganzem Herzen und ganzer Seele" (Jos 22,5).

BEKEHRUNG

Bartolomé de Las Casas

E r begann ... über das Elend und die Sklaverei, welche jene Völker erlitten, nachzudenken. Es kam ihm dabei zugute, was er auf Española gehört und erfahren hatte, dass nämlich die Ordensmänner des heiligen Dominikus in der Predigt angekündigt hatten, dass sie die Indios guten Gewissens nicht halten könnten und dass sie selbst denjenigen, welche sie hielten, Beichte und Absolution verweigern wollten, was besagter Kleriker nicht akzeptierte. Als er einmal bei einem dieser Ordensmänner an einem bestimmten Ort beichten wollte, wollte der Ordensmann ihm die Beichte nicht abnehmen, weil jener selbst Indios auf Española hielt mit derselben Nachlässigkeit und Blindheit wie auf Kuba. Als er nach der Begründung fragte und Antwort erhielt, wies er sie mit windigen Argumenten und eitlen Lösungsversuchen ab, wenn auch mit einer gewissen Berechtigung, worauf der Ordensmann ihm sagte: „Ich schließe daraus, Pater, dass die Wahrheit viele Gegner hat und die Lüge sich großer Unterstützung erfreut." ...

Nach einigen Tagen, die er in diesem Nachdenken verbrachte ..., kam er zu der Auffassung, von derselben Wahrheit überzeugt, dass all das, was man in diesem Westindien an den Indios verbrach, unrecht und tyrannisch sei ...

Schließlich entschloss er sich dazu, dies auch zu predigen. Da er nun selbst Indios hatte, lag die Widerlegung seiner Predigten auf der Hand, und so entschied er, um tatsächlich frei die *repartimientos* oder *encomiendas* als ungerecht und tyrannisch verdammen zu können, auf die Indios zu verzichten und sie dem Gouverneur Diego Velázquez zu überstellen ...

Einheit des Menschengeschlechts

Bartolomé de Las Casas

So gibt es denn ein einziges Menschengeschlecht, und alle Menschen sind, was ihre Schöpfung und die natürlichen Bedingungen betrifft, einander ähnlich, und niemand wird bereits unterrichtet geboren; und daher haben wir alle es nötig, anfangs von anderen, die vor uns geboren wurden, geführt und unterstützt zu werden. Wenn man deshalb einige derartige ungesittete Menschen auf der Welt findet, sind sie wie brachliegendes Land, das leicht Unkraut und unnützes Dorngestrüpp hervorbringt, das jedoch so viel natürliche Kraft birgt, dass es, wenn man es bearbeitet und bestellt, gesunde und ertragreiche Nutzpflanzen gedeihen lässt.

Alle Völker der Welt haben Verstand und Willen und das, was sich beim Menschen aus diesen beiden Vermögen ergibt, nämlich die Entscheidungsfreiheit, und demzufolge haben alle die innere Kraft und Befähigung oder Eignung und den natürlichen Hang zum Guten, um in Ordnung, Vernunft, Gesetzen, Tugend und allem Guten unterwiesen, für sie gewonnen und zu ihnen geführt zu werden …

WIEDERGUTMACHUNG

Bartolomé de Las Casas

Wenn einer *conquistador* war und angesichts des nahen Todes beichten möchte, dann soll der Beichtvater, bevor sie zur Beichte schreiten, einen öffentlichen oder königlichen Notar rufen und jenen öffentlich Folgendes erklären, anordnen und gewähren lassen: Erstens: Er lasse festsetzen und sage, dass er als treuer Christ, der ohne Gotteslästerung und mit erleichtertem Gewissen aus dem Leben scheiden möchte, um vor dem göttlichen Richter im Stande der Rettung zu erscheinen, einen Weltpriester oder Ordenspriester wählt, dem er … vollständige Vollmacht erteilt in allem, was nach dessen Ermessen zu seiner Rettung angemessen ist. Und wenn der besagte Beichtvater es zu diesem Behufe für angezeigt hält, dass jener all seinen Besitz zurückgebe, ohne dass etwas davon für seine Erben übrig bleibe, dann kann er dies frei verfügen … Viertens: Sollte er Indios als Sklaven haben, so entsage er alsbald der Art und Weise oder dem Titel, kraft deren er sie hielt oder hält, und entlasse sie selbstverständlich und unwiderruflich ohne Einschränkung und Bedingung in die Freiheit. Und er bitte sie um Verzeihung für das Unrecht, das er ihnen angetan, indem er sie zu Sklaven machte und ihnen die Freiheit nahm oder indem er dazu half oder sich daran beteiligte, dass sie Sklaven wurden … Und er wird anordnen, dass den besagten Indios, die er als Sklaven gehalten, monatlich oder jährlich all das gezahlt werde, was sie nach dem Urteil des umsichtigen Beichtvaters an Wiedergutmachung für ihre Arbeit, für ihre Dienste und für das erlittene Unrecht verdienen.

Testament

Bartolomé de Las Casas

Die folgenden Schlüsse sollen als Zusammenfassung dessen dienen, was ich in dieser Sache zu beweisen meine.

Erstens: Alle Kriege, die *conquista* genannt wurden, sind über die Maßen ungerecht und Sache regelrechter Tyrannen.

Zweitens: Alle Reiche und Herrschaftsgebiete von Westindien halten wir widerrechtlich in Besitz.

Drittens: Die *encomiendas* oder *repartimientos* von Indios entbehren jeder Rechtsgrundlage und sich „in sich schlecht" und ebenso tyrannisch wie die darauf beruhende Regierungsweise.

Viertens: Alle, die sie zuteilen, begehen eine Todsünde, und die sie innehaben, befinden sich im Stande der Todsünde und werden nicht gerettet werden, wenn sie sie nicht aufgeben …

Fünftens: Unser Herr und König, den Gott bewahren und mit Erfolg segnen möge, vermag mit all seiner von Gott verliehenen Machtvollkommenheit die Kriege und Raubzüge gegen jene Völker und die besagten *encomiendas* ebenso wenig zu rechtfertigen, wie sich die Kriege und Raubzüge der Türken gegen die Christen rechtfertigen lassen.

Sechstens: Alles Gold und Silber, alle Perlen und Reichtümer, die nach Spanien gelangt oder in Westindien unter den Spaniern in Umlauf sind, wenn deren auch wenig sein mag, sind geraubtes Gut …

Siebentens: Wenn sie nicht zurückerstatten, was sie geraubt haben und noch heute … rauben, werden sie nicht gerettet werden können, auch nicht diejenigen, die davon profitieren.

Achtens: Alle Ureinwohner und ein jedes Volk, in das wir in Westindien eingefallen sind, sind im vollen Recht, einen gerechten Krieg gegen uns zu führen und uns vom Angesicht der Erde zu vertreiben, und dieses Recht bleibt ihnen bis zum Jüngsten Gericht erhalten.

Kolonialisierung als Sünde

Bartolomé de Las Casas

Ich habe vor dem Hof der Könige von Kastilien gearbeitet, bin immer wieder zwischen Westindien und Kastilien hin und her gefahren, alles ungefähr fünfzig Jahre lang seit dem Jahr 1514 allein um Gottes willen, und weil ich mitlitt, als ich solche Massen von vernunftbegabten, gutmütigen, bescheidenen und äußerst sanften und einfachen Menschen sterben sah, die doch wie geschaffen dafür wären, unseren heiligen katholischen Glauben und die ganze Morallehre zu empfangen, und mit allen guten Sitten begabt sind: Gott ist mein Zeuge, dass ich nie ein anderes Interesse hatte.

Daher sage ich, dass ich dies für wahr halte und glaube, weil ich glaube und meine, dass dies die Heilige Römische Kirche genauso denkt, die Richtschnur und das Maß unseres Glaubens: dass nämlich all die Räubereien, Morde und Usurpation der Macht der eigentlichen natürlichen Könige und Herren dort, an Ländern und Königreichen und anderen unendlich großen Gütern, die die Spanier mit ihren verfluchten Grausamkeiten gegen jene Völker verbrochen haben, dass all dies gegen das unbedingt richtige, unbefleckte Gesetz Jesu Christi und gegen jede natürliche Vernunft verstößt und eine fürchterliche Infamie gegen den Namen Jesu Christi und seiner christlichen Religion ist, ein unüberwindliches Hindernis für den Glauben und ein irreparabler Schaden an Seele und Leib dieser unschuldigen Völker.

CHRISTUS IM ARMEN

Gustavo Gutiérrez

Ich möchte einen Satz, vielmehr eine Schlüsselposition des Bartolomé de Las Casas in Erinnerung rufen. Er sagte: „Gott erinnert sich immer wieder neu und lebendig des Kleinsten und des Vergessensten" (BAE 110,44b). Das Gedächtnis des Herrn ist für Las Casas ein theologisches Fundament. Der biblische Gott ist ein erinnernder Gott; immer ist er seines Volkes und seiner Versprechungen, die er machte, eingedenk.

In dieser Idee des Las Casas … finden wir das, was mir der Schlüssel des theologischen Denkens des Las Casas zu sein scheint. Er hatte ein enormes Einfühlungsvermögen, im Indio gemäß dem Evangelium den Armen zu sehen. Er ließ selbstverständlich nicht den Aspekt des Nichtchristen, des Ungläubigen – wie man damals sagte – außer Acht. Er ließ auch nicht die Dimension der Menschenwürde außer Acht, mit der sich die Schule von Salamanca so sehr beschäftigte; aber er war etwas weiter weg von Salamanca und sah im Indio den Armen. Dies ist der Grund, warum er in seinem Werk im Indio nach und nach den Armen sieht. Und gemäß dem Evangelium – in diesem Fall Matthäus – erkennt er konsequenterweise im Indio Christus.

Es gibt einen denkwürdigen Satz in der *Historia de las Indias*: „Ich hinterlasse in Westindien Christus, unseren Herrn, nicht einmal, sondern vieltausendfach ausgepeitscht, gequält, geohrfeigt und gekreuzigt" (BAE 96,511b) – damit also die Indios selbst. Im Indio entdeckte er den Armen und folglich Christus. Und sehr viel später wird es ihm möglich zu verstehen, dass der Schwarze ebenfalls ein Armer ist. Deshalb ist es Las Casas möglich, seine Verteidigung auf die armen Weißen auszudehnen. Wir besitzen von ihm Briefe, die arme Conquistadores verteidigen, die verelendet nach Mexiko-Stadt gingen. Das liegt daran, dass seine Perspektive die des Armen ist.

ARMUT UND EVANGELISIERUNG

Gustavo Gutiérrez

Meines Erachtens war es eine große Anstrengung dieses Dominikaners, den Blickwinkel des anderen, des Armen – in diesem Fall den des Indios – einzunehmen, um zu sehen, was in „Westindien" passierte. Das ist der große Unterschied zwischen Las Casas und den Personen, die mit ihm für die Verteidigung der Indios arbeiteten. Sein Blickwinkel war der des Indios.

Dies zeigt uns sehr deutlich, wie man in die Welt des Armen eintritt, um von dort aus die Botschaft des Evangeliums zu verkündigen. Auch heute steht es dringend an, diesen Blickwinkel einzunehmen; das ist die Bedingung einer neuen Evangelisierung ...

Schauen wir zuerst auf das, was augenblicklich die große Herausforderung des Evangelisierungswerkes darstellt. Wir können es mit einem Satz des Bartolomé de Las Casas ausdrücken, eine Synthese von Ideen, die wir in der ersten Kommunität der Dominikaner auf der Hispaniola finden. Las Casas sagte: „Die Indios sterben vor der Zeit" (BAE 96,511). ... Unglücklicherweise müssen wir – obwohl unsere historischen Bedingungen von den damaligen sehr verschieden sind – sagen, dass der Satz des Las Casas auch heute noch gültig bleibt: „Die Indios sterben vor der Zeit." Unglücklicherweise müssen wir sagen, dass die Armen in Lateinamerika tatsächlich vor der Zeit sterben, ungerecht und verfrüht.

Die große – nicht die einzige – Herausforderung zur Evangelisierung ist die Armut der Mehrheit der Bevölkerung Lateinamerikas ... Die Armut beinhaltet viel mehr als ihre ökonomische und soziale Dimension. Es handelt sich um ein menschliches und globales Problem; von daher ist es eine Fragestellung für uns alle. Wir schlagen einen falschen Weg ein, wenn wir nur den sozialen, ökonomischen und politischen Aspekt der Armut sehen. In letzter Instanz bezeichnet Armut Tod, physischen Tod durch Hunger, durch das Fehlen von Mitteln zur Gesunderhaltung und durch Obdachlosigkeit. Die Armut bezeichnet Tod – auch kulturellen Tod.

Der Hirte muss „ganz Stimme" sein

Bartholomaeus de Martyribus

Der Täufer sagte von sich, er sei nichts als „Stimme" – in dem Sinn, wie bei Terenz zu jemandem gesagt wird: *Tu quantus quantus es, totus es sapientia* (Alles an dir ist Weisheit). So bin ich, spricht der Täufer, ganz Stimme – meine ganze Größe ist es, Stimme zu sein; das heißt, ich habe keine andere Aufgabe, als zu verkünden, dass Christus gekommen ist. So muss auch der Bischof ganz Stimme sein, zur Ehre Gottes und zum Heil der Menschen. Das ist ganz seine Aufgabe. So sagen wir von einem kleingewachsenen Menschen, der aber eine laute Stimme hat, er sei ganz Stimme. Und in einer Fabel wird erzählt, dass ein Wolf aufgrund der Stimme der Nachtigall schlussfolgerte, das sei irgendein großer Vogel; doch als er dann nur einen kleinen schmächtigen Körper fand, sagte er: Du bist ganz Stimme, und daher bist du nichts. – Ach wären wir doch Nachtigallen Gottes, wären wir doch nichts als die Stimme Gottes! Soll uns doch die Welt verachten, weil wir leiblich – das heißt: unter irdischer Hinsicht – unbedeutend und fast nichts sind, solange wir nur ganz Stimme Gottes sind und nichts anderes!

Darum ist auch das Evangelium mehr dem gesprochenen Wort als dem geschriebenen anvertraut worden. Das Gesetz wurde auf Steintafeln geschrieben; Christus aber hat nichts geschrieben, sondern nur mit seiner Stimme gelehrt. Und die Apostel haben auch nicht viel geschrieben; denn in der Stimme der Person liegt Kraft, und die Stimme dringt frei in alle Ohren, auch in die Ohren derer, die ungebildet sind. Daher müssen wir immerzu ein Trompetenschall Gottes sein (*tuba continua*).

Innere Haltung

Bartholomaeus de Martyribus

Überlege im Herzen, was beim Propheten Jesaja (42,3f) über den Herrn gesagt wird: „Nicht wird er traurig sein noch aufgeregt, das geknickte Rohr wird er nicht zerbrechen, den glimmenden Docht nicht auslöschen." Bernhard schreibt über die Güte der Hirten (Predigt zum Hld, 23): Warum ladet ihr euer Joch denen auf, deren Lasten – eher umgekehrt – ihr tragen müsstet? Warum scheut das Kind, das von der Schlange gebissen wurde, davor zurück, dass es der Priester erfährt – während es doch zu ihm flüchten sollte, wie an die Brust der Mutter? Der gute Hirte passt sich allen an; er überträgt die seelische Befindlichkeit (*affectus*) aller auf sich. Er erweist sich nicht weniger als Mutter für diejenigen, die zurückbleiben, als für die, welche gute Fortschritte machen. Wir sehen viele, die gern annehmen, was fett und stark ist, aber von sich stoßen, was schwach ist.

Warum sucht der Arzt die Gesunden auf und nicht vielmehr die Kranken? Wen willst du denn unterweisen, guter Lehrer, wenn du alle Ungelehrten zurückweist? An wem willst du deine Geduld unter Beweis stellen, wenn du nur die Sanftmütigen an dich heranlässt, die Unruhigen aber ausschließt? Ein guter und getreuer Vorgesetzter weiß, dass ihm die Sorge für kranke Seelen übertragen worden ist, nicht Glanz und Gloria. Wenn er das innere Murren einer solchen Person an ihren Klagen und Beschwerden merkt, dann erkennt er, dass er für sie als Arzt da sein muss, nicht als Herrscher, selbst wenn sie sich zu Schmähungen und Beschimpfungen hinreißen lässt; gegen die geistlich-seelische Verwirrung wird er sogleich ein Heilmittel zubereiten, nicht Rache nehmen.

Devotio

Bartholomaeus de Martyribus

Wehe dir, Bischof, wenn die Quelle der innigen Gottesliebe (*devotio*) in dir austrocknen sollte! Was ist diese denn anderes als eine Quelle lebendigen Wassers, wodurch all unser tugendhaftes Handeln bewässert wird; und was ist all unser Tun ohne sie – wenn doch ohne sie unser Tun bald vertrocknet? Sie ist himmlischer Wein, der das Herz des Menschen erfreut, Balsam, der alles Leid zu heilen vermag, Speise für die Seele, die Sprache, in der wir mit Gott reden – wer sie nicht hat, dem fehlt die Zunge, um mit Gott zu reden, wie der heilige Bernhard sagt (Predigt zum Hld, 45) –; sie ist Manna vom Himmel. Sie selbst spricht: „Mein Geist ist süßer als Honig" (Sir 24,27).

Dieses innige Empfinden wird nicht denen geschenkt, die auf irdische Tröstungen aus sind, auf Gelage oder Ehren etc. Ebenso wurde auch das Manna erst gegeben, als das Volk die Gurken und den Knoblauch Ägyptens aufgegeben hatte. Den süßen Honig der *devotio* können Schweine nicht zubereiten; das tun die Bienen, die darauf bedacht sind, die Blüten des Lebens Christi anzufliegen. Die Süße der geistlichen Übungen ist eine Speise für die Seele, die sie stark werden lässt, um im Weinberg des Herrn zu arbeiten und die Last und die Hitze der äußeren Aufgaben zu tragen. Auch mitten in der Anspannung weltlicher Angelegenheiten soll immer eine Kerze in deiner Brust angezündet sein. Wenn die Anspannung aufhört, mach es wie der heilige Gregor: Nimm Zuflucht zum Gebet, um dort Erleichterung zu finden, wirf dich in deinem Oratorium zu Boden. Und nimm Zuflucht zum geistlichen Austausch mit vertrauten Personen.

MUT UND TAPFERKEIT

Bartholomaeus de Martyribus

Wie könnte ein Bischof innerlich die Fassung verlieren oder ihm der Mut brechen, wenn er auch von den fleischlich Gesinnten geschmäht und verfolgt wird, sobald er sich jenes Wort des Herrn ins Gedächtnis ruft: „Selig seid ihr, wenn die Menschen euch schmähen und verfolgen und euch alles Böse lügnerisch nachsagen, um meinetwillen. Freut euch an jenem Tag und jubelt!" (Mt 5,11f). ... Wende jenes glutvolle Wort des heiligen Ignatius auf dich an: Weil ich ein Weizenkorn Christi bin, möge ich von den Zähnen der wilden Tiere (das heißt fleischlich gesinnter Menschen) zermahlen werden, um reines Brot zu werden.

Ja was willst du denn? Ohne Schwierigkeiten und Angriffe inmitten einer Schar von weltlich gesinnten Leuten leben? Mose rief: „Ich kann es nicht aushalten, töte mich, damit mich nicht solche üblen Dinge treffen" (Num 11,14 f). Jeremia verfluchte den Tag seiner Geburt, wegen der Bürde seiner Pflicht (Jer 20,14). Paulus rief aus: „Wer wird von einem Ärgernis getroffen und ich brenne nicht?" (2 Kor 11,29), und er redet von der „Sorge für alle Kirchen" (2 Kor 11,28). Und du willst ruhig und ohne alle Widerstände leben, mitten unter Leuten, die die Gebote übertreten, in einer Welt, die lichterloh brennt in den Flammen fleischlicher Gesinnung? Wenn man dich schmäht und verfolgt, dann denke an das Wort des heiligen Bernhard: Ich persönlich betrachte Schmähungen und Vorwürfe als ausgezeichnete Medizin für die Wunden meines Gewissens. Und er schreibt auch, er habe bei einem weisen Mann gelesen: Es gebe keinen Tapferen, dem gerade in Schwierigkeiten der Mut nicht noch wüchse. Bernhard aber fügt hinzu: Ein Mann voll Glauben muss noch mehr vertrauen, wenn er geschlagen wird.

BETEN MITTEN IN VIELEN BESCHÄFTIGUNGEN

Bartholomaeus de Martyribus

E s gibt drei Zustände für den Geist des Menschen, der Gott sucht, wiewohl er in äußeren Aufgaben eingespannt ist. Erstens: Wenn er ein wenig freie Zeit hat, erhebt er sich mit ganzer Leidenschaft zu Gott. Er sucht entschieden zu verhindern, dass Bilder, die unser Herz – ob wir wollen oder nicht – belagern, das Herz mit sich fortziehen. Selbst wenn sie es umflattern, so bemüht er sich doch, den Geist (*mens*) in dem fest zu gründen, was alles Vergängliche übersteigt.

Zweitens: wenn man mit Aufgaben zu tun hat, welche die gesamte Aufmerksamkeit beanspruchen, zum Beispiel wenn man etwas Schwerverständliches liest, oder eine verwickelte Sache vorgetragen bekommt, die man richtig verstehen muss, um ein Urteil zu sprechen. In dieser Situation kann zwar die Liebe zu Gott nicht als Akt fortdauern noch der einfache Hinblick auf Ihn; doch es bleibt eine Art liebevoller Ein-druck zurück, eine eingeprägte Spur der vollzogenen Zuwendung zu Gott. Diese Spur gibt denen, die damit vertraut sind, großen Frieden und Ruhe. Dieser Frieden geht auch mitten im Wirbel der Beschäftigung nicht verloren; und wenn die Aufgaben erledigt sind, kehrt ein solcher Mensch aufgrund der verbliebenen Einprägung rasch zum Mittelpunkt, zu seinem Schatz zurück und sendet Pfeile der Liebe zum Himmel.

Drittens: wenn man mit gewöhnlichen Dingen zu tun hat, welche nicht sehr große Aufmerksamkeit beanspruchen. Diesen Dingen soll man nicht das ganze Herz hingeben, es genügt ein Teil.

UNTERSCHEIDUNG

Bartholomaeus de Martyribus

Manche Laster muss man mit reifer Überlegung eine Weile ertragen, auch wenn man sie klar erkennt: dann nämlich, wenn die Umstände in keiner Weise günstig sind für eine offene Rüge. Denn eine vorzeitig aufgeschnittene Wunde entzündet sich noch mehr, und Medikamente, die zur Unzeit verabreicht werden, verfehlen ihre Wirkung – das steht zweifelsfrei fest. Doch das Warten und Suchen nach der rechten Zeit der Zurechtweisung ist für den Hirten, den die Last der Schuld [der anderen] drückt, eine Übung in der Geduld. Darum steht geschrieben: „Die Frevler haben auf meinem Rücken gepflügt" (Ps 129,3); das heißt: Ich trage gleichsam die Last derer, die ich nicht bessern kann, auf meinem Rücken.

Manche verborgene Laster sind genau unter die Lupe zu nehmen; an auftretenden Anzeichen soll der Seelsorger das im Inneren Verborgene erkennen, und wenn der Augenblick der Zurechtweisung gekommen ist, soll er an kleinen Dingen auch die schwerwiegenderen erkennen. ... Manche Laster soll man milde zurechtweisen, etwa wenn jemand aus Unwissenheit oder Schwäche gefehlt hat. ... (vgl. Gal 6,1). Andere dagegen muss man scharf tadeln; wenn jemand zum Beispiel die Schwere seiner Schuld nicht erkennt, dann soll er das durch den Tadel erfahren. Gegenüber Verstockten oder solchen, die ihre Sünden auf die leichte Schulter nehmen, muss des Seelsorgers Eifer mehr Strenge zeigen; denn wenn er zu wenig klar gegen diese Sünden auftritt, könnte er am Ende verantwortlich gemacht werden für all diese Schuld.

Für einen Oberen gibt es keinen schlimmeren innerlichen Brand oder keine schlimmere Marter als den Eifer für Gott; das sagt auch Paulus: „Wer nimmt Ärgernis, ohne dass ich brenne?" (2 Kor 11,29). Und darum kommt es vor, dass ihm sehr scharfe Worte gegen die Laster entfahren, und weil dabei oft das richtige Maß verlassen wird, muss er auch den Herrn aller um Verzeihung bitten.

Verkündigung als Hauptaufgabe des Bischofs

Bartholomaeus de Martyribus

Was sagt ihr dazu, ihr Hirten, die ihr nur eure ehrgeizigen Pläne und eure Ruhe im Sinn habt? Die Kanzel wollt ihr, aber predigen wollt ihr nicht. Dabei spricht Christus, er sei eingesetzt als König, um zu predigen (vgl. Ps 2,6f; Joh 18,37), und ihr behauptet, ihr könntet nicht zugleich leiten (*regere*) und predigen? Nun, unsere Väter konnten jedenfalls beides: ein Gregor, ein Ambrosius, Augustinus und so fort. Wenn ihr wegen eurer Schwachheit nicht beides erfüllen könnt, dann solltet ihr lieber einen anderen Bereich eures Amtes von Dritten ausführen lassen, bevor ihr die Predigt aufgebt! ... Das 4. Konzil von Karthago bestimmt: Der Bischof soll keinesfalls die Sorge um Vermögensangelegenheiten an sich ziehen; er soll sich einfach nur der Lesung, dem Gebet und der Verkündigung des Wortes Gottes widmen. Die heiligen Väter haben dies der Apostelgeschichte entnommen (Apg 6,2): „Es ist nicht recht, dass wir das Wort Gottes vernachlässigen und uns dem Dienst an den Tischen widmen."

Wenn die Apostel also der Predigtaufgabe den Vorrang vor der Sorge für Arme und Witwen gaben, wie viel weiter nach hinten würden sie das Anhören von Rechtsstreitigkeiten und irgendwelche politischen Geschäfte rücken! Es ist doch wirklich unerträglich, dass ein Bischof seine ganze Zeit damit verbringt, Streitfälle von Weltleuten anzuhören, und nur wenig oder gar keine Zeit der geistlichen Lesung und Betrachtung widmet. Nur so könnte er mit heiligen Worten der Predigt oder der Ermahnung die Flamme der Begeisterung in die Seelen der ihm Anvertrauten werfen: der Geringschätzung der Welt und der Liebe zu den himmlischen Gütern.

Noli me tangere

Peter Kreutzwald

Noch im Morgengrauen des Ostertages ist Maria Magdalena zum Grab geeilt, findet es aber leer (s. Abb. 4). Im Licht der aufgehenden Sonne meint sie den Gärtner zu erkennen. Die Hacke über der Schulter deutet das an. Erst als der Mann sie beim Namen nennt, erkennt sie ihn. Wahrscheinlich will sie ihn am liebsten umarmen, wenigstens berühren, aber Jesus sagt: „Halte mich nicht fest" (Joh 20,17). Das ist der Moment, den Fra Angelico gemalt hat. Jesus und Maria stehen in einer eigentümlichen Spannung zueinander: Ihre Hände scheinen sich aufeinander zuzubewegen und bleiben doch auf Abstand. Jesus hat Maria seinen Kopf zugewandt, gleichzeitig dreht er sich mit einem Kreuzschritt von ihr weg. Das Auffälligste aber ist: Während Fra Angelico bei allen anderen Zellenfresken in San Marco jegliches schmückende Beiwerk weggelassen hat, scheint er diesen Garten geradezu detailverliebt gemalt zu haben.

Bei genauerem Hinsehen zeigt sich, dass er mit zwei Grüntönen ausgekommen ist, um die Wiese darzustellen, und dass die Blüten der Blumen nur rote und weiße Tupfer sind. Sie unterscheiden sich in nichts von den roten Tupfern der Wunden Jesu. In ihnen verbirgt sich das Geheimnis dieses Freskos: Aus den Wunden erblüht neues Leben, Christus lebt!

„Geh zu meinen Brüdern und berichte ihnen" (Joh 20,17)

Bruno Cadoré

Seit der Gründung der Dominikanischen Familie, als sich die ersten „dominikanischen Frauen" Dominikus anschlossen und so die „heilige Predigt von Prouilhe" entstand, muss unsere „Gemeinschaft zur Verkündigung" sich aus Männern und Frauen, aus Ordensleuten und Laien zusammensetzen, damit sie ein Abbild der ersten Gemeinschaft sein kann, die mit Jesus auf dem Weg ist, die von IHM lernt, wie man liebt, wie man mit der Welt spricht und wie man den Vater sucht, von dem wir alles empfangen. Wir alle, in unserer Verschiedenheit, mit der wir uns gegenseitig ergänzen, mit gegenseitigem Respekt vor den Unterschieden und mit dem gemeinsamen Willen, alles miteinander zu teilen, wir alle müssen diese „Aufgabe, Brüder und Schwestern zu werden", erfüllen, damit wir in der Welt und in der Kirche ZEICHEN sind.

In unserer Gemeinschaft von Brüdern und Schwestern wissen wir, dass die Anerkennung der Gleichheit aller Glieder oft durch weltliche Einschränkungen leidet. Insbesondere gibt es noch viel zu tun, damit überall auf der Erde die Worte von Männern und Frauen gleich bewertet werden und damit Ungerechtigkeit und Gewalt verschwinden, worunter so viele Frauen in der ganzen Welt immer noch leiden. Die Dominikanerinnen, die das Abenteuer der „heiligen Predigt" auf sich nehmen, haben die Aufgabe, trotz aller Widerstände alle daran zu erinnern, dass die Welt nicht im Frieden ist, solange diese Ungleichheiten nicht beseitigt sind. Wir müssen lernen, Geschwister zu werden, Ungerechtigkeiten zu erkennen und sie zu bekämpfen bei dieser langwierigen und schönen Aufgabe des Aufeinanderhörens und der gegenseitigen Wertschätzung.

GESCHWISTERLICHKEIT

Provinzkapitel Teutonia

Der heilige Dominikus durchlebte und durchlitt einen tragischen Konflikt: Zu sehr klaffte auseinander, was das Volk im Süden Frankreichs brauchte und was die Kirche anbot. Da er sich als Sohn der Kirche und zugleich als Bruder und Freund der Menschen, besonders der Armen, Häretiker und Heiden, erfuhr, erlebte er diesen Schmerz in seiner Person. Das befähigte ihn aber auch, eine kreative, eigenständige und wirksame Antwort zu geben, die in der Kirche und in der Welt seiner Zeit Beachtung fand.

Seine Antwort inspirierte Brüder und Schwestern zu einem geistlichen Lebensentwurf: Sie erwählten die Armut und bekannten sich zu einem Leben in geregelter Gemeinschaft, um frei zu sein für die Auslegung des Wortes Gottes und in der ganzen Welt den Namen unseres Herrn Jesus Christus bekannt zu machen.

Dominikus hat seine Gemeinschaft als geschwisterliches Miteinander konzipiert. In dieser Geschwisterlichkeit, als „Bruderschaft", sollte sie Predigt, Verkündigung des Evangeliums sein, zeichenhafte Vorwegnahme des Reiches Gottes, dem die feudalen Strukturen der Gesellschaft, der Kirche und des monastischen Lebens seiner Zeit Hindernisse in den Weg legten.

Auch heute gehört es zur Sendung unserer Gemeinschaft, ein neues Modell des menschlichen Miteinanders zu leben, für die Menschen da zu sein, in deren Dienst wir mit unserer Predigt stehen, und aus diesem Mitleben und Mitleiden heraus auf die Fragen derer zu antworten, zu denen wir gesandt sind. Unsere Sendung beruht nicht in der einsamen Anstrengung Einzelner, sondern ist eine gemeinschaftliche Aufgabe. Sie erfordert die Bereitschaft zur Zusammenarbeit, die Fähigkeit, in einem Team zu arbeiten und dabei die anderen durch Anteilnahme, Ermutigung und tatkräftige Hilfe wirksam zu unterstützen.

Geistliche Familie

Bruno Cadoré

Mehrere Elemente halte ich für entscheidend, wenn es um den spezifischen Beitrag der dominikanischen Laien zur Erneuerung des Eifers für die Evangelisierung der gesamten Dominikanischen Familie geht. Zuerst, obwohl es eine banale Feststellung sein mag, erinnern die Laien alle daran, dass eine evangelische Vision wie diejenige des Dominikus sich nicht auf eine Umsetzung im geweihten Leben reduzieren lässt. Bei geistlichen Familien besteht immer das Risiko, dass man Unterschiede sich festsetzen lässt, aus denen implizit falsche Hierarchien entwickelt werden können: Ordensleben oder nicht; Priester oder nicht; Mann oder Frau; jung oder alt. Wir müssen untereinander die Einfachheit und zweifellos auch den Mut haben, dieser Versuchung entgegenzutreten und Abhilfe zu schaffen. Nur um diesen Preis werden wir das Charisma der Predigt am besten in den Dienst einer geschwisterlichen Kirche stellen – auch nur wenn wir den dominikanischen Laien zuhören, wenn sie von den Freuden, aber auch von den Schwierigkeiten erzählen, die bei ihrem kirchlichen Engagement auftreten. Zu oft sehen sie, dass … ihre Initiativen, ihre theologische Ausbildung, ihr theoretisches und praktisches Wissen und ihre menschliche Erfahrung nicht immer so aufgenommen werden, wie es wünschenswert wäre; es ist, als ob die Wichtigkeit der Äußerungen eines jeden im kirchlichen Gespräch mit zweierlei Maß gemessen würde.

Jesu Christi praedicatio

Raphaela Gasser

Die Spiritualität des Predigerordens fließt aus dessen *Zielsetzung*, der *Verkündigung des Wortes Gottes*. Jedes Glied des Ordens ist berufen, das Evangelium sein ganzes Leben lang zu betrachten und zu studieren und durch Wort und Tat zu verkünden. Die Elemente, die ein solches Leben ermöglichen: Kontemplation, Studium, Gemeinschaftsleben und evangelische Armut, müssen in ihrer Spannung ausgehalten und zum Einklang gebracht werden. Da ist nicht Raum für Uniformität, sondern für einen lebendigen Prozess. Die Gemeinschaft als solche ist bereits Predigt, *Jesu Christi praedicatio*, wie das erste Kloster des Predigtwerkes von Dominikus hieß. Es war eine Gemeinschaft von Frauen, vom heiligen Dominikus gegründet, und es war zugleich Zentrum und Ausgangspunkt der Predigt des Dominikus und seiner Brüder. ...

Damit ist ein Zweites über die dominikanische Spiritualität gesagt. Sosehr sie eine *Spiritualität von Predigern* ist, kann sie, auch in ihren Anfängen (wo Predigt im engen Sinn für Frauen nicht oder nur in ganz seltenen Ausnahmen in Frage kam), nicht gedacht werden ohne wesentliche Durchdringung vom *schwesterlichen Element* seitens der Dominikanerinnen.

Aufeinander hören

Raphaela Gasser

Dominikanische Spiritualität lebt seit der Stiftung des Ordens vom Zueinander der Begabungen von Mann und Frau in der einen gemeinsamen Berufung … Natürlich gibt es viele Akzente in der Beziehung des Menschen zu seinem Gott, natürlich sind sie verschieden bei jedem Einzelnen, nicht nur beim Mann einerseits und bei der Frau andererseits.

Es gibt so viele Spiritualitäten wie Menschen, die ihrer Beziehung zu Gott Ausdruck verleihen. Der besondere Beitrag der Frau, so will es mir scheinen, ist eine unbefangenere Weise, von der eigenen Erfahrung her zur Erkenntnis Gottes zu gelangen. Und zwar bezieht diese Erfahrung Leib und Geist ein, Sinne und Intellekt, Weltliches und Göttliches. Wenn, wie es eben im 13. und 14. Jahrhundert möglich war, die Art der Männer, vor allem rational vorzugehen, mit der Art der Frauen, mehr von der Ebene einer ganzheitlichen Erfahrung aus dem Glauben zu leben, zusammenkommt, dann scheint mir das ideal zu sein.

Damit rede ich selbstverständlich nicht einer oberflächlichen Rollenverteilung „Mann ratio, Frau Erfahrung" das Wort, ich spreche in keiner Weise der Frau die Fähigkeit zur spekulativen Theologie ab und dem Mann jene zur ganzheitlichen Erfahrung. Doch braucht es das gegenseitige Aufeinanderhören und das gegenseitige Voneinanderlernen, damit christliche Spiritualität in ihrer Fülle zum Ausdruck kommen kann. Die dominikanische Spiritualität lebt aus diesem Austausch, und sie verarmt, wenn sie ihn vergisst. Das geschah gewiss zu manchen Zeiten.

Zunächst Frauen

Bruno Cadoré

Zu Beginn dieses neuen Abenteuers der Verkündigung, das von Dominikus angeführt wird, schließen sich ihm in der Tat zunächst Frauen an, denen Laien folgen, und zeigen uns, wie sie sich um die Verkündigung bemühen: Sie bilden eine Art „kleine Kirche", eine Gemeinschaft, die durch die Macht des Wortes zusammengeführt wird und die sich versammelt, um gemeinsam auf das Wort zu hören und das Wort in die Welt zu tragen …

Vom ersten Augenblick an, so merkwürdig wie das für die damalige Zeit auch aussehen mag, gehörten Frauen zu der Gemeinschaft, die sich um Jesus geschart hatte. Die Maßstäbe der Welt gelten nicht, wenn es um die Jüngerschaft geht. Stellen wir uns diese Gemeinschaft vor, die sich in der Nachfolge Jesu auf diesem neuen Weg der Verkündigung bildete … die Frauen des Evangeliums hatten Gelegenheit, die Worte zu bezeugen, die ER an sie gerichtet hatte: ein WORT, das die Auferstehung verkündet, ein WORT, das den Glauben erkennt und das Heil verspricht, ein WORT des Lebens und der Vergebung, des Heilens und des Vertrauens. Er redete herzlich mit ihnen, achtete ihre Weiblichkeit und ihre Vertrautheit mit der Weitergabe des Lebens. Er beachtete ihre Fähigkeit, für zerbrechliches Leben zu sorgen und es zu beschützen, die Stärke ihres Vertrauens in die Schöpferkraft und ihre Ausdauer angesichts der Schwierigkeiten des Lebens.

Die Frauen waren bei ihm auf dem Weg zum Kalvarienberg, sie warteten im Garten in der Nähe des Grabes, und sie machten sich wieder auf und liefen eilends über Straßen und Gassen zu den Aposteln, um ihnen mitzuteilen, dass Jesus auferstanden war. Die Sendung der Evangelisation braucht dieses Zeugnis und diese Verkündigung, damit die Welt dieses WORT hört, das das Leben in sich trägt.

Die Herausforderung durch die universalistischen Religionen

Generalkapitel Avila

Die universalistischen Religionen teilen mit dem Christentum die Erfahrung Gottes. Dennoch befinden sich Hinduismus, Buddhismus, Judentum und Islam jenseits der Grenze christlicher Gotteserfahrung. ... Einige dieser Religionen üben auf den Menschen von heute einen starken Einfluss aus. Handelt es sich dabei um eine Form der Entfremdung oder ist diese Tatsache als eine Kritik an einer bestimmten Form des Christentums zu verstehen, welche unfähig (geworden) ist, dem Menschen den Sinn für die Transzendenz zu eröffnen? Der Dialog mit den anderen Religionen stellt den Anspruch des Christentums auf die Probe, definitiver Träger der Offenbarung Gottes, des Heiles und der Erlösung (Befreiung) des Menschen zu sein. In Frage gestellt werden darüber hinaus traditionelle Auffassungen der Sendung der Kirche, wie auch Haltungen und Modelle der Verkündigung des Evangeliums, die der Echtheit ermangeln.

Der Dialog mit den großen Religionen hat daher eine analytische und eine selbstkritische Komponente. Er geht analytisch von der Gotteserfahrung Jesu Christi aus, die für die Universalität offen ist. Er ist selbstkritisch in der Bemühung, die kulturellen Verflechtungen und die Hindernisse zu erkennen, welche das Antlitz des Gottes Jesu Christi im Lauf der Geschichte des Christentums entstellt haben. Der Dialog erfordert die Grundhaltung des Hörens und ein Eingehen auf andere Kulturen, frei von jenem Kolonialismus, Imperialismus und Fanatismus. Einmal war es das Ideal des Dominikus, seine Sendung über die etablierten Grenzen des Christentums hinaus zu den Kumanen zu tragen. Gleichzeitig wurden Konvente in den Städten errichtet, wo die Brüder an den Universitäten aktiv am interkulturellen und interreligiösen Dialog teilnahmen. Daher erwächst dem Orden aus der Herausforderung der universalistischen Religionen eine Priorität für seine Sendung.

Das „Geheimnis" des Islam

Georges Anawati

Aber es kommt mir zu, Sie an das „Geheimnis" des Islam zu erinnern und an die gefährlichen Fragen, die er dem christlichen Bewusstsein stellt, wenn man versucht, diesbezüglich „die Ratschlüsse Gottes zu ergründen". Wie soll man da, wenn die Grundfragen einmal kompromisslos gewahrt sind, nicht zugeben, dass es unter den Theologen und Fachleuten des Islam Divergenzen der Interpretation geben kann? Es gibt ein weites Feld der „Quaestiones disputatae", wo jeder sich entsprechend seinen Mitteln bemüht, klar zu sehen. Riskieren wir nicht, durch leidenschaftliches Festhalten an unserer Interpretation dieses oder jenes Stichpunktes der Lehre die Grundhaltung zu gefährden, die so mühevoll errungen wurde (nämlich die teilnahmsvolle und wirkungsvolle Haltung der Kirche gegenüber den Problemen, die sich aus der Existenz des Islam ergeben), und einen bedauerlichen Rückschlag zu provozieren? Sollen wir gegen diejenigen unserer Mitbrüder, unserer Freunde, die unseren Standpunkt nicht ganz teilen, das Anathem schleudern?

Ich sehe für meinen Teil, wie oft es selbst unter Mitbrüdern, die die gleiche Lehrausbildung erhalten haben, schwierig ist, in bestimmten Punkten zu einer vollständigen Übereinkunft zu finden. Erlauben Sie doch, sehr geehrter Freund, dass man Ihnen manchmal widerspricht, selbst in Punkten, die Ihnen evident erscheinen, die andere anders sehen. Ich persönlich überlasse Gott die Sorge, die Tiefen des Herzens zu prüfen, und ich versuche, mit ganzer Seele, aber in völliger Achtung des Denkens des anderen, zu sehen, wo sich die Wahrheit findet.

Berufung zum Dialog

Georges Anawati

Ja, ich hatte bereits hier in Alexandria einen Dominikanerpater getroffen, ich half bei seinem Rückzug in den Ruhestand. Ich sagte mir: Das ist genau das, was ich brauche, der Lebensstil der Dominikaner, ein Leben in intellektueller Arbeit, ein kontemplatives Leben, ein Leben des Studiums. …

Also, am Tag meiner Abreise kam die ganze Familie – mit Ausnahme meines Vaters, der zu Hause geblieben ist. Meine Mutter, meine Geschwister kamen alle mit. Damals reiste man mit dem Schiff. Also nahm ich das Schiff, um mein Noviziat auf gut Glück anzutreten, im Süden Frankreichs, in der Nähe von Grenoble, in Coublevie, um ein Jahr Noviziat zu machen. Es war ein neues Leben, in eine Gemeinschaft junger Leute einzutreten. …

Nach drei Jahren zog man sich zurück, bevor man feierliche Gelübde ablegte: drei Jahre und dann fürs ganze Leben. Der Novizenmeister sagte mir: „Nun? Bist du noch immer entschlossen, dem Orden beizutreten?" Ich antwortete ihm: „Ich ließ meine Eltern und alles hinter mir. Was soll ich jetzt noch zögern? Ich zögere keine Sekunde, ich bin meiner Berufung sicher." Und so bin ich eingetreten und setzte meine philosophischen und theologischen Studien fort, nicht in Grenoble selbst, sondern im Norden Frankreichs, im besten Dominikaner-Studienkolleg, in der Provinz von Paris. Als ich den Novizenmeister wiedersah, der mich im Orden betreute, und er mich fragte, was mich denn interessierte, nannte ich ihm den Dialog, schon damals vor dreißig, vierzig Jahren. Ich möchte den Dialog mit dem Islam, zumal ich aus einem islamischen Land komme. …

Nicht für die Bekehrung, weil die Bekehrung ein zu hochgestecktes Ziel zu sein schien: Einen Muslim zu bekehren, ist keine Kleinigkeit. Aber für die gegenseitige Verständigung zu arbeiten, das ist eine enorme Sache! Die Christen sollen den Islam verstehen, seine Werte kennenlernen, und die Muslime sollen die Werte des Christentums kennenlernen.

Als Priester bei den Nichtchristen in Kabul

Jean-Jacques Pérennès

Unterdessen hat Serge [de Beaurecueil (1917–2005)] bereits feste Freundschaften mit jungen Afghanen geknüpft, für die er „Padar" – der Pater – ist. Eine erste, sehr heftige Begegnung mit einem Jungen namens Ghaffar bringt ihn dazu, über das „Teilen von Brot und Salz" nachzudenken – Symbol einer alltäglichen Geschwisterlichkeit, die sich durch die einfachen Begegnungen zwischen Christen und Muslimen beim Teilen von Freude und Kummer entwickeln kann. In einem großartigen Buch stellt sich Serge die Frage, welchen Sinn seine Präsenz als einziger katholischer Priester in Afghanistan unter Muslimen haben kann. ...

Muslim? Jude? Hindu? Buddhist? ... Etiketten, die man gerne abwerfen und ersetzen würde. Etiketten, hinter denen die Menschen vergessen zu werden drohen, die zunächst schlichtweg und wesentlich Menschen sind, die unendlich mehr und unendlich weniger sind als das, was sie vorgeben zu sein. Die Menschen sind als Ebenbild Gottes geschaffen, und das Wort erleuchtet sie alle und jeden (Joh 1,9), ohne dass sie davon ahnen, dass der Sohn sie in seinem Blut reingewaschen hat ...

Serge stellt immer mehr solcher Überlegungen an, da er allmählich um die 20 Kinder um sich gesammelt hat, die er durch zufällige Begegnungen des Lebens aufgenommen hat: das eine, um untergebracht zu werden; das andere, um gepflegt zu werden; alle, um geliebt zu werden. Mit ihnen teilt er alles: „Als Priester der Nichtchristen habe ich keine Macht, ihnen Vorschriften zu machen, was sie tun sollen, keinen Titel, um sie zu führen. ... Muss man deshalb auf die Aufgabe verzichten und sich aufmachen, andere Schafe zu weiden, die in guten Verhältnissen leben? Meinerseits wäre dies Verrat. Ich habe also keine Wahl, denn dies ist der Weg des Priesters, den ich annehmen muss: Mit fast 50 Jahren erwache ich wieder zu neuem Leben inmitten der Herde."

Der 11. September 2001 oder „heilige Gastfreundschaft"

Timothy Radcliffe

Als ich Louis Massignon las, vielleicht den größten Islamexperten im Westen während des letzten Jahrhunderts, verstand ich etwas von der besonderen Qualität dieser Beziehung. Er erklärt, wie die islamische Gastfreundschaft ihn zurück in seinen eigenen christlichen Glauben brachte. Die freundliche Aufnahme, die er an der Universität Kairo und in Mesopotamien erlebte, öffnete ihn für den göttlichen Fremden, der einen Platz in seinem Leben suchte. Durch seine Islamstudien entwickelte er eine Theorie der „heiligen Gastfreundschaft", in der man sogar die Leiden des Fremden zu teilen bereit ist. Charles de Foucauld beschreibt genau denselben Ausdruck von Gastfreundschaft. Pierre Claverie sprach davon, dass er Gast im Haus des Islam sei. Und aus diesem Grund boten ihm Muslime ihren Schutz an, als sein Leben durch Extremisten bedroht war. Dieser tiefe Sinn für Gastfreundschaft dem Fremden gegenüber steht in krassem Gegensatz zu unserer Welt des globalen Marktes. Märkte – ja. Die arabische Welt wurde durch Handel aufgebaut. Aber die Welt als ein großer Markt – nein.

Woher stammt dieses Willkommen des Islam für den Fremden, das so gar nicht zu dem üblichen Bild der Intoleranz passen will? David Burrell von der Universität Notre Dame hat in einer Vorlesung in Cambridge 2002 gesagt, schon die bloße Gegenwart eines Fremden rufe eine Willkommensreaktion im Islam hervor. Aber warum? Es mag mit dem Ruf des Koran zu tun haben, mit der Art, wie er eine Reaktion des Zuhörers fordert. Und nachdem diese Reaktion in der Gemeinschaft stattfindet, sind wir miteinander verbunden, wenn wir auf das erschaffende Wort Gottes reagieren. Wir nehmen aktiv an einer Synergie zwischen Ruf und Antwort teil.

Universalismus

Timothy Radcliffe

Sein [des Islam] Universalismus ist nicht gleichbedeutend mit dem universellen Anspruch eines bestimmten Volkes. Es gibt keine anonymen Muslime, es gibt nur Menschen, die dazu aufgerufen sind, die Einheit und Gerechtigkeit Gottes anzuerkennen, wie sie durch Mohammed offenbart wurde. Gott hat Propheten zu allen Völkern geschickt, um seinen Willen kundzutun. Beim Jüngsten Gericht, so glauben manche Muslime, wird Mose für die Juden sprechen, Jesus für die Christen und Mohammed für alle Menschen. Der Islam stehe über dem Judentum und dem Christentum, nicht weil er ein neues Gottesvolk verkörpern würde, sondern weil er den Anspruch erhebt, allen Menschen die unverfälschte Offenbarung der Wahrheit von Gottes Willen zu bringen.

Das christliche Abendland ist fast von Anfang an jenes „andere" gewesen, dem gegenüber sich der Islam selbst definiert. Es muss also nicht überraschen, dass ausgerechnet eine extremistische Form des Islam gewaltsam gegen das Wirtschaftssystem protestiert, das im Westen angesiedelt ist. Ist es vollkommen verrückt, zu träumen, dass der Islam uns helfen könnte, all die anderen zu verstehen, die durch unsere Hand Armut und Elend erleiden? Der Islam könnte uns sogar helfen, einen weiteren Schritt in das Geheimnis der christlichen Geschichte zu tun, die uns am Leben erhält. Er könnte uns helfen, unsere Geschichte auf eine Weise zu erzählen, die den Fremden als Mit-Hörer der Welt respektiert. Er könnte uns Gastfreundschaft gegenüber den Fremden in unserem globalen Dorf lehren. Er könnte uns dabei helfen, demütig zu werden, wenn wir uns als das „Volk Gottes" bezeichnen. Und er könnte unseren vermeintlichen Zugriff auf die Geschichte Christi lösen. Wir müssen diese Geschichte mit anderen teilen, wie Christus sie teilte. Wenn wir alle Völker zu Jüngern machen sollen, dann müssen wir selbst zu Jüngern, das heißt zu Schülern werden.

GEMEINSAMES BETEN

G ebet, das zum Schluss eines Treffens mit Muslimen gemeinsam gebetet wurde und das Georges Anawati mit formuliert hat: „Wir kommen alle zu dir, Herr, mit einem Herzen voll Ehrfurcht, und wir bitten dich, uns deine ständige Hilfe zu gewähren. Dein Licht, das uns auf den rechten Weg führt, möge uns lauter machen in der Anbetung, die wir dir erweisen, geleitet von der Führung deiner Gesandten und deiner Propheten, dass wir verwirklichen, was dir gefällt, damit jeder von uns treu bleibt seinem Glauben und seiner Religion, seinen Nächsten liebt und dass wir immer gemeinsam voranschreiten auf dem Weg des Fortschritts und des Gelingens."

Der Friede sei mit euch

Pierre Claverie

Sonntag, 9. Oktober 1988, 19 Uhr, Saint-Eugène: Mit diesem Gruß empfange ich den kleinen Rest, der die Barrieren überwunden und sich zur Messe versammelt hat. Von draußen begleiten kurze Maschinengewehrsalven unsere Lesungen, Gesänge und unser Gebet. Seit dem 5. Oktober in Algier und dem 7. Oktober in Oran ist die Gewalt in den Straßen, mit Gefechtspausen und plötzlichem Wiederbeginn, wie bei einem Waldbrand, der eine verheerende Macht besitzt. Nach der Messe geht ein jeder wieder nach Hause, angsterfüllt, in einer wüstenleeren Stadt, in Rastern unterteilt durch die Armee. Die Ruhe ist wieder eingekehrt.

„Der Friede sei mit euch." – Angebunden an die Leichtigkeit unserer Gesänge erscheint diese Formulierung surreal inmitten dieser aufgeheizten Umwelt. Ist es eine Form hartnäckiger Hoffnung? Bitte an den allmächtigen Gott? Wir weichen ja nicht davon ab, diesen Frieden seit Jahren für den immer noch aufgewühlten Libanon zu erflehen, für die Palästinenser in ihrer totalen Unruhe, für die Iraker und Iraner, die endlich miteinander verhandeln, für die Christen in Burundi, für die durch politische Regime unterdrückten Völker, die ausgenutzt werden und preisgegeben sind durch die Geringschätzung ihrer Rasse, ihrer Rechte, ihrer Freiheit und ihres Glaubens ... Das zerbrechliche Gleichgewicht des Friedens, das stetig zu suchen ist, beruht zuerst auf den Rechten der Personen: „Da, wo es keinen Respekt, keinen Schutz, kein Fördern der Menschenrechte gibt; da, wo ihre unveräußerlichen Freiheiten durch Gewalt und Tücke unterdrückt sind; da, wo die Persönlichkeit des Menschen ignoriert und abgewertet wird; da, wo Diskriminierung, Sklaverei und Intoleranz ausgeübt werden, kann es keinen wahren Frieden geben. Friede und Menschenrecht sind sich gegenseitig Begründung und Wirkung" (Paul VI. am 1. Januar 1971). Ein jeder von uns hat sich zu hinterfragen hinsichtlich des Respekts, den er in seinen Beziehungen und Verantwortlichkeiten gegenüber diesen Rechten zum Tragen bringt.

FREIHEIT

Pierre Claverie

Gott weicht nicht davon ab, Männer und Frauen aus allen Nationen, Kulturen und Rassen zu berufen; er schenkt ihnen das Erkennen Jesu Christi mit der Vollmacht des Evangeliums und dem Wehen des Heiligen Geistes, und er lässt sie teilhaben am Geheimnis seines Sohnes. So sendet er sie auch, damit sie auf ihre Art die Frohbotschaft seiner Liebe verkünden. Aber er bewirkt dies in einer souveränen Freiheit und beachtet dabei auch die Freiheit der Frauen und Männer, die er erwählt, damit diese nicht die exklusiven Überbringer des Heils sind, sondern Zeugen und Handelnde in der Geschichte für alle Menschen.

Nichts steht dem Geist von Pfingsten und der christlichen Mission gegensätzlicher gegenüber als Bekehrungseifer, der Ausschluss der Nichtchristen, ihr Anwerben nach Belieben oder mit Gewalt, die Selbstgefälligkeit, die Verachtung der anderen Glaubensgemeinschaften. Nichts ist gotteslästerlicher als der soziale, moralische oder materielle Druck, der die Freiheit des Gewissens attackiert – dieses Geschenk von Gott – und aus den Bekehrungen einen Kuhhandel macht, einen Wettstreit, einen Sieg ... über die anderen. Das Zweite Vatikanische Konzil sagt klar und deutlich im Namen der katholischen Kirche: „Die Kirche verbietet streng, dass jemand zur Annahme des Glaubens gezwungen oder durch ungehörige Mittel beeinflusst oder angelockt werde, wie sie umgekehrt auch mit Nachdruck für das Recht eintritt, dass niemand durch üble Druckmittel vom Glauben abgehalten werde" (Ad Gentes, Nr. 13).

SCHEITERN UND GLÜCK

Pierre Claverie

Erinnern wir uns daran, dass Jesus uns kein leichtes Glück versprochen hat. Er warnt uns vor der Flucht aus der Realität unserer menschlichen Bedingungen und der konkreten Geschichte, wo immer sie abläuft, in dieser konkreten Existenz. Er warnt uns davor, unsere Hoffnung und unseren Daseinsgrund festzumachen am „Ruhm, der von den Menschen kommt", und an unseren menschlichen Erfolgen. Er selbst ist nicht diesen Weg gegangen, und die Kirche täuscht sich, wenn sie glaubt, eine Ökonomie des Kreuzes machen zu können, die ein Gebilde der Nächstenliebe aus vielen Nationen mit ihren Werken und den Freiwilligen in der ganzen Welt darstellt.

Wo der Sinn verloren geht und das Scheitern deutlich wird, ruft uns Jesus, mit ihm nicht auf das Geschenk unseres Lebens zu verzichten. Diesseits von diesem Moment gibt es nur das Vertrauen in sich selbst. Jenseits dessen, und wirklich nur jenseits, beginnt der Glaube. Bis zum Ende seiner selbst gehen in dem Glauben, dass der Horizont keine Grenzen hat, sondern der Ort ist, wo die hervorbrechende Sonne uns andere Lande erleuchten und entdecken lässt. Glauben, dass die Nacht nur ein Vorspiel eines Herbstes auf unbekannter Erde ist, wo Jesus uns erwartet. So hat die Zukunft nichts Schreckhaftes mehr. Welcher Art sie auch ist, wie auch die Wege dahin sein mögen, die Zukunft ist der Ort einer Begegnung, die sich erneuert und im Maße unseres Vertrauens und unserer Hingabe vertieft ...

IN DIE ENTSCHEIDUNG GESTELLT

Pierre Claverie

Wer kann wissen, was der Glaube ihm sagen wird im Moment der großen Entscheidungen? Wodurch hat der Glaube an Jesus unser Leben so ergriffen, und bis wohin sind wir bereit im Vertrauen und in der Hingabe zu gehen? Gott schweigt sich aus und versteckt sich im Wirrwarr unserer guten und schlechten Gründe, zu glauben und zu leben, der Gründe, mit denen wir uns ein Leben lang abmühen, um erhellende Erklärungen zu haben.

Für die Männer und Frauen, die familiäre Verpflichtungen haben und die zur selben Zeit Lebensunterhalt und Sicherheit gewährleisten müssen, kommt die Wahl einem Dilemma gleich in dem Moment, wenn die Bedrohung sich präzisiert und sich die Möglichkeit zeigt, den verwundbarsten und am meisten ausgelieferten Teil des Lebensumfeldes unter einen Schutz zu stellen. Der Preis dafür ist die andauernde Trennung von der Familie. Die Liebe allein schafft es hierbei, die Distanz und die Zeit der Erprobung durchzustehen. Gott lädt ein, die familiären Beziehungen zu erhalten und zu bekräftigen „in guten wie in schlechten Tagen".

Und er lädt ein, dass diese Beziehung offen bleibt für die Geschehnisse und die Solidarität mit den Personen, die dieselbe Wahl getroffen haben, und dass die Freundschaft und die Hoffnung fortbestehen. Denn nichts ist hoffnungsloser, als wenn der Trennung die Gleichgültigkeit und das Vergessen folgen. Weiter ausgelegt, wir brauchen das Erspüren der Gegenwart und Aufmerksamkeit von den Männern und Frauen, die für uns bedeutsam sind und denen wir etwas bedeuten, denn sie haben in unseren Augen und für die Zukunft Algeriens einen hohen Wert. Bleiben, weggehen – dies ist also nur eine konjunkturbedingte Wahl, die die Liebe der anderen und die Verbundenheit mit dem Land nicht angreift. Jeder kann an seinem Ort, mit seinen Mitteln diese Liebe in tausendfacher Art zum Ausdruck bringen.

REICH GOTTES

Pierre Claverie

Als ich zu Beginn dieses Monats die Presse durchblätterte, war ich fasziniert von einem Artikel, der Dietrich Bonhoeffer gewidmet war ... In der Auseinandersetzung für die Frohbotschaft, dass das Reich Gottes kommen möge, nimmt seine Position einen außergewöhnlichen Platz ein, und seine Botschaft kommt mir heute vor wie ein Weckruf in den Strudeln, die wir gerade durchqueren. Wir sind nicht die Ersten, die der Gewalt und dem Tod mit nackten Händen und der alleinigen Stärke unserer Überzeugungen begegnen. Und wir sind auch nicht mehr die Einzigen. Wie könnten wir in den Momenten, wo wir in Versuchung sind, aufzugeben, zu fliehen oder uns in der Furcht zu verschließen, nicht die Stimme derer hören, die ihr Leben opferten, um Zeugnis zu geben für ihren Glauben an die Allmacht der Liebe und des Lebens?

Bonhoeffer sagte mit Nietzsche: „Brüder, bleibt gläubig auf Erden!" Ist nicht die Stunde, diese Botschaft wiederzuhören? Da also die Erde, unsere Erde, wankt unter den Offensiven der industriellen und nuklearen Plünderungen, da die Gewalt sie mit ihrem mörderischen Schatten bedeckt, wie könnten wir nicht danach suchen, auszuweichen (aber wohin?), sich zu schützen (aber wie?), sich von der Menschheit zu entfernen (um sich in Gott zu flüchten?)? Bonhoeffer erinnert uns, dass Gott selbst menschliche Gestalt angenommen hat und die Erde zu dem Ort der Begegnung mit ihm und für den Bund mit jedem menschlichen Wesen gemacht hat. Hier und heute, jetzt in Algerien, haben wir keinen anderen Ort, um das zu verwirklichen, was Gott von uns Gläubigen erwartet und was wir als unsere höchste Wahrheit glauben: durch den Geist Jesu eine sohnhafte Beziehung mit dem Vater und eine offene Beziehung zur gesamten Menschheit zu leben.

Kreuzesnachfolge

Pierre Claverie

Unser Leben bekommt seinen Sinn und seine Fruchtbarkeit in der Nachfolge Jesu auf den Straßen dieser Welt: „Der Lebensrahmen der Christen ist nicht die Einsamkeit des Kreuzgangs, sondern das Lager der Feinde." Wenn ein Kreuzgang existiert, dann nicht für das Alleinsein, sondern für eine tiefere Beziehung mit Jesus und für ihn, mit ihm und in ihm, mit Gottvater und mit der Welt. Diese Beziehung erhält sich in der Gnade – aber Achtung: „Die billige Gnade ist die Todfeindin unserer Kirche. In unserem aktuellen Kampf braucht es die Gnade, die teuer ist. Die billige Gnade – das ist jene ohne das Kreuz. Die Gnade, die etwas kostet, ist das Evangelium, das immer von neuem zu suchen ist. Sie ist teuer, weil sie für den Menschen zum Preis seines Lebens ist. Sie ist Gnade, weil sie alleine dem Menschen das Geschenk des Lebens macht."

Denn, und das ist das entscheidende letzte Wort, Jesus appelliert an das Leben und nicht, wie es auch Bonhoeffer sagt, an eine „neue Religion", und konsequent heißt dies, „dass nicht der religiöse Akt den Christen ausmacht, sondern seine Teilhabe am Leiden Gottes in dieser Welt". Am Kreuz hat Jesus sein Leben dahingegeben, und dieses Leben, offenbart im Glauben durch die Auferstehung, wird jedem angeboten durch die Gabe des Heiligen Geistes. Man kann nur die allgegenwärtige Macht des Todes abwehren und besiegen durch die vertrauensvolle Hingabe an das Handeln des Geistes. Es gibt keine andere Hoffnung in der Nacht dieser Zeit. Durch dieses Handeln kommt das Reich Gottes in uns und durch uns in die Geschichte …

PLURALISMUS

Pierre Claverie

Es scheint mir offensichtlich, dass der Pluralismus eine der großen Herausforderungen unserer Zeit ist. Unser runder Tisch ist ein Bild davon. Wir sind dem einen wie dem anderen nahe, wir einen leben bei den anderen. Sollten wir unsere Querelen und Kriege auf ewig wiederbeleben, indem wir unserem Wollen einen freien Kurs in Richtung Macht und Herrschaftsstreben gewähren? Es ist wahr, dass ein jeder Mensch eine Wahrheit, eine Botschaft trägt; eine Überzeugung, die danach strebt, geteilt zu werden. Ein jeder ist geformt durch eine Kultur, die seine je eigene besondere Menschlichkeit ausmacht und mittels derer er in die Kommunikation mit anderen Menschen eintritt. So sind wir sehr wohl auch einander Fremde. Es wäre illusorisch anzunehmen, dass wir sofort eine gemeinsame Menschlichkeit erreichen könnten, die der historischen, fleischgewordenen, konkreten Markierungen entbehrt. Und dennoch ahnen wir wohl auch, dass diese Markierungen uns nicht einschließen dürfen in unsere Partikularismen.

Die kolonialen und missionarischen Unternehmungen des letzten Jahrhunderts haben uns gelehrt, dass es eine wahrhaftige Perversion gab zu glauben, ein jeder verwirkliche das Universale und habe daher das (göttliche) Recht, sich allen als die absolute Vollkommenheit aufzudrängen. Da diese alleine Gott vorbehalten ist, sollten wir jedoch wissen, dass er unendlich über dem ist, was wir von ihm begreifen können, und wir niemals an ein Ende kommen, IHN zu entdecken.

ÜBER DEN CHARAKTER DES
MEISTERS DOMINIKUS

Jordan von Sachsen

E r besaß eine starke seelische Gelassenheit, außer wenn er sich zu Mitleid und Barmherzigkeit hinreißen ließ; und da ein fröhliches Herz das Gesicht heiter macht, verriet er seine freundliche innere Verfassung durch offensichtliche äußere Freundlichkeit und durch die Heiterkeit der Miene. Er wahrte aber auch in den Dingen, die er gottgemäß und vernünftig geplant hatte, eine so große Charakterfestigkeit, dass er kaum oder vielmehr niemals damit zufrieden war, eine einmal nach reiflicher Überlegung ausgesprochene Entscheidung zu ändern … Überall erwies er sich in Wort und Tat als Mann des Evangeliums. Untertags war niemand im Umgang mit den Brüdern oder Gefährten freundlicher, niemand liebenswürdiger; in den Nachtstunden war niemand inbrünstiger bei den Nachtwachen und feierlichen Gebeten jeder Art. Für den Abend blieb ihm das Weinen und für den Morgen die Fröhlichkeit. Den Tag teilte er mit seinen Nächsten, die Nacht mit Gott, da er wusste, dass der Herr bei Tag Barmherzigkeit befohlen hat und in der Nacht den Lobgesang. Er weinte sehr viel und sehr oft …

Alle Menschen nahm er im reichen Schoß seiner Liebe auf, und da er alle schätzte, wurde er von allen geliebt. Er machte es sich zu eigen, sich zu freuen mit den Fröhlichen und zu weinen mit den Weinenden, da er reich an Güte war und ganz in der Sorge um die Nächsten und im Mitleid mit den Unglücklichen aufging. Auch das machte ihn bei allen sehr beliebt, dass er nämlich einen geradlinigen Weg ging und niemals in Wort oder Tat auch nur eine Spur von Doppelzüngigkeit oder Heuchelei zeigte.

Ein Mann der Synthese

Vladimir J. Koudelka

Es gelingt Dominikus, trotz der Spannungen zwischen Beschauung und apostolischem Einsatz, beide Wesenselemente zu einem einheitlichen Leben ohne Bruch und Zwiespalt zu verschmelzen. Am Anfang steht für ihn das Wort Gottes, auf das er hört und in das er sich betrachtend versenkt; doch gerade auf diese Weise wird es ihm zur Quelle seines Redens und Tuns. Im Hinhören auf das göttliche Wort spricht er sein Wort und wirkt er sein Werk. So wird sein Gebet apostolisch und sein Handeln bekommt eine kontemplative Dimension, weil er seinen Blick dabei nicht von Gott abwendet. Er heiligt sich in der Beschauung, um andere heiligen zu können, und indem er andere heiligt, heiligt er sich selbst. Unter „heiligen" verstehen wir hier die Zuwendung zur Unversehrtheit, Festigkeit und Treue Gottes, die Gott selbst ermöglicht. Die Nachfolge der Apostel vollzieht sich für ihn nicht so sehr im äußeren Nachahmen und in der Tätigkeit, sondern vor allem in der inneren Haltung. ... Im Gebet reift sein Wort, mit Hilfe des Gebetes trifft er seine Entscheidungen und stellt seine ganze Person in den Dienst des Evangeliums und der Mitmenschen.

Die Spannung zwischen Kontemplation und Aktion durchzieht die Geschichte des Predigerordens. Zwar brach er nicht auseinander wie andere Orden, die vielerlei Spaltungen durchmachen mussten, er war aber oft der Zerreißprobe zwischen den beiden Polen ausgesetzt.

MITLEIDEN

Felicísimo Martínez Díez

D as Mitleid des Dominikus ist eine Tugend, die menschlich und evangelisch zugleich ist. Es ist kein widerwilliges Gebaren gegenüber dem zu Bemitleidenden, sondern geschwisterliche und väterliche Em-pathie und Sym-pathie. Er erniedrigt den zu Bemitleidenden nicht, sondern er erhöht ihn und gibt ihm seine Würde zurück. Dominikus erweist sich als besonders mitleidend gegenüber den Armen Palencias, den Ketzern Südfrankreichs, den Heiden der Marken, den Sklaven der Reconquista oder des Feudalsystems, den Sündern und den Schwestern und Brüdern in der Krise. Und sein Mitleid beschränkt sich nicht auf romantische und intime Gefühle: Er setzt es um in konkrete historische Taten. Er verkauft seine Bücher, um den Armen zu helfen; er widmet sein Leben der Ketzerpredigt; er begleitet die Sünder durch Dialog und brüderliche Zurechtweisung; er ermutigt die Brüder in der Krise.

Dies sind auch Früchte der Spiritualität der Menschwerdung, die das Leben des Dominikus beseelt. Für eine Spiritualität der Menschwerdung zu optieren bedeutet, nicht nur theoretisch die menschliche Natur aufzugreifen, sondern auch menschlich zu sein und mit menschlicher Energie zu fühlen und zu handeln. Mit menschlicher Energie zu handeln, ist ein weiterer Wesenszug der Persönlichkeit des Dominikus. Er greift die menschliche Natur ohne Aufgeregtheit oder manichäischen Beigeschmack auf. Er erforscht und erkennt das Innerste des menschlichen Herzens. Damit ist er dem Jesus der Evangelien sehr ähnlich.

BRUDER SEIN

Frei Betto

Zur Zeit des Dominikus – im 12. und 13. Jahrhundert – war die Kirche eng mit dem feudalen System verbunden, der Klerus hatte wenig theologische und geistliche Bildung, und die Predigt war von der kirchlichen Beauftragung abhängig. In Reaktion darauf entstehen als Kritik am klerikalen Feudalismus Bewegungen, die, als häretisch betrachtet, sich in ihrer Spiritualität auf eine tiefe Verehrung der Menschheit Jesu und die Nachahmung des Lebens der Apostel konzentrierten. Es war in diesem Zusammenhang, in dem Franziskus sich entschloss, nicht Priester zu werden, und Dominikus das Bischofsamt ablehnte.

Die Zisterzienser und die Benediktiner blieben eher einer ländlichen Wirtschaft verbunden, die Dominikaner suchten das Tor zu Saint-Jacques in Paris. Sie waren *fratres*, das heißt Brüder. Der Obere war nicht mehr Abt, sondern Bruder Prior. Durch ihre Ausbildung haben viele Brüder den Städten zur Emanzipation verholfen, indem sie ihnen neue Verfassungen gaben und ihre Regierungen berieten. „Was alle betrifft, soll von allen beschlossen werden" – ein Prinzip des römischen Rechts, das dem Orden immer teuer war. In der Gemeinschaft sind die Beziehungen nicht mehr vertikal, sondern horizontal geordnet. Während einige von der Kavallerie träumten, gründeten Dominikaner und Franziskaner Schulen für Arabisch.

Unsere Ausrichtung auf das Evangelium inspiriert sich von der Gemeinschaft der Apostelgeschichte. Deshalb verpflichten die Konstitutionen des Dominikus nicht unter der Strafe der Sünde, im Gegensatz zur Regel des heiligen Benedikt. In den Konstitutionen einer Laiengemeinschaft in Bologna, die kurz nach dem Tode von Dominikus geschrieben wurden, heißt es, dass Gott besser gefällt, wenn ihm in freier Liebe gedient wird als in einem obligatorischen Dienst. Die Armut bekommt statt des asketischen einen apostolischen Charakter.

Mein Lieblingsbild

Paul Murray

Mein Lieblingsbild des heiligen Dominikus ist ein auf Holz gemaltes und befindet sich in Bologna. Es hält das „Brotwunder" fest, das der Tradition nach im Konvent von Santa Maria alla Mascarella stattfand. Die mittelalterliche Arbeit zeigt Dominikus in Kontemplation, vom Maler angedeutet, indem er Dominikus mit aufgezogener schwarzer Kapuze darstellt. Gemäß der Überlieferung des Brotwunders zeigt das Bild die Brüder bei Tisch sitzend. Dabei charakterisiert es die reale Gemeinschaft immer auch als liturgische, eucharistische Tischgemeinschaft. Der Blick des heiligen Dominikus ist von außergewöhnlicher Freimütigkeit, und seine physische Erscheinung macht den Eindruck eines Menschen von robuster Einfachheit, der sich vollkommen mit sich und der Welt um ihn herum eins weiß. In der gesamten mittelalterlichen Ikonographie kenne ich kein anderes religiöses Bild oder Fresko, auf dem ein Heiliger so wie hier, nämlich mit solch heiterem Vertrauen und einer Leichtigkeit des Geistes in die Welt hinausschauend, gezeigt wird.

Ein kleines, jedoch bemerkenswertes Detail ist die Weise, wie die rechte Hand des Heiligen entschieden das Brot hält, während sich die Linke nicht weniger stark und kräftig am Tisch festhält. Dieses Bild des Dominikus hat keinerlei Ähnlichkeit mit der Karikatur des christlichen Geistes, wie ihn Friedrich Nietzsche in seinem Buch „Der Antichrist" propagiert. Dort ist der christliche Geist beschrieben als „Zustand krankhafter Reizbarkeit des Tastsinns, der dann vor jeder Berührung, vor jedem Anfassen eines festen Gegenstandes zurückschaudert". Der Dominikus auf diesem Bild jedoch ist charakterisiert durch einen starken und sehr vitalen Einfluss auf die unmittelbare Umwelt um ihn herum.

Das Brot des Wortes brechen

Generalkapitel Rom

Das 4. Laterankonzil klagte, dass „niemand den Gläubigen das Brot des Wortes bricht". Dominikus empfand, dass hier die Wurzel für die Übel in der Kirche seiner Zeit lag. Er entschied, dass ebendies seine Sendung und die seiner Nachfolger sein sollte. Es war eine prophetische Eingebung, denn die Predigt der Frohen Botschaft ist der Beginn eines Prozesses, der hinführt zum Glauben, zur Bekehrung zum Evangelium, zum Aufbau einer christlichen Gemeinschaft, zur Humanisierung des Lebens im Stil Jesu. Dies ist und bleibt die besondere Sendung des Ordens – in einer Kirche, die selbst der Evangelisierung bedarf, und in einer Welt voller Möglichkeiten, aber auch voller Sinnlosigkeit und Leiden. Die Bedeutung unserer Sendung fordert von uns den guten Gebrauch des WORTES und der Worte.

Dominikanische Predigt ist eine theologisch-prophetische Verkündigung des Evangeliums und eine Mitteilung der Gnade an die Bedürftigen und Benachteiligten unserer Welt. Wir verkünden das Geheimnis der Rettung und Erlösung, das durch den gekreuzigten und auferstandenen Christus offenbart und verwirklicht wurde. Diese Verkündigung lehrt, stört, heilt, erfreut und erleuchtet die unterschiedlichen Wirklichkeiten, Kulturen und religiösen Traditionen und verlangt vom Prediger eine immerwährende Ausübung von Barmherzigkeit und Mitleid. Gleichzeitig ist es eine Predigt, die die christliche Hoffnung auf endzeitliche Vollendung belebt, so wie Gott sie für die Menschheit und die Schöpfung will.

Mit Gott oder von Gott reden

Frei Betto

M it Gott oder von Gott reden" ist eine unserer Losungen, die wir von Dominikus kennen. Doch in einer säkularisierten und pluralistischen Gesellschaft kann man nicht predigen, ohne die Regeln des Dialogs zu beachten. Die dominikanische Predigt war nie autoritär, anmaßend und sich aufdrängend. Wenn sie es wäre, wäre sie nicht wahrhaftig dominikanisch. Dominikus lernte die Sprachen Südfrankreichs und der Toskana, gerade um zu verstehen und sich dem einfachen Volk verständlich zu machen, das sich von den Predigten der sogenannten häretischen Bewegungen verführen ließ. Heute kann sich nicht verständlich machen, wer eine Sprache einer vergangenen Welt spricht. Die Sprache der Ausgeschlossenen und jener, die in unserer Gesellschaft die Entscheidungsmacht haben, zu verstehen, ist für unsere Predigt eine Herausforderung. Deshalb ist es wichtig, hören zu lernen – auf Gott und auf das Volk.

Was dies erfordert, ist ein Gebetsleben, das unseren Geist von anmaßenden Impulsen leert und unser Herz von egozentrischen Neigungen befreit. Vicaire hebt hervor, dass „er [Dominikus] vor allem in der nächtlichen Einsamkeit der Kapelle sich ganz und gar seiner Berufung des Gebetes hingab. So hatte er die Gewohnheit, die Nacht zu verbringen, so weit, dass er in Bologna weder eine Zelle noch ein Bett besaß." Von Gott reden aus der Kontemplation und nicht einfach von theologischen Begriffen her. *Contemplata aliis tradere* bedeutet Harmonie zwischen dem, was wir predigen, und dem, was wir leben, und die Fähigkeit, mit den anderen die Früchte unseres Gebetes zu teilen.

ERZÄHLGEMEINSCHAFT

Edward Schillebeeckx

Menschen leben zum größten Teil von Geschichten. Ich selbst lebe von meiner eigenen Geschichte. Als ich Dominikaner wurde, habe ich meine Lebensgeschichte mit der Familiengeschichte der Dominikaner verbunden; dadurch erhielt meine eigene Lebensgeschichte eine neue Orientierung, anderseits wurde von mir der Faden der Ordensgeschichte auf eine besondere Weise aufgenommen. Mein Leben selbst wurde damit ein Stück dominikanischer Familiengeschichte – ein Kapitel daraus. Ich bin also in der „Geschichte des Ordens" „zur Geschichte geworden". Dominikanische Ordensgeschichten halten uns als Dominikaner „zusammen". Ohne Geschichten wären wir der Erinnerung beraubt, könnten unseren eigenen Platz in der Gegenwart nicht finden und würden ohne Hoffnung auf Zukunftserwartung bleiben.

Als Dominikaner bilden wir also eine Besonderheit eben als *eigene Erzählgemeinschaft,* die innerhalb der umfangreicheren Geschichte der vielen Ordensgemeinschaften und innerhalb der allumfassenden Geschichte der großen Kirchen- und noch größeren Menschengemeinschaft eigene Traditionen weitererzählt, wodurch wir zu einer eigenen, besonderen Familie *gemacht werden,* zu erkennen an verschiedenen, großen und manchmal kleinen, aber nicht zu verbergenden Familienbesonderheiten ...

Meine eigene Lebensgeschichte verlängert und bereichert die Geschichte der dominikanischen Spiritualität, während sie, als kleines, fast nichtig kleines Kapitel darin, zugleich relativiert und der Kritik unterworfen wird durch die schon ältere und umfassendere Geschichte der Dominikanischen Familie, durch die ich danach befragt werde, ob ich diese Familiengeschichte nicht entstelle.

HÖREN AUF DIE ZEICHEN DER ZEIT

Edward Schillebeeckx

Auf Gott hören, wie er sich schon in der Vergangenheit geoffenbart hat, und auf die „Zeichen der Zeit" hören, durch die derselbe, sich selbst und uns treue Gott an uns appelliert, ist für die dominikanische Spiritualität wesentlich. Jede Einseitigkeit – in einspuriger, kritikloser Ausrichtung entweder auf die Vergangenheit oder auf das, was sich als Zukunftssymptome in der Gegenwart offenbart – ist undominikanisch. Dominikus stellt die Gegenwart mit ihren eigenen Experimentiermöglichkeiten unter die gefährliche Erinnerung an bestimmte Ereignisse und Errungenschaften der Vergangenheit, wie er die Vergangenheit insgesamt aus der gegenläufigen experimentellen Gegenwart zugleich aufbricht und neu prüft: Aus einer solchen Lebenshaltung ist der Orden geboren. Das muss der „Genius" des Ordens bleiben.

Die „présence à Dieu" und die „présence au monde" (wie Lacordaire es sagte) qualifizieren das Wesen der dominikanischen Ordensgeschichte hindurch. Und, vielleicht, haben wir erst heute richtig eingesehen, dass – in Erinnerung an die Ordensvergangenheit – die „présence au monde" oder die kritische Solidarität mit der Menschenwelt die einzig mögliche Vermittlung unserer „présence à Dieu" ist. Diese Einsicht bestätigt zugleich die Notwendigkeit der kritischen Erinnerung an die Ordensvergangenheit, in der ja dieselbe „présence à Dieu" in der Vermittlung der damaligen Zeichen der Zeit erlebt wurde. Der „Modernismus" des Dominikanerordens lebt von gefährlichen Erinnerungen aus der Vergangenheit.

LEBEN WECKEN

Timothy Radcliffe

Nachdem er das gesagt hatte, hauchte er sie an und sprach zu ihnen: Empfangt den Heiligen Geist!" – Jesus haucht die Jünger an. Das ist ein Widerklang der Schöpfung der Menschheit, als Gott Adam anhauchte und ihn zu einem lebendigen Wesen machte. Jesus haucht die Jünger an, damit sie ganz und gar lebendig werden. Das ist die Vollendung der Schöpfung. ... Ziel der Predigt ist nicht die Übermittlung von Information, sondern von Leben. Der Herr spricht zu Ezechiel: „So spricht Gott, der Herr, zu diesen Gebeinen: Ich selbst bringe Geist in euch, dann werdet ihr lebendig" (37,5). Wir Prediger sollten Worte sprechen, die ausgedörrte Knochen zum Leben bringen. ...

Für uns Prediger zählt jedes Wort. Alle unsere Worte können anderen Menschen Leben oder Tod anbieten. Es ist die Berufung aller Mitglieder der Dominikanischen Familie, Worte anzubieten, die Leben bringen. Den ganzen Tag lang bieten wir einander Worte an; wir machen Scherze und ziehen einander auf, wir tauschen Informationen aus, wir tratschen, wiederholen die Nachrichten und reden über Leute, die gerade nicht anwesend sind. Bieten diese Worte Leben oder Tod, Heilung oder Verletzung? ...

Ein Motto des Ordens lautet: *Laudare, benedicere, praedicare* (loben, preisen, predigen). Prediger zu werden bedeutet mehr als lernen, über Gott zu sprechen. Es bedeutet die Kunst, alles, was gut ist, zu loben und zu preisen. Es gibt keine Predigt ohne Feier. Wir können nicht predigen, ohne das Gute dessen, was Gott gemacht hat, zu feiern und zu preisen. Manchmal muss der Prediger, wie Las Casas, konfrontieren und Ungerechtigkeit anprangern, aber immer so, dass Leben den Sieg über den Tod, Auferstehung den Sieg über das Grab und Lobpreis den Sieg über die Anklage davontragen kann.

DEMOKRATIE

Timothy Radcliffe

Als ich im Rahmen eines Fernsehinterviews ... gefragt wurde, was für unsere Spiritualität zentral sei, war ich selbst beinahe ebenso überrascht wie der Interviewer, als ich antwortete: „Demokratie." ...

Für uns ist Demokratie mehr als das Herausfinden des Willens etwaiger Mehrheiten bei Abstimmungen. Sie hat damit zu tun, den Willen Gottes zu entdecken. Unsere Aufmerksamkeit gegenüber dem Bruder ist Ausdruck unseres Gehorsams gegenüber dem Vater. Diese Aufmerksamkeit verlangt Verstand. Leider spricht Gott nicht immer eindeutig durch meinen Bruder. Manchmal ist das, was er sagt, schlichtweg falsch! Trotzdem ist das Herz unserer Demokratie die Überzeugung, dass selbst dann, wenn das, was er sagt, irrig und dumm ist, doch ein Körnchen Wahrheit in seiner Aussage steckt, das darauf wartet, gefunden zu werden. Ich mag anderer Meinung sein als er, nichtsdestoweniger kann er mir etwas beibringen. Lernen zu hören: eine Übung für den Verstand und die Vorstellungskraft. Ich muss es wagen, meine eigene Position in Zweifel zu ziehen, mich für die Fragen des anderen zu öffnen, mich durch seine Zweifel verletzlich zu machen. Das ist ein Akt der Nächstenliebe, geboren aus einer Leidenschaft für die Wahrheit. Das ist wahrhaftig die beste Vorbereitung, ein Prediger der „Gnade und Wahrheit" zu sein. ...

Unsere so geliebte Demokratie braucht Zeit. ... Das kann langweilig sein. ... Es ist (auch) nicht effizient. ... Eine gewisse Effizienz ist notwendig, wenn wir unsere Freiheit nicht durch Stillstand verlieren wollen. Aber wenn wir Effizienz zu unserem Ziel machen, dann untergraben wir damit die Freiheit, die unser Geschenk an die Kirche ist. Unsere Tradition, jedem Bruder Sitz und Stimme zu geben ..., bezeugt die evangelischen Werte, die wir der Kirche anbieten und die unsere Kirche heute mehr braucht denn je.

MITLEID

Timothy Radcliffe

Mitleid ist Teil unserer Sendung, denn es nimmt teil an der Gabe des Dominikus, „die Sünder, die Niedergeschlagenen und die Betrübten in das innerste Heiligtum seines Mitfühlens" hineinzunehmen. Der Gott des Dominikus ist ein barmherziger Gott. Mitleid bedeutet, die Herzenshärte zu verlernen, die über andere Menschen richtet, die Rüstung, die andere von uns fernhält, abzulegen, die eigene Verwundbarkeit in den Schmerzen und der Verwirrtheit der anderen zu erkennen und ihren Hilfeschrei zu hören. Alles das lernen wir zuerst in unseren Gemeinschaften. ...

Mitleid ist mehr als ein Gefühl. Es besteht darin, unsere Augen zu öffnen und Christus zu sehen, der noch immer unter uns leidet, so wie Las Casas den gekreuzigten Christus in den Indianern Hispaniolas sah. Es besteht in einer Erziehung unseres Herzens und unserer Augen, die uns für den Herrn aufmerksam macht, der in den Zerknirschten und Verwundeten unter uns ist.

Mitleid ist deshalb wahrhaft kontemplativ und klar sehend. Wie Borgman sagte: „Von dem, was anderen Menschen passiert und was es mit ihnen macht, bewegt und schockiert zu sein, ist eine Art, die Präsenz Gottes zu erkennen. Im dominikanischen Sinne ist Mitleid deshalb Kontemplation." Kontemplatives Mitleid besteht im Erlernen des selbstlosen Schauens auf andere. Als solches ist es zutiefst mit dem Hunger nach einer gerechteren Welt verbunden.

Das Engagement des Ordens für die Gerechtigkeit wird leicht ideologisch, wenn es nicht aus einem kontemplativen Mitleid heraus geschieht. „Eine Gesellschaft, die Kontemplation nicht versteht, wird auch Gerechtigkeit nicht verstehen, weil sie vergessen hat, wie sie selbstlos auf den anderen blicken soll. Sie wird zu Verallgemeinerungen, Vorurteilen und selbstgerechten Klischees flüchten."

Dienst der Predigt

Felicísimo Martínez Díez

Im Leben und im Gründungsprojekt des Dominikus steht alles im Dienst der Predigt und diese ihrerseits im Heilsdienst der Menschheit. Dieses Ziel inspiriert und formt die Komponenten dominikanischen Lebens: Gebet und Liturgie, Studium und Gemeinschaftsleben, Armut und Askese, Observanz und Dispens. Deshalb kann mit Fug und Recht behauptet werden, dass die dominikanische Spiritualität wesentlich eine Spiritualität der Evangelisierung ist.

Dies wurde bereits bestätigt. Einer der größten Erfolge dominikanischen Lebens ist gerade die Versöhnung zwischen kontemplativer Erfahrung und aktivem Leben, zwischen spiritueller Erfahrung und apostolischem Engagement …

Die Ursprünge verpflichten uns heute, die Inspiration unserer Spiritualität und unseres Apostolates zu überprüfen, genauso wie die Beziehung von kontemplativer Erfahrung und apostolischer Aktivität. Sind sie miteinander versöhnt oder sind sie voneinander getrennt? Die Antwort auf diese Frage ist ein guter Leitgedanke, um die Lebendigkeit dominikanischer Spiritualität kennenzulernen.

Dominikus konzentrierte seinen apostolischen Dienst auf die Predigt und die ausdrückliche Verkündigung des Wortes. Dies war im Leben und im Gründungsprojekt des Dominikus eine der bedeutungsvollsten prophetischen Eingebungen. Die Verkündigung des Kerygmas ist der erste Schritt zum Aufbau der christlichen Gemeinschaft, dessen Ursprung im gemeinsamen Glauben an Jesus zu finden ist. Die Evangelisierung ist auch Verpflichtung zur Erneuerung der christlichen Gemeinschaft.

Liturgie und Studium

Yves Congar

Ich bin fest davon überzeugt …, dass ein gewisser monastischer Geist zur Berufung des Dominikaners gehört. Das scheint im Leben des heiligen Dominikus offensichtlich zu sein, der in Spanien ja lange Regularkanoniker war, wie auch im Leben des heiligen Thomas von Aquin, der mit sechs Jahren im Kloster Monte Cassino Gott geweiht wurde und dort bis zum Alter von 14 Jahren blieb; und auch im Leben P. Lacordaires, bei dem diese Seite besonders stark in Erscheinung trat. Ich glaube, mit diesem Geist ginge auch ein wesentliches Element unserer dominikanischen Identität verloren.

Während meiner Zeit als junger Dominikaner in Le Saulchoir hielten wir fast das ganze Jahr über das nächtliche Chorgebet und dann vom Morgen an die kanonischen Tageszeiten: Laudes, Prim, Terz, Sext, Non, Vesper und Komplet. Das geistige Leben mitsamt dem Theologiestudium war mit dem Stundengebet verknüpft. Ich habe es so gelebt und diese Überzeugung und Praxis nie aufgegeben. Die theologische Arbeit, der ich mein ganzes Leben gewidmet habe …, lässt sich von meiner liturgischen Praxis nicht trennen. Für mich ist es ganz wesentlich, die Glaubensgeheimnisse auch zu feiern, die Gegenstand meiner wissenschaftlichen Arbeit sind; für mich stellt beides eine Einheit dar.

VERNEIGUNG

Meinolf Lohrum

Die erste Gebetsweise des heiligen Dominikus war folgende: Er verbeugte sich demütig vor dem Altar, als ob Christus, für den der Altar Symbol ist, nicht nur im Zeichen, sondern wirklich und persönlich anwesend wäre. ... Dominikus sprach: „Ich bin es nicht wert, dass du mein Haus betrittst" (Mt 8,8), denn „Herr, ganz tief bin ich immer vor dir gebeugt" (Ps 119,107). ... Er verglich seine Niedrigkeit mit der Hoheit Christi; seiner Verehrung gab er sich mit seiner ganzen Person hin. Er lehrte seine Brüder, es ebenso wie er zu tun, wenn sie vor dem Kreuz ... vorbeigingen, damit uns Christus, der sich für uns am tiefsten erniedrigt hat, demütig vor seiner Größe sehe. Ebenso verlangte er von seinen Brüdern, sich so zu Ehren der Dreifaltigkeit zu verbeugen, wenn gesprochen wird: „Ehre sei dem Vater und dem Sohn und dem Heiligen Geist."

Wenn ich mit einer tiefen Verneigung mein persönliches Gebet (Betrachtung, Meditation usw.) beginne, bringe ich damit zum Ausdruck, dass ich vor Gott in meiner ganzen Armut erscheine und von ihm alles erwarte, dass ich meine Leere aushalten und warten will, bis er sie füllt. Beim Stundengebet kann ich die Verneigung ganz bewusst machen, um in Ehrfurcht den dreifaltigen Gott zu verehren.

SICH HINSTRECKEN

Meinolf Lohrum

Oft betete der heilige Dominikus der Länge nach ausgestreckt mit dem Gesicht zur Erde. … Eindringlich und fromm sprach er die Worte aus dem Psalm: „Unsere Seele ist in den Staub hinabgebeugt, unser Leib liegt am Boden" (Ps 44,26); und „Meine Seele klebt am Boden. Durch dein Wort belebe mich" (Ps 119,25). Wenn er aber die Brüder lehrte, wie sie ehrfürchtig beten sollten, sagte er zu ihnen: „Die Magier gingen voller Ehrfurcht in das Haus und sahen das Kind und Maria, seine Mutter; da fielen sie nieder und huldigten ihm." … In dieser Gebetsweise verstärkt Dominikus seine Geste der Demut; weinend und im Staub liegend bekennt er sich als Sünder vor dem Gekreuzigten, der sich unseretwegen erniedrigte und darum von Gott erhöht wurde.

Indem ich liegend Kontakt mit der Erde aufnehme, erfahre ich, dass ich „Staub bin und zum Staub zurückkehre". Ich gebe alle Versuche der Selbstbehauptung und Selbstrechtfertigung auf. Ich versuche so, meine eigene Ohnmacht anzunehmen, und fühle mich solidarisch mit allen Menschen, die am Boden liegen. Der Hinweis auf die Anbetung der Magier macht noch einen zweiten Gesichtspunkt deutlich: Ich lasse mich ganz auf Gott hin los. Ich erneuere meine Hingabe in der Profess und bete Gott an.

KNIEBEUGE

Meinolf Lohrum

D anach ging der heilige Dominikus vor den Altar oder in den
Kapitelsaal. Dort betrachtete er mit festem, durchdringendem
Blick das Kreuz. Immer wieder machte er die Kniebeuge. … Dominikus betete nach dem Beispiel des Aussätzigen im Evangelium, der
kniend sprach: „Herr, wenn du willst, kannst du mich rein machen"
(Mt 8,2). … Zuweilen aber sprach er nur in seinem Herzen, so dass
man seine Stimme nicht hören konnte, und er lag sehr lange auf den
Knien, in seinem Inneren wie gebannt. … Es überwältigte ihn eine
große Sehnsucht, wie einen Durstigen, wenn er zu einer Quelle
kommt, oder einen Wanderer, wenn er schon nahe der Heimat ist.
*Im Niederknien und Aufstehen wächst bei Dominikus die Sehnsucht nach Gott,
den er schon erfahren hat, aber bei dem er noch nicht ist. Die Haltung der Hände symbolisiert seine Offenheit. Wenn man diese Übung in einer Gruppe macht,
kann sie so geschehen: Einer steht, einer kniet; man lässt sich abwechselnd aufrichten und kniet sich hin. Gott hat uns die Fähigkeit gegeben, einander aufzu-
richten, seine Zuwendung zum Ausdruck zu bringen. Sich aufrichten lassen
heißt: stehen zur eigenen Armut – nicht in die Isolation gehen, wenn ich an meine
Grenzen komme … die Solidarität Gottes mit den Armen auch für mich ernst
nehmen.*

Stehen

Meinolf Lohrum

Wenn der heilige Vater Dominikus im Konvent war, stellte er sich manchmal aufrecht vor den Altar; der ganze Körper ruhte auf den Füßen auf, ohne sich abzustützen oder irgendwo anzulehnen. Dann hielt er die Hände vor der Brust geöffnet, als hielte er ein offenes Buch. So stand er … vor dem Angesicht Gottes in der Haltung eines Lesenden. Er schien dann das Wort Gottes zu meditieren und es mit Freude zu wiederholen. Mit dieser Haltung ahmte er den Herrn nach, von dem bei Lukas geschrieben steht: „Jesus ging am Sabbat nach seiner Gewohnheit in die Synagoge, und er erhob sich, um zu lesen" (Lk 4,16). … Zuweilen faltete er seine Hände und hielt sie fest verschränkt vor seinen Augen und versenkte sich ganz in sich selbst.

Dominikus steht meditierend vor dem Altar. Die verschiedenen Haltungen seiner Hände und Augen zeigen die Art und Weise, wie er betrachtete: Zuerst nimmt er das Wort Gottes auf, dann erwägt er es in seinem Herzen, schließlich öffnet er sich wieder ganz, um zu hören. Im aufrechten Stehen bringe ich zum Ausdruck, dass ich durch Christi Auferstehung erlöst bin. Er hat mich gerufen, vor ihm zu stehen, auf ihn zu hören. Er ist der Herr. Vor niemandem muss ich kriechen, vor keinem brauche ich Angst zu haben. Am besten kann ich so beten, wenn ich die Schuhe ausziehe und fest auf dem Boden stehe.

MIT AUSGEBREITETEN ARMEN

Meinolf Lohrum

Zuweilen sah man den heiligen Vater Dominikus mit ausgebreiteten Armen und geöffneten Händen in Form des Kreuzes beten. Dabei stand er so aufrecht, wie er konnte. Auf diese Weise hat er gebetet, als Gott in der Sakristei von San Sisto in Rom auf sein Gebet hin einen Jungen namens Napoleon vom Tod erweckte. ... Ebenso hat es Elija gemacht, als er den Sohn der Witwe vom Tod erweckte. So betete der Herr, als er am Kreuz hing, Hände und Arme ausgebreitet, unter lautem Schreien und mit Tränen, und wurde wegen seiner Ehrfurcht erhört. Der heilige Dominikus bediente sich dieser Gebetsweise nur dann, wenn er durch Eingebung Gottes wusste, dass durch die Kraft seines Gebetes sich Großes und Wunderbares ereignen werde. Seinen Brüdern hat er diese Art des Betens weder verboten noch besonders empfohlen.

In dieser Gebetsweise kann ich die Haltung Jesu am Kreuz nachahmen. Es ist zu beachten, dass Dominikus nur in besonderen Situationen so gebetet hat. Man kann es als „das gewalttätige Gebet" bezeichnen. Wie Jakob mit Gott gerungen hat (Gen 32,25ff), setze ich mich im Gebet ganz ein für die Rettung eines Menschen, um die Abwendung von Not und Gefahr; dabei darf nicht die Bitte „Dein Wille geschehe" außer Acht gelassen werden.

Betrachtende Lesung

Meinolf Lohrum

Nach den Chorzeiten und nach den Danksagungen, die das gemeinsame Essen beschließen, begab er [Dominikus] sich schnell alleine an einen Ort, … um zu lesen oder zu beten. … Ganz in sich gesammelt und in der Gegenwart Gottes setzte er sich ruhig hin. Er schlug ein Buch auf, … las und wurde mit Freude erfüllt, als ob er Gott sprechen höre, wie im Psalm gesagt wird: „Ich will hören, was Gott redet" (Ps 85,9). Und als ob er sich mit einem Gefährten unterhielte, wurde er bald in seinem Sprechen und Denken lebhaft, bald war er ein stiller Zuhörer, dann schien er wieder ein Streitgespräch zu führen und zu kämpfen. … Wenn ein Neugieriger ihn heimlich hätte beobachten wollen, wäre ihm der heilige Dominikus wie Moses vorgekommen, der … den brennenden Dornbusch sah und Gott, der mit ihm redete. … [Der] Berg Gottes ist wie ein prophetisches Bild für die Sitte, schnell von der Lesung zum Gebet hinübergetragen zu werden, vom Gebet zur Meditation, von der Meditation zur Kontemplation.

Dominikus bedient sich hier der klassischen vier Elemente der mittelalterlichen Hinführung zu Gott. Er sitzt zu Füßen des Herrn und liest in der Heiligen Schrift. … Auch für uns ist es wichtig, vor allem das Wort Gottes zu hören, uns davon treffen zu lassen, es zu meditieren und zu verkünden.

Gebet unterwegs

Meinolf Lohrum

Auf diese Weise betete er [Dominikus], wenn er von einem Land in ein anderes ging, besonders, wenn er sich gerade in der Einsamkeit befand. Seine ganze Freude bestand darin, zu meditieren, sich der Kontemplation hinzugeben.

Diese Gebetsweise hatte für Dominikus eine große Bedeutung, da er als Wanderprediger und Ordensgründer sehr viel unterwegs war. Er kannte die Psalmen und viele andere Teile der Heiligen Schrift auswendig, so dass er immer Schriftworte zur Meditation und zum Gebet bereithatte. Im Alltag kann ich gut mit Gott verbunden sein, wenn ich unterwegs, bei Wartezeiten und bei monotoner Tätigkeit in ähnlicher Weise bete: zum Beispiel das Jesusgebet, den Rosenkranz, indem ich ein Bibelwort oder eine Antiphon aus der Liturgie laut oder still im Herzen wiederhole.

Brief an den Orden

Humbert von Romans

Ich zeige euch, Geliebte, an, dass mich unter den vielen Anliegen, die mir durch die Übernahme der Ordensleitung deutlich wurden, folgendes sehr bewegt: Ich wünschte, dass durch den Dienst unseres Ordens die schismatischen Christen zur Einheit der Kirche zurückgerufen und der Name unseres Herrn Jesus Christus zu den Juden, den Sarazenen, den Heiden, den Barbaren und zu allen Volksstämmen gebracht würde, damit wir seine Zeugen seien zum Heil für alle „bis an das Ende der Erde" (Apg 1,8). Jedoch stehen der Verwirklichung dieses Planes zwei Dinge entgegen.

Das erste Hindernis ist die Unkenntnis der Sprachen, da kaum ein Ordensbruder die Zeit darauf verwenden will, sie zu erlernen, denn viele stellen beim Studium die mannigfaltige Neugierde der Nützlichkeit voran.

Das zweite Hindernis ist das Hängen an der Heimat, von der viele allzu sehr gefangen sind. Die Natur ist in ihnen noch nicht durch die Gnade umgestaltet. Sie wollen ihr Land und ihre Verwandtschaft nicht verlassen und ihr Volk nicht vergessen [vgl. Gen 12,1], sondern unter ihren Verwandten und Bekannten leben und sterben; dabei erschreckt es sie nicht, dass selbst die eigene Mutter den Erlöser unter jenen nicht finden konnte (vgl. Lk 2,44).

AUS EINEM BRIEF ÜBER DIE ORDENSOBSERVANZ

Humbert von Romans

In allen euren Handlungen vermeidet das Außergewöhnliche. Beobachtet stets die rechte Mitte. Zu brüderlichen Diensten seid stets bereit. Ihr selbst aber fallt niemand zur Last mit euren körperlichen Bedürfnissen.

Meine Brüder, seid demütig ohne Verstellung, ernst ohne Wichtigtuerei, eifrig ohne Leichtsinn; habt Furcht ohne falsche Angst, Hoffnung ohne Vermessenheit; seid gehorsam ohne Widerspruch, fröhlich ohne Ausgelassenheit, geduldig ohne Murren. Seid zuchtvoll, sage ich, in Sittenstrenge, liebevoll in Barmherzigkeit, unerschütterlich in Beharrlichkeit, andächtig im Gebet und gewissenhaft in eurer Selbstkontrolle. Wenn ihr auch die Tugend nicht üben sollt, weil ein anderer es sieht, sowenig ihr etwas Gutes unterlassen dürft, weil niemand es sieht, so müsst ihr doch eine größere Disziplin zeigen, wenn die Unterlassung andern zum Ärgernis oder das gute Beispiel ihnen zur Nachahmung dienen kann. …

Flieht die Heuchelei und wandelt in Wahrheit vor Gott. Es ist ja zu wenig, beim Ordenseintritt nur das Gewand zu wechseln; lobenswert ist es vielmehr, Sitten und Leben zu ändern. Wandelt also den geraden Weg, niemals auf den Spuren der Heuchelei und der Verstellung.

Hütet euch sorgsam vor Ungeduld bei der Arbeit, vor Missmut beim Gehorsam, vor Nachlässigkeit bei Liebeswerken. Behaltet stets die Ruhe des Gemüts und des Gewissens. Vermeidet jede seelische Verfassung, in der ihr nicht sterben möchtet.

AUS DER ERKLÄRUNG
DER REGEL DES HEILIGEN BISCHOFS
AUGUSTINUS I

Humbert von Romans

Wie groß … und welcher Annahme würdig ist die Regel, die von einem sehr heiligen, sehr weisen und mit höchster Autorität bekleideten Mann stammt, nämlich dem heiligen Bischof Augustinus. …
Der heilige Augustinus hat seine Regel nach dem Vorbild des apostolischen Lebens gestaltet, wie sich aus dem ergibt, was über ihn gesungen und gelesen wird, er habe nämlich begonnen zu leben gemäß der von den heiligen Aposteln aufgestellten Regel; er sagt selbst in einer Predigt: Wir wollen ein apostolisches Leben führen. Und wer zweifelt daran, dass das apostolische Leben allen anderen Lebensweisen vorzuziehen ist? Welcher Ruhm kommt darum jener Regel zu, die nach diesem Vorbild geschaffen ist! …
Der heilige Dominikus, der Vater der Predigerbrüder, hat den Fortschritt in allem Guten und die Frucht für das Heil der Menschen in einem Leben nach dieser Regel erworben; wie angemessen ist es darum, dass seine Söhne ihn darin nachahmen, um solche Fortschritte auch selbst zu machen.

Aus der Erklärung der Regel des heiligen Bischofs Augustinus II

Humbert von Romans

Zudem gibt es zahlreiche Regeln, die viele körperliche Observanzen auferlegen, während die Regel des heiligen Augustinus mehr die geistigen Tätigkeiten betont, als da sind die Liebe zu Gott und zum Nächsten, Verbundenheit der Herzen, Übereinstimmung der Sitten und Ähnliches mehr. Und wem wäre unbekannt, dass die geistigen Übungen wichtiger sind als die leiblichen [vgl. 1 Tim 4,8]? Je mehr also eine Regel das Geistige dem Körperlichen vorzieht, umso mehr Anerkennung verdient sie. Ferner bewahrt die Regel des heiligen Augustinus ein gesundes Mittelmaß, so dass sie weder durch ein Zuviel noch durch ein Zuwenig an Vorschriften in eine schädliche Einseitigkeit fällt, sondern die Mitte wahrt, in der alle Tugend besteht. …

Die Regel des heiligen Augustinus ist außerdem besser für Prediger geeignet als andere Regeln. Es unterliegt keinem Zweifel, dass die Prediger gebildet sein müssen. Wie angemessen ist es darum, dass diejenigen, deren Aufgabe es ist, ständig zu lernen und zu lehren, dieses tun unter der Leitung eines Mannes von solch hervorragender Bildung, der will, dass seine Schüler sich dem Studium widmen und keinen Tag ohne Studium vergehen lassen. Weil ferner die Regel des heiligen Augustinus von dem Vorbild des apostolischen Lebens geprägt ist, das alle Prediger vollkommen nachzuahmen gehalten sind, ist diese Regel vor allen anderen für die Prediger geeignet.

Einander dienen

Humbert von Romans

Jede Tat, geliebte Brüder, sei euch ein Verdienst, dem Nächsten ein Beispiel. Allen Mitbrüdern dienet freudig, freiwillig und gern. Mit euren persönlichen Bedürfnissen fallet niemand zur Last. Was ihr erhaltet, teilt gern mit anderen. Was euch fehlt, erbittet in Demut. Dem sündigen Mitbruder begegnet mit Mitleid, nicht mit Verachtung. Haltet euch eure eigenen Fehler vor und ertraget voll Mitleid die Fehler anderer. Seid überzeugt, ihr hättet ähnliche, ja größere begangen, wenn die göttliche Barmherzigkeit euch nicht gehalten hätte. Ja, vielleicht habt ihr selbst größere Fehler, die eure Mitbrüder ertragen müssen, wenn ihr euch dieser Fehler auch nicht bewusst seid; hat doch so manche Frucht ihren Wurm. …

Gegen Obere seid gehorsam, gegen Gehorchende bescheiden, gegen Übelwollende schweigsam, gegen Lobende zurückhaltend. Nachlässigen und Tadelnswerten weichet aus. Verurteilt sie nicht freventlich, ihr Tun aber fliehet. Seid wie die kluge Biene, die die besten Blüten sucht, und pflegt den Umgang derer, die eifern in der Tugend. Sucht nicht, was ihnen fehlt, sondern was tugendhaft an ihnen ist. Was weniger erbaulich ist, übersehet. Lasst euch niemals durch die Stellung, Gewohnheit oder das Beispiel anderer zu einer schlechten Tat verleiten.

MASSHALTEN

Humbert von Romans

Pflegt den Leib, damit er euch diene. Haltet ihn in Zucht, damit er nicht übermütig werde. Im Fasten haltet das rechte Maß, damit ihr nicht nachher gezwungen seid, statt zu fasten, euch pflegen zu lassen. Nicht der Duft der Speisen, sondern der Hunger bringe euch den Appetit. Esst so viel, wie notwendig ist, nicht, so viel der Appetit verlangt. Man muss den Leib nähren, aber die Laster ausrotten. Man muss aber dem Leibe nicht zu viel und nicht zu wenig geben. Seid ihr gesättigt und es werden noch wohlschmeckendere und bessere Speisen aufgetragen, so dürft ihr dieser schönen Dinge wegen euren Magen nicht überladen.

Was wir vom Essen gesagt haben, gilt in ähnlicher Weise auch vom Trank, vom Schlaf, von der Kleidung und von anderen Dingen, die dem Leibe notwendig sind. Hierfür gilt die allgemeine Regel: Gebt dem Körper, was ihm nottut, entzieht ihm, was ihm nur angenehm ist. Vor den Mahlzeiten wollen wir heiter sein, damit wir nicht den Schein erwecken, als wären wir traurig wegen des Fastens. Nach der Mahlzeit sollen wir schweigsam und bescheiden sein, damit man nicht glaube, wir seien berauscht.

Die Zeit vor Tisch eignet sich besonders für Studium und Gebet, die Zeit nach Tisch für körperliche Arbeit. Den Geist soll man nämlich dann anstrengen, wenn er sich für die geistige Arbeit besser eignet. Den Leib jedoch muss man dann besonders niederhalten, wenn er dem Geiste sich gern widersetzt.

WEG ZU GOTT

Humbert von Romans

Der Weg zu Gott führt durch Glück und Unglück. Habt ihr Glück, seid demütig und dankbar; seid ihr in Leid und Widerwärtigkeiten, übt Geduld. Eure einzige Freude sei, für Christus zu kämpfen; euer einziger Schmerz, ihm fern zu sein; euer einziges Streben, ihm zu gefallen; eure einzige Furcht, ihm zu missfallen; eure einzige Süßigkeit, was eint mit Gott; eure einzige Bitterkeit, was von Gott entfernt. Eurem ganzen Leben gebt die Richtung auf die Ehre Gottes, und sagt ihm Dank für alle seine Wohltaten. Was sich nicht auf seine Ehre beziehen lässt, betrachtet als wertlos und verloren. Gott sei im Glück eure Freude, im Leiden euer Trost, in der Anfechtung euer Beistand. Er sei eure Speise beim Fasten, euer Reichtum in der Armut, eure heilsame Arznei in der Krankheit; der Weg, auf dem ihr wandelt; der Quell, der euch reinigt; der Schlüssel, der eure Herzen ihm öffnet, der Welt aber verschlossen hält. Und wenn auch die Kräfte des Körpers schwinden, euer Wille soll stark und fest bleiben im Dienst des Herrn. ...

Erhebt oft euer Herz zu Gott, wenn auch nur auf kurze Augenblicke, um seine Freundschaft zu gewinnen. Damit sich aber kein Überdruss einstellt, gewöhnt euch langsam an die geistlichen Übungen. Pflegt das Gebetsleben! Tut das Gute nicht nur gewohnheitsmäßig, sondern aus inniger Andacht und Hingebung. Betet gern im Verborgenen! Bevorzugt die Gebete, die geeignet sind, euer Gemüt zu größerer Inbrunst anzuregen. Seht zu, dass euer Geist nicht auf dem Markt sei, während euer Leib im Chor ist.

Lieben und vertrauen

Jean-Joseph Lataste

Es gibt Leute, die sich darüber wundern, dass Gott uns das Gebot gibt, ihn zu lieben. Ich meinerseits wundere mich darüber, dass sie sich wundern. Wissen diese Menschen denn nicht, was es heißt, zu lieben? Gott ist unser Meister und Herr. Allein deshalb schon hat er das Recht, Ehrerbietung von uns zu verlangen. Es ist … recht, dass der Diener seinem Herrn und der Untertan seinem König Zeichen des Respekts gibt, vor allem wenn der Diener alles, was er besitzt, von seinem Herrn hat. Doch wenn Gott uns auffordert, ihn zu bitten, zu ihm zu beten, dann nicht so sehr, weil er unser Herr ist, sondern auch und vor allem, weil er uns liebt.

Ich wundere mich, dass ihr das nicht versteht. Ihr seid vielleicht Eltern, und wenn ihr es nicht seid, habt ihr dann noch nie im Leben Freunde gehabt? Wenn ihr Kinder oder Freunde gehabt habt, solltet ihr unschwer das Gebot des Gebetes verstehen. … Von einem Freund etwas zu bekommen, ist etwas Süßes, aber ihm etwas zu schenken, ist noch viel süßer, wenn man wirklich liebt.

Kennt ihr aber die höchste Freude der Freundschaft? Sie besteht darin, dass wir sehen, dass unser Freund absolutes, unbegrenztes Vertrauen zu uns hat, uns sein Herz öffnet, uns alle seine Freuden anvertraut, um sie mit uns zu teilen, uns allen seinen Kummer wissen lässt, um Trost von uns zu empfangen, alle seine Pläne und Hoffnungen dartut, um unseren Beistand und Rat zu erbitten.

Wer mit wahrer Freundschaft liebt, wird mich verstehen und die Wahrheit meiner Worte bezeugen. Gott ist der zärtlichste und hingebungsvollste aller Freunde. Versteht ihr jetzt, warum Gott uns gebietet, zu beten? Gewiss nicht, weil er uns braucht, sondern weil er uns leidenschaftlich liebt.

GRENZENLOSE BARMHERZIGKEIT

Jean-Joseph Lataste

Dort, wo die Sünde mächtig war, ist die Gnade übergroß geworden. Es ist so, als hätte Gott dem Menschen gesagt: „Du dachtest, durch deine Böswilligkeit die Quelle meiner Güte ausgetrocknet zu haben, du Ungläubiger! Nein! Du wirst nicht das letzte Wort haben. Je schlechter du wirst, desto besser werde ich. Je schuldiger du wirst, desto barmherziger werde ich. Du wirst lernen, dass es nichts auf der Welt gibt, das sich an meiner Barmherzigkeit und meiner Güte messen lassen kann."

So hat Gott das natürlich nicht gesagt. Aber so hat er gehandelt. Das ist die Art Gottes, zu sprechen. Darum ist auch das Wort Fleisch geworden und hat unter uns gewohnt.

GOTT LIEBEN

Jean-Joseph Lataste

Maria Magdalena wurde hier auf Erden viel verziehen, weil sie so viel geliebt hat. Das gilt auch für euch. Um euch einen Platz in seinem Herzen zu gewähren und später im Himmel, wird Gott euch nicht fragen, ob ihr immer rein geblieben seid, immer treu. Er wird euch fragen, ob ihr ihn viel geliebt habt. Wenn ihr euch befleckt habt mit vielen Verbrechen, dann ist das ein großes Übel. Gott jedoch ist mächtig genug, um all das abzuwaschen und euch eure frühere Reinheit wiederzugeben. Es genügt, ihn viel zu lieben. Wenn ihr ihn mehr liebt als die treuen Seelen, werdet ihr auch einen Platz vorne in seinem Herzen und hoch oben in seinem Himmel haben. Um ihn zu lieben, habt ihr Fähigkeiten und Anreize, die diejenigen, die reinen Herzens sind, nicht haben. Der Wunsch, die Erinnerung an eure früheren Sünden und Undankbarkeiten zu vergessen, und der Wunsch, stark zu werden gegenüber dem Teufel, erwirkt eine Freundschaft, die stärker ist als eine Freundschaft, die nie gebrochen wurde.

SICH LIEBEN LASSEN

Jean-Joseph Lataste

Begreift ihr, wie viel Liebe ein Gott braucht, um allen seinen Geschöpfen, allen, ohne Ausnahme, das Gebot zu geben, ihn zu lieben? Ihr gebt einem Bettler auf der Straße ein Almosen, ihr betet für einen Mörder … Warum? Es ist unbestritten, dass ihr beide auf irgendeine Weise liebt. Aber wollt ihr auch von ihnen geliebt werden? Werdet ihr um ihre Liebe werben? Nein, nicht wahr? Ihr denkt nicht einmal daran, und wenn euch ihre Freundschaft angeboten würde, würdet ihr sie vermutlich zurückweisen, wie man eine Beleidigung oder eine Unreinlichkeit zurückweist. Ihr liebt sie eben nicht genug.

Gott handelt uns gegenüber nicht so, und von den großen Seelen bis hin zu den kleinsten, von den Vornehmsten bis zu den Niedrigsten liebt er alle und erbittet und verlangt von uns allen, ihn zu lieben.

HIMMLISCHE FREUNDSCHAFT

Jean-Joseph Lataste

Warum, denkt ihr wohl, ist Gott auf die Erde gekommen und Mensch geworden wie ihr? ... „Um uns zu erlösen", sagt ihr, „um die Ursünde zu tilgen und uns den Himmel zu öffnen." Das beweist, dass er Mitleid mit uns hatte, aber beweist es, dass er Wert auf unsere Liebe legt?

Was ist denn der Himmel? Habt ihr darüber nachgedacht? Was ist der Himmel, wenn nicht die Liebe Gottes in ihrer ganzen Fülle, die Anschauung Gottes von Angesicht zu Angesicht, von Herz zu Herz, wie zwei Freunde einander anschauen, einander umarmen und einander lieben? Das ist der Himmel.

Unser Herr Jesus Christus liebt uns nicht aus reiner Gefälligkeit, sondern er liebt uns wirklich und wahrhaftig aus Freundschaft. Das hat er selbst erklärt: „Ihr seid nicht mehr meine Knechte", sagt er zu seinen Jüngern, „sondern meine Freunde." Das Wohlwollen begnügt sich damit, Gutes zu wollen und zu tun. Die Freundschaft geht weiter. Sie liebt und will geliebt werden. Das ist ihr Recht, und darauf beharrt sie.

Um wohlwollend zu sein, genügt es, gut und großzügig zu sein. Die Freundschaft setzt etwas anderes voraus. Sie setzt voraus, dass man den, den man liebt, achtet, dass man auf seine Liebe Wert legt und sie wünscht. So verhält sich der Erlöser gegen uns.

Geduld in der Prüfung

Jean-Joseph Lataste

Wir dürfen den Mut nicht verlieren, wenn wir uns zum Himmel erheben! Wenn wir uns auf den Flügeln der Seele zum Himmel erhoben haben, fallen wir oft zurück: zuweilen wegen der unserer Natur anhaftenden Schwäche, zuweilen wegen einer freiwilligen und augenblicklichen Verkehrung unseres Willens.

Wenn unser Fall unfreiwillig ist, wie das oft bei den Heiligen und bei denen, die es werden wollen, geschieht, bewahren wir dann die Geduld, denn das ist eine der Prüfungen unseres Lebens. Lernen wir, sie zu tragen! Diese Prüfung bringt uns nicht den Tod, sie hat ihr Verdienst und ihren Lohn.

Darum sagt die Heilige Schrift, dass der Gerechte siebenmal am Tag sündigt und wieder aufsteht. Von diesem Fall bleibt nichts als das Verdienst unserer Geduld sowie die Demut, die uns für die künftige Herrlichkeit bereit macht und uns vor den traurigsten Fehlern bewahrt.

Nicht verzweifeln

Jean-Joseph Lataste

Wenn aber dieser Schritt zurück und dieser Fall aus freien Stücken geschieht, weinen wir! Weinen wir, doch verzweifeln wir nicht, sondern stehen wir wieder auf und machen wir uns mutig auf den Weg! Um in den Himmel zu kommen, ist es nicht wichtig, unterwegs niemals zu fallen (wie wenige kämen dann dorthin!). Wichtig ist nicht, niemals zu fallen, sondern auf dem Weg zu bleiben. Wichtig, um über die gefährlichen Stellen des Lebens, diesen Ozean voller Stürme und Klippen zu kommen, ist nicht, nie von einem Windstoß erfasst, nie von den Wogen gepeitscht oder übersprüht zu werden, nie einen Schritt zurück zu tun, sondern niemals den Mut zu verlieren und beharrlich weiterzurudern.

Seht, wie die hochgehende Welle wieder zurückfällt, aber den Mut nicht verliert. 60 Jahrhunderte hindurch hat sie sich nicht entmutigen lassen, hat sich immer wieder aufgerichtet, und sogar ihr Fall war für sie nicht nutzlos: Bei jedem Fall hat sie einen Schritt nach vorne getan.

DIE WELT UND IHRE BÜCHER

Tommaso Campanella

Die Welt, ein Buch, darin der ewige
Verstand selbst-eigene Gedanken schrieb,
ist ein lebend'ger Tempel, worin Er
Gesinnungen und Handlung, droben, drunten,
worin sein Vorbild Er uns selbst gemalt.

Les' und betrachte jeder diese Kunst
lebendig, göttlich, dass er sagen dürfe:
„Ich bin's, der sie vollendet und vollführt."

Ach, aber unsre Seelen sind an Bücher
geheftet und an tote Tempel. Diese
Kopien des Lebendigen, mit viel
Irrtümern abgenommen; sie,
sie ziehn wir Gottes hohem Lehrstuhl vor.

Deshalb die Strafen, die von jener Irrung
uns unvermerkt ereilen. Zänkereien,
Unwissenheit und Schmerz. O kehrt zurück
zu eurem Urbild, Menschen, und zum Glück.

DER GEFANGENE

Tommaso Campanella

In Banden frei; nicht einsam und doch einsam
sitz ich hier, stumm, doch meine Glocke klingt.
Der niedern Welt ein Tor und doch dem Auge
göttlichen Sinns ein Weiser. Himmelwärts
schweb ich empor mit Schwingen, die die Erde
daniederdrückt; von außen tiefbedrängt,
traurig, gefangen; in mir frei und froh. –

Ein zweifelhafter Krieg bewährt den Mut,
im Ewigen verschwindet alle Zeit;
die schwerste Last erträgt am leichtesten sich. –

Mir auf die Stirn ist meiner Liebe Bild
gepräget; sicher führet mich die Zeit
dahin, wo ohne Worte man – versteht.

UNSTERBLICHE SEELE

Tommaso Campanella

In einer Handvoll Hirn leb ich; verschling
so viel, dass, wieviel Bücher diese Welt
auch hat, sie alle mich nicht sättigen:
Wie sehr genoss ich! Und ich sterbe doch im Fasten.

Mit einer großen Welt ernährt' mich Aristarch,
mit mehrern Metrodor, und hungriger bin ich;
verlangend, witternd wend ich mich ringsum;
je mehr ich weiß, desto unwissender.

Also bin ich ein Bild des unermessnen Vaters,
der alle Wesen, wie das Meer die Fische, fasst,
den unser Sinn in allem sucht und liebt;
der Syllogismus ist ein Pfeil ins Schwarze;
Autorität ist fremde Hand; daher
gewiss und heiter nur, wer sich mit Gott erfüllt.

Eigenliebe und allgemeine Liebe

Tommaso Campanella

Die Eigenliebe macht den Menschen träge,
doch muss er, will er leben, weise, gut
und würdig scheinen: So in eine Sphinx
gewandelt, leugnet er zuletzt sich selbst,
(das Leid verdecken Ehre, Beifall, Gold).

Bald übermalt die Eifersucht die Tugend
der anderen mit eignen Lastern, spornt gar an
zu Unrecht und zu offenen Attacken.

Wer aber sich zur Liebe des Allvaters schwingt,
sieht alle Menschen an als Brüder
und freut mit Gott sich ihres Wohlseins.
Du nennst, Franziskus, Fische auch und Vögel
(o glücklich, wer's versteht!), du nennst sie Brüder;
nicht dir, nur uns sind sie rebellisch und scheu.

LIEBE, WAHRE LIEBE

Tommaso Campanella

Der wahre Liebende gewinnt stets Stärke,
denn der Geliebten Bildnis, ihre Schönheit
verdoppeln seine Seele; daher überwindet
er alles Schwere, alles Leid.

Gibt Frauenliebe so viel Kraft:
Welch Glorie, Freude, Größe gäbe,
geeint in Liebe, ewige Hoheit
der Seele, eingeschlossen dieser Haut?

Unendlich schüf' die Seele eine Sphäre,
um lieben, wissen, alles tun zu können
mit Gott, durch Wunder immer überlegen.

Wir sind wie Wölfe und Schafe zueinander,
fern reiner Liebe hellem Licht,
die uns in solche Höhe schwünge.

SONETT

Tommaso Campanella

Ein Wanderer wurde zwischen Rom und Ostia
geplündert und verletzt von Raubgesindel:
Gewisse scheinheilige Mönche sahen es
und wichen aus, versinkend ins Brevier.

Vorüber ging ein Bischof, sah kaum hin,
bekreuzigte und segnete ihn nur;
jedoch ein Kardinal, der scheinbar guten Willens,
verfolgt' die Räuber, gierig auf die Beute.

Am Ende kam ein deutscher Lutheraner,
(die Werke leugnend, hält er's mit dem Glauben):
Der lud ihn auf, bekleidete und heilte ihn.

Verdienstvoll ist hier wer? Und wer human?
Also verblasst Intelligenz vor Willen,
der Glaube vor den Werken, Mund vor Hand.

Während du nicht weißt,
ob dein Glaube gut und wahr ist,
steht fest: Was du Gutes tust, ist wirklich gut für alle.

Nach dem Gleichnis Christi im Lukasevangelium, nach den Worten des heiligen Jakobus: „Glaube ohne Taten ist tot" etc. und des heiligen Augustinus: „Zeig mir deinen Glauben, ich zeige dir meine Taten".

GEGEN DIE EIGENLIEBE

Tommaso Campanella

Die Eigenliebe ließ uns gerne glauben,
sowohl die Elemente als die Sterne
(wenn mächtiger und schöner auch als wir),
sie kreisten sinn- und lieblos nur für uns.

Dann heißt sie alle Völker, außer uns,
unwissende Barbaren, welche Gott nicht liebe.
Dann sperrn wir ihn in unsre Gotteshäuschen
(und schließlich liebt ein jeder nur sich selbst).

Und, um sich nicht zu mühn, will sie nichts wissen;
dann, weil die Welt nicht ihrem Wunsch entspricht,
dann leugnet sie die Vorsehung und Gott.

Jetzt achtet der Verstand die List; verdreht,
um zu regieren, schafft er neue Götter.
Zuletzt ernennt er sich zum Weltenschöpfer.

Zwei Arten von Lebensführung

Girolamo Savonarola

Wenn unser Erlöser sagte: *oportet semper orare et non deficere,* und die Schrift an verschiedenen Stellen vom Gebet spricht, so werden nicht nur die Mönche und Ordensleute, sondern alle Menschen der Welt angesprochen. Da nun das wahre Gebet das innere und das mündliche aber ohne dieses nichts wert ist – wie wir oben bewiesen haben –, folgt daraus, dass das wahre Beten nicht nur den Mönchen und Ordensleuten zukommt, sondern jedem einzelnen Christen. Und wenn die Laien mit ihren äußeren Angelegenheiten beschäftigt sind, so folgt daraus nicht, dass sie zu bestimmten Zeiten ihren Sinn nicht wieder auf Gott richten und sowohl mündlich als auch innerlich beten sollten und könnten.

All dies wird in einem Bild ersichtlich: Weil es zwei Arten von Lebensführung in der Kirche gibt, das heißt die aktive und die kontemplative, die im Neuen Testament durch Martha und Maria und im Alten Testament durch Lea und Rahel dargestellt sind, muss man bedenken, dass sich das aktive Leben nicht gänzlich vom kontemplativen trennen lässt, so gut wie Martha und Maria und Lea und Rahel miteinander wohnten und lebten und Schwestern waren.

Vergänglichkeit des Reichtums

Girolamo Savonarola

Weh, wie viele Herren und Herrscher dieser Welt sind in der Hölle, obwohl sie hier prachtvolle und mit solchem Prunk verzierte Gräber zurückgelassen haben! Die Reichen haben den Reichtum im Leben und im Tod gewünscht und geliebt – im Leben, indem sie diesen besaßen, im Tod dadurch, dass sie in reichen Gräbern begraben sein und nur in Kirchen und an reichen und stolzen Orten verwesen wollten. Du aber, Christ, lass dich in der Erde bestatten, *quia terra es, pulvis et cinis et in cinerem reverteris.* Abgesehen von heiligen Männern und Frauen sollte niemand in einer Kirche bestattet werden.

Aber noch schlimmer handeln die großen Herren, die sich unter den Altären bestatten lassen, auf denen täglich das Sakrament dargebracht wird. O ihr Reichen, ihr Herren der Welt, die ihr auf dieser Welt solchen Pomp und solche Vornehmheit haben wollt! Die Heiligen und Diener Christi hingegen wollten von euren Reichtümern und Eitelkeiten nichts wissen. Wo sind nun die Drangsale, die Armut, die Marter, die Qualen und Leiden der Heiligen? Allesamt sind sie vergangen, diese aber freuen sich in Ewigkeit seligster Ruhe und größter Glorie – ihr aber seid für ewig in der Qual und im Feuer der Hölle!

Einfachheit

Girolamo Savonarola

Schenkt euer Herz Gott, denn dies ist das größte Geschenk und das größte Opfer, das ihr ihm darbringen könnt. Meine Söhne, ihr sollt wissen, das rechtschaffene Leben, das Gott gefällt, besteht nicht in äußeren Dingen, sondern in der Kenntnis Gottes und darin, dass man ihn mit ganzem Herzen liebt und mit großer Zuneigung ihm zustrebt, und das geschieht nicht ohne das ständige Gebet, und das wiederum kann nicht geschehen, ohne dass du dich der Einfachheit weihst. Ich sage, es sei an sich schlecht, Besitz und Würde zu haben, aber wer sie zu erlangen sucht, gerät in Versuchung, die oftmals Sturz und Verdammnis dessen ist, der solches zu erlangen sucht, wie geschrieben steht: *qui divitias quaerunt, incidunt in tentationem et in laqueum diaboli.*

So widmet euch denn, meine Söhne und Töchter, der Einfachheit und lasst ab von den überflüssigen Dingen, vom Pomp und den Eitelkeiten – ich sage euch: Sie sind Schlingen des Teufels, die euch so umgarnen, dass ihr es gar nicht wahrnehmt, und sachte, sachte und nach und nach ziehen sie euch schließlich ins Haus des Teufels.

GLÜCKSELIGKEIT

Girolamo Savonarola

Es ist gesagt worden, dass unser Intellekt in der Betrachtung der Einzeldinge keine Ruhe findet und dass sich auch der Wille an geschaffenen Gütern nicht sättigen kann. Das letzte Ziel des Menschen ist also ein allgemein Wahres und Gutes, und das ist Gott. Folglich besteht die Glückseligkeit des Menschen allein in der Schau und im Genuss Gottes.

Außerdem verlangt der Mensch in natürlicher Weise danach, Wissen zu erlangen, gemäß dem Ausspruch: Alle Menschen streben von Natur aus nach Wissen. Wir glauben aber, erst dann zu wissen, wenn wir die Ursache [einer Erscheinung] kennen. Jeder, der eine Wirkung wahrgenommen hat, neigt daher von Natur aus zum Verlangen, deren Ursache kennenzulernen. Abgesehen von Gott hat nun alles seine Ursache. Was auch immer der Mensch daher außer Gott erkannt hat, das wird er entweder vollkommen oder unvollkommen erkennen. Wenn er es unvollkommen erkennt, wird sein Verlangen nicht ruhen, bis er zu vollendeter Erkenntnis gelangt ist, denn jede Unvollkommenheit verlangt nach ihrer Vollendung. Und da die Glückseligkeit des Menschen in der Vollendung und Ruhe seines Verlangens besteht, wird ersichtlich, dass der Mensch durch seine unvollkommene Erkenntnis nicht selig werden kann.

Unruhiges Verlangen

Girolamo Savonarola

Wenn er [der Mensch] aber die Geschöpfe vollkommen erkannt hat – sei es ein einzelnes oder auch alle –, wird er gewiss einsehen, dass sie von irgendeiner Ursache abhängen. Da nun aber der Mensch nach Erkenntnis einer Wirkung seiner Natur nach die Ursache zu erkennen wünscht, ist es offensichtlich, dass sein Verlangen keine Ruhe finden wird, sondern er wird versuchen, sich alle Mühe zu geben, um zur Erkenntnis der Ursache zu gelangen, und dies umso heftiger, je hervorragendere Wirkungen Gottes er sehen wird, denn die natürliche Bewegung ist umso heftiger und ungestümer, je mehr sie sich ihrem Ziel nähert.

So kommt denn das Verlangen des Menschen allein durch die Schau und den Genuss Gottes zur Ruhe, und in dieser besteht seine Seligkeit. Deswegen hat Augustinus vortrefflich gesagt: *fecisti nos, Domine, ad te, et inquietum est cor nostrum, donec requiescat in te,* Herr, du hast uns auf dich hin geschaffen, und unruhig ist unser Herz, bis es ruht in dir.

WEG DES KREUZES

Girolamo Savonarola

Q*uaerite me et vivetis.* Wenn der Herr auf dem einen Weg geht, wir aber auf einem andern, werden wir ihn nie finden. Wir müssen ihn auf dem Weg suchen, den er gegangen ist, und auf keinem andern. – „Was soll man also tun?" – Auf dem Weg Christi gehen! – „Welches ist sein Weg?" – Der Weg des Kreuzes! – „Müssen wir also den Weg des Kreuzes gehen? O *padre*, wir gehen doch in die Kirchen und zu den Ablässen; wir glauben, das sollte genügen!" – Nein, meine Kinder, das ist nicht der Weg! Hört, was der Herr sagt: *nolite quaerere Bethel,* sucht nicht Bethel auf, das gedeutet wird als *domus Dei,* das heißt Haus Gottes. Nicht so viele Kirchen, nein, sagt Gott – dies genügt nicht, vielmehr sucht mich, denn die Kirchen ohne mich sind nichts wert, *quaerite me et vivetis,* sucht *mich* und ihr werdet leben.

Nun denn, gehen wir alle den Herrn suchen! Empfinden wir Schmerz über unsere Sünden, kehren wir zurück zu Beichte und Kommunion, lassen wir das Überflüssige fahren – das ist der Weg Christi. Kehren wir zurück zur Einfachheit. *Er* hat den Weg der Armut beschritten, gehen wir auf diesem Weg.

DEM ZORN AUSWEICHEN

Girolamo Savonarola

Als der Erlöser sah, wie der Zorn der Schriftgelehrten und Pharisäer infolge des Hasses, den sie ihm entgegenbrachten, bereits gegen ihn entbrannt war, gab er diesem nach und wich ihrem Zorn aus. So verließ er Judäa und durchquerte Samaria. Damit wollte er dem Menschen ein Beispiel geben, dass er bisweilen vor dem Zorn weichen solle.

Zunächst einmal deshalb, weil er aus Begeisterung für die Wahrheit sich zu sehr ereifern und etwas sagen könnte, was sich nicht schicken würde. Weil es nämlich nötig ist, dass der Prediger standhaften und ruhigen Geistes sei und nicht etwa sage, was zurückgenommen werden müsste, gab er [seinen Jüngern] ein Beispiel, wie man bisweilen nachgeben und dem Zorn ausweichen solle.

Zweitens soll der Mensch seines eigenen Seelenheils wegen vor dem Zorn weichen, denn sollte er sich zu sehr ereifern, könnte er sündigen.

Drittens handle er – zum Wohl seines Nächsten – wie der Erlöser, der dadurch, dass er sich entfernte und dem Zorn der Pharisäer auswich, sie bei seiner Rückkehr mit seiner Predigt besser bekehren konnte, nachdem sie sich beruhigt hatten. So verließ er denn [Jerusalem] und ging mitten durch Samaria hindurch, um nach Galiläa zu gelangen.

BETRACHTUNG UND LIEBE

Ludwig von Granada

Je mehr Akte der Liebe jemand ausführt, je mehr er sich in dieser Tugend übt, desto mehr [wird] dieses himmlische Geschenk in ihm Wurzel fassen und sich kräftigen … Wie kann das nun geschehen ohne die Betrachtung? Wie kann der Wille sich zur Liebe entschließen, ohne dass der Verstand ihm die Gründe der Liebe vorhält und tief einprägt? Wie von zwei an denselben Wagen gespannten Pferden das eine ohne das andere nicht weitergehen kann, so ist es auch mit diesen zwei so eng verbundenen Seelenvermögen: Das eine kann ohne das andere nicht wirken, wenigstens der Wille nicht ohne den Verstand. Man sieht also, wie eng die Übung der Betrachtung mit der Liebe Gottes zusammenhängt. Selten oder nie kann der Mensch zu dieser Liebe gelangen, wenn er nicht über die Gründe nachdenkt, die ihn zu ihr veranlassen.

Die Betrachtung ist aber nicht nur dazu nötig, dass die Liebe Gottes in uns wachse, sie ist auch zu deren Erhaltung notwendig, das heißt, dass sie nicht nachlasse oder erlösche, da so manches ihr entgegensteht und sie bekämpft in diesem Leben. Wird der Fisch aus dem Wasser genommen, so stirbt er bald; ein Wassertropfen, vom andern Wasser getrennt, vertrocknet schnell; ein Feuerfunke, dem der Brennstoff fehlt, erlischt sofort: So muss auch das Feuer der Liebe zu Gott in diesem Leben, wo es gleichsam in der Fremde ist, durch Brennholz erhalten werden. Dieses Brennholz ist aber die Betrachtung der Wohltaten Gottes und seiner Vollkommenheiten, durch die unsere Herzen von Liebe zu Gott entbrennen.

Wir müssen also häufig diesem Feuer Nahrung geben durch die Betrachtung. Das hat der Herr im Alten Bunde angedeutet mit den Worten: „Das Feuer soll nie erlöschen auf dem Altare" (Lev 6,13) – im Herzen des Gerechten. Darum wird dieser jeden Tag darauf bedacht sein, das Feuer in seinem Herzen zu nähren mit Brennstoff, das heißt durch Betrachtung der göttlichen Dinge, damit er so das himmlische Feuer auf immer erhalte.

FRÖMMIGKEIT

Ludwig von Granada

Diese himmlische Gabe treibt unsern Willen an, mit großem Eifer und Verlangen alles zu wollen, was zum Gottesdienste gehört. Sie ist eines von den Dingen, die der Mensch in diesem Zustande der verderbten Natur sehr nötig hat. Aus der täglichen Erfahrung wissen wir, dass die Menschen nicht aus Mangel an Verstand, sondern aus Mangel an gutem Willen sündigen; ich will damit sagen, sie sündigen weniger aus Mangel an Erkenntnis des Guten als aus Abneigung gegen dasselbe. ... Eines der geeignetsten Mittel, die wir anwenden können, ist aber die Frömmigkeit. Denn diese ist nichts anderes als ein himmlisches Labsal, ein Wehen des Heiligen Geistes, das alle diese Schwierigkeiten zerstreut, die Schwerfälligkeit unserer Natur beseitigt, die Abneigung unseres Willens heilt, dem Unschmackhaften Geschmack verleiht und so zu allem Guten geneigt und bereit macht.

Das erfahren jeden Tag die Diener Gottes, wenn sie eine ganz besondere Andacht haben; denn dann fühlen sie Eifer und Mut zu allem Guten; dann empfinden sie Freude, ihre Seele scheint gleichsam verjüngt, und sie erfahren in sich die Wahrheit der Worte des Propheten: „Die da hoffen auf den Herrn, gewinnen immer wieder neue Kraft; sie verjüngen ihr Gefieder wie ein Adler; sie laufen und werden doch nicht matt, sie wandeln und ermüden nicht" (Jes 40,31).

JESUS AM ÖLBERG

Ludwig von Granada

Dem ersten Mann nahm Gott eine Rippe, um aus ihr das Weib zu bilden, und die Stelle der Rippe ward ausgefüllt mit schwachem Fleische. Was deutet dieses anderes an, als dass von dir, unserem zweiten Adam, der ewige Vater die Stärke der Gnade nahm, um sie der Kirche, deiner Braut, zu geben, und dass er von ihr das Fleisch und die Schwäche nahm, um sie dir mitzuteilen? Und dadurch wurde das Weib stark, und du wurdest schwach; sie ward stark durch deine Vollkommenheit, du wurdest schwach durch ihre Schwäche. Eine zweifache Gnade ist es, die du uns erwiesen hast, o unser Vater! Du begnügtest dich nicht damit, uns mit dir zu bekleiden; du bekleidetest dich auch mit uns. Für beides mögen dich die Engel ewig preisen! Du warst nicht geizig bei der Mitteilung deiner Güter, und du verschmähtest nicht, unsere Übel anzunehmen.

Wenn ich mich so bereichert sehe mit deinen Erbarmungen, was muss ich da anderes tun, als mich deiner rühmen? Und wenn ich sehe, dass du aus Liebe zu mir so voll Elend bist, was muss ich anderes tun, als Mitleid mit dir fühlen? Über das eine muss ich mich freuen, über das andere muss ich trauern; und so werde ich mit Tränen und Jauchzen singen und klagen über das Geheimnis deines Leidens.

Jesus vor seinen Richtern

Ludwig von Granada

Was staunet ihr, Menschen, wenn ihr sehet, dass Gott sich so verdemütigt und erniedrigt in der Welt, da er gekommen war, um den Stolz der Welt zu heilen? Wenn die Bitterkeit dieser Arznei dich in Staunen versetzt, so betrachte die Größe des Übels, und du wirst sehen, dass ein solches Übel ein solches Heilmittel erforderte; es ist ja nicht einmal trotz desselben ganz geheilt. Du staunest, Gott so erniedrigt zu sehen; ich staune, dass ich dich so übermütig sehe, während Gott sich so erniedrigt. Du staunest, Gott erniedrigt zu sehen bis zum Staube der Erde; ich staune zu sehen, dass trotz alledem Staub und Erde sich über den Himmel erhebt und mehr geehrt sein will als Gott.

Wie kommt es nun, dass dieses wunderbare Beispiel nicht genügt, um den Stolz der Welt zu besiegen? Es genügte die Demut Christi, um das Herz Gottes zu besiegen und zu besänftigen – und es sollte nicht genügen, um dein Herz zu besiegen und zu demütigen? Der Engel Gottes sprach zum Patriarchen Jakob: „Du sollst nicht mehr Jakob heißen, sondern Israel; denn du hast tapfer gekämpft mit Gott: Um wie viel mehr wirst du über Menschen siegen!" (Gen 32,28–29). Wenn nun die Demut und die Sanftmut Christi siegten über den Zorn und Unwillen Gottes, wie sollten sie nicht siegen über unsern Stolz? … Ich muss staunen, gar sehr muss ich darüber staunen, dass durch diese Geduld nicht dein Zorn, durch diese Herablassung nicht dein Hochmut, durch diese Backenstreiche nicht deine Anmaßung besiegt wird; dass durch das so tiefe Schweigen inmitten so vieler Beleidigungen die Prozesse nicht aufhören, die du anstrengst, weil du meinst, man sei dir zu nahe getreten.

ÖFFNUNG DER SEITE JESU

Ludwig von Granada

Tröstet euch also, ihr Betrübten alle; denn je mehr ihr zu leiden habt, desto größere Ähnlichkeit habt ihr mit Christus und seiner Mutter. Tröstet euch, ihr Betrübten; denn weil ihr geprüft werdet, seid ihr darum nicht von Gott verlassen, sondern, wenn ihr die Geduld bewahrt, nur umso mehr von Gott geliebt. Tröstet euch wieder und wieder, ihr Betrübten; denn es gibt kein Opfer, das Gott angenehmer ist als ein zerschlagenes Herz (Ps 50[51],19), und kein sichereres Zeichen seiner Freundschaft als die Geduld im Leiden. Es schimpfe niemand über die Trübsale; denn das heißt so viel wie Christus selbst und seine Mutter beschimpfen, ja es heißt Gott selbst beschimpfen, der immer seinen Freunden Leiden schickt. Was ist die Trübsal anders als Kreuz? Wer über die Trübsal schimpft, der schimpft also über das Kreuz. Und was heißt vor der Trübsal fliehen anders, als vor dem Kreuze fliehen? Wenn wir das tote Kreuz verehren, weil es uns an das Kreuz Christi erinnert, warum fliehen wir vor dem lebendigen Kreuze, das heißt, warum wollen wir nicht leiden aus Liebe zu dem Kreuze Christi? Wer vor dem Kreuze flieht, der gleicht den Juden, von denen der Heiland sagt, dass sie die Propheten verfolgt und ihnen dann große und prachtvolle Denkmäler errichteten; dass sie jene nach dem Tode ehrten, nachdem sie dieselben in ihrem Leben verfolgt hatten. Diese Juden ahmen jene schlechten Christen nach, die einerseits das tote Kreuz verehren und andererseits das lebendige anspeien und verleugnen, indem sie nicht leiden wollen aus Liebe zu dem Kreuze Christi.

Auferstehung Jesu

Ludwig von Granada

Man sagt auch, diesen Tag habe der Herr gemacht, weil alles, was an ihm geschah, durch Gottes Hand allein gewirkt ward. Bei den andern Festen und Geheimnissen des Heilandes findet sich immer etwas, was wir getan haben; denn bei allen ist etwas Leid, und das Leid entstand durch unsere Schuld, und so ist von uns etwas dabei. Aber an diesem Tage gibt's keine Mühsal und kein Leid, alles Leid ist verbannt, es ist der Gipfel aller Herrlichkeit, und so gehört er ganz Gott an. Wer sollte nun an einem solchen Tage sich nicht freuen?

An diesem Tage freute sich die ganze Menschheit Christi, es freute sich die Mutter Christi, es freuten sich die Jünger Christi, es freute sich Himmel und Erde, ja selbst die Unterwelt nahm teil an dieser Freude. An diesem Tage strahlte die Sonne heller als an allen andern Tagen; denn es ziemte sich, dass sie dem Herrn mit ihrem Lichte diente an dem Tage seiner Freude, wie sie ihm diente mit ihrer Verfinsterung am Tage seines Leidens. Der Himmel, welcher beim Anblick des leidenden Heilandes sich verdunkelt hatte, um seinen Schöpfer nicht in seiner Blöße zu erblicken, glänzt nun in besonderer Klarheit, da er sieht, wie er als Sieger aus dem Grabe sich erhebt. Es freut sich also der Himmel.

Auch du, o Erde, nimm teil an dieser Freude; denn größerer Glanz geht heute aus dem Grabe hervor als von der Sonne selbst, die an dem Himmel leuchtet. Ein Lehrer des beschaulichen Lebens sagt, an jedem Sonntag, an dem er sich zur Mette erhob, sei die Freude, welche er bei der Erinnerung an das Geheimnis dieses Tages empfunden, so groß gewesen, dass es ihm vorgekommen sei, als ob alle Geschöpfe des Himmels und der Erde laut gesungen hätten: „Bei deiner Auferstehung, o Christus, freuen sich Himmel und Erde. Alleluja!"

Kostbare Salbe

Ludwig von Granada

Außerdem ist die Frömmigkeit gleichsam Born und Quelle guter Wünsche und Vorsätze. Daher wird sie in der Heiligen Schrift gewöhnlich „Salbung" genannt. Die Salbe wird aus verschiedenen wohlriechenden Kräutern hergestellt; daher verbreitet sie verschiedene süße Gerüche. Dasselbe tut auch die Andacht, solang sie in unserem Herzen vorhanden ist. Tausend heilige Wünsche und Entschlüsse duften aus ihr hervor; und je mehr sich diese Düfte verbreiten, desto mehr schwinden die üblen Gerüche unserer Begierlichkeit.

Gleichwie nämlich der üble Geruch in einer Krankenstube weniger wahrgenommen wird, wenn man wohlriechende Stoffe verbrennt, so wird auch dieser Geruch böser Gedanken und Wünsche weniger bemerkt, solang der Duft dieser kostbaren Salbe anhält.

Da es nun ausgemacht ist, dass alle Verirrungen dieses Lebens in unserer bösen Begierlichkeit ihren Grund haben, so muss man eifrigst darauf bedacht sein, zu dieser himmlischen Salbung Zuflucht zu nehmen, da diese so sehr geeignet ist, einem so großen Übel abzuhelfen.

Trägerin des Feuers

Katharina von Siena

O Maria, du Trägerin des Feuers ...
O Maria, du Feuerherd! Du trugst verborgenes, verhülltes Feuer unter der Asche deiner Menschlichkeit. ... Du bist, o Maria, ein Buch geworden, in das für uns eine Lebensregel eingeschrieben ist. In dir wurde die Weisheit des ewigen Vaters sichtbar. In dir offenbarte sich die Macht und die Freiheit des Menschen. Ich behaupte auch, dass sich in dir die Würde des Menschen zeigte. Denn wenn ich dich betrachte, Maria, erkenne ich, dass der Heilige Geist mit eigener Hand die Dreieinigkeit in dich geschrieben hat, indem er aus dir das fleischgewordene Wort, den eingeborenen Sohn Gottes, bildete. Er hat in dich die Weisheit niedergelegt, das Wort selbst. Er hat dir die Macht eingeprägt, die allein dieses große Glaubensgeheimnis verwirklichen konnte. Er hat dir endlich auch die Milde seines Heiligen Geistes eingehaucht, da ein solches Geheimnis nur aus Gnade und göttlicher Barmherzigkeit geplant und vollendet werden konnte.

Salve Regina I

Jordan von Sachsen

Es lebte damals ein gewisser Bruder Bernhard in Bologna, der von einem äußerst grausamen Dämon besessen war und so sehr gequält wurde, dass er bei Tag und Nacht von schrecklicher Raserei gehetzt wurde und die Gemeinschaft der Brüder über alle Maßen in Verwirrung stürzte. ... Diese so schwere Anfechtung des vorgenannten Bruders Bernhard war der erste Anlass, weswegen wir in Bologna begonnen haben, die Antiphon „Salve Regina" nach der Komplet zu singen. Von diesem Haus aus begann sich später dieser fromme und nützliche Brauch über die ganze Provinz der Lombardei zu verbreiten und gelangte so schließlich im ganzen Orden zu Geltung. Wie vielen Menschen hat dieses heilige Lob der ehrwürdigen Mutter Christi die Tränen der Andacht in die Augen getrieben? Wie viele Gemüter von Zuhörenden ebenso wie von Singenden hat er gerührt, die Härte weich gemacht und ihren Herzen fromme Glut eingehaucht? Oder glauben wir nicht, dass die Mutter unseres Erlösers von solchen Lobgesängen erfreut und durch solche Preisungen gerührt wird? Ein frommer und glaubwürdiger Mann berichtete mir, dass er oft im Geiste gesehen habe, dass, wenn die Brüder sangen „Sieh an, unsere Fürsprecherin", die Mutter des Herrn sich selbst vor ihrem Sohn niederwarf und für die Erhaltung des ganzen Ordens betete. Das sei deshalb erwähnt, um die Andacht der Brüder, die dies lesen, noch mehr zum Lob der Jungfrau zu ermuntern.

Salve Regina II

Sal- ve, Re- gí- na, mater mi- se- ri-

córdi- ae: vi- ta, dul- cé- do et spes

nostra, sal- ve. Ad te clamámus éxsu- les

fi- li- i He- vae. Ad te suspi- rá- mus gemén-

tes et flen- tes in hac la- crimárum val- le.

E- ia er- go, ad- vo- cá- ta no- stra, illos tu-

os mise-ri-cor- des ó-culos ad nos con-

vér- te. Et Je- sum, bene- díc-tum fructum

ventris tu- i, no- bis post hoc ex-sí- li-um

o- sténde. O Cle- mens. O Pi- a.

O dulcis Vir- go Marí- a.

T.P.: Al- le- lú- ia.

T: Salve Regina, 11. Jh.
M: Gregorianisch, Completorium OP, 119f

Beten mit Maria

Jacques Loew

Von Maria nimmt Gott seine menschliche Gestalt. Sie gibt Jesus nicht nur die Menschennatur an sich, sondern alles Natürliche, alles „Menschliche", das er braucht, um wirklich ein Mensch (ein Hebräer, Nazarener, Galiläer) zu werden, mit allen Merkmalen, die die Heilige Schrift nennt, „damit er *in jeder Beziehung*" die Menschennatur annehme, „die Sünde ausgenommen", wie es bei Paulus heißt (Hebr 4,15). Jesus erhält alle Chromosomen von Maria und nicht nur seine Organzellen, sondern auch seine Gebärden, Haltungen, den Tonfall beim Sprechen, alles, was ein Kind von seiner Mutter übernimmt und aus ihm wirklich diesen einen Menschen macht. Sie bietet ihm überdies … „alles Übernatürliche, das er bei uns antreffen muss, um sich hier beheimatet zu fühlen". Sie gibt Gott gleichsam die Einbürgerung, seinen menschlichen, irdischen Personalausweis, und zugleich – darin liegt nun die Gottwerdung des Menschen – bietet sie der Menschheit das Feuer, das er auf die Erde zu werfen gekommen ist, und sie breitet es aus. Sie hat uns ihm eingegliedert. Damit ist Maria Vorbild jedes Christen und jedes Missionars. Jeder Christ, ob verheiratet oder ledig, Ordensmann oder Laie, im fernen Ausland oder im Heimatdorf, hat die Aufgabe, Gott „Mensch werden zu lassen": Er ist Christus im Einzelnen, das Angesicht Christi für die Menschen um ihn herum – oder wenigstens versucht er es zu sein.

DIE WAHRE SELIGKEIT

Jacques Loew

Hören, befolgen, tun, bewahren, erwägen, sorgfältig bewahren – es ist keineswegs belanglos, dass diese Gebetshaltungen allesamt im Bezug auf Maria genannt werden und sich um ihre Person bewegen, die sowohl Mutter des Herrn als auch Vorbild und Mutter des Christen, des Jüngers, der Kirche ist. Sie selbst ist die Vollendung der „wahren Seligkeit", sie, die sagen konnte: „Mir geschehe nach deinem Wort."

Nun ist es an uns, aufmerksam auf diese Haltungen zu achten, die alle drei für das Beten fundamental sind und vor allem untrennbar zueinander gehören – die Gefahr liegt darin, dass man sie auseinanderreißt. Sie erhalten ihren Gehalt erst, wenn alle drei wie eine Art Fächer vereinigt sind – in einer Art Dreifaltigkeit: hören, bewahren, tun. Jede dieser Haltungen ist einfach. Keine verlangt eine scharfe Intelligenz. Es bedarf auch keiner wissenschaftlichen Methoden, um jedes dieser Worte – hören, bewahren, verwirklichen – zu begreifen, aber es ist schwierig, sie nicht voneinander zu trennen oder das eine zugunsten des andern kurzzuschließen. Es geht immer um ein Gleichgewicht: „Was Gott verbunden hat, das soll der Mensch nicht trennen." Die Qualität unseres Lebens wird davon abhängen, ob in uns eine Einheit dieser Realitäten zustande kommt ...

Rosenkranz als universales Gebet

Carlos Alfonso Aspiroz Costa

Die Worte der meine Betrachtungen begleitenden Gebete sprechen vom Reich Gottes, vom täglichen Brot, von der Befreiung vom Bösen, von der Frucht des Leibes, von Sündern und von der Stunde des Todes. Das Reich Gottes ist Gerechtigkeit und Frieden. Es ist nicht der Wille Gottes, dass Menschen mit Füßen getreten werden. Brot ist zum Teilen da. Vergebung ist zu gewähren. Die gesegnete Frucht des Leibes der Frau ist heilig. Ja, die Worte der Heiligen Schrift und unsere gelebte Betrachtung machen den Rosenkranz sowohl zu einem prophetischen als auch zu einem kontemplativen Gebet, zu einem Gebet, das zugleich ankündigt und anprangert, zu einem tröstenden und verwandelnden Gebet ...

Ich bin zu der Auffassung gelangt, den Rosenkranz als wirklich geliebtes universales Gebet zu sehen. Ob in Italien oder in der Ukraine, in Mexiko oder den Vereinigten Staaten, den Philippinen oder Vietnam, Kenia oder Nigeria, man findet dort den Rosenkranz, er wird gebetet und geliebt. Ich meine, ein Grund dafür ist, dass er sowohl eine greifbare Wirklichkeit als auch ein Gebet ist. Fast jeder Katholik besitzt einen. Man macht ihn zum Geschenk. Ob er allein gebetet wird oder in Gemeinschaft, es handelt sich um ein Ritual. Es ist etwas, das wir anfassen, in Händen halten und nach dem wir sogar in schwierigen Augenblicken unseres Lebens greifen; es ist wie das Ergreifen der Hand Mariens selber.

Der Rosenkranz wird uns „in der Stunde unseres Todes" in die Hände gegeben und auch danach, wenn wir beerdigt werden. Die Gebete des Rosenkranzes sind Zusammenfassungen unseres Glaubens. Diese Gebete zu lernen, ist wie das Lernen des Sprechens; es ist der Beginn unseres Gebetslebens; ja, und es ist auch das Ende unseres Gebetslebens – „dein Wille geschehe" „jetzt und in der Stunde unseres Todes". In der Jugend bekommen wir einen Rosenkranz, er wird uns bei der Einkleidung gegeben, und wenn wir beerdigt werden, haben wir einen an der Seite.

ROSENKRANZ ALS WANDERNDE
KONTEMPLATION

Carlos Alfonso Aspiroz Costa

B is heute bete ich dieses Gebet besonders gern im Gehen. Es begleitet mich durch verschiedene Landschaften, sei es auf der Straße oder in der Stadt. Es ist die „wandernde Kontemplation" ... Es beginnt den Rhythmus meiner Schritte zu prägen und gestattet mir, in der Welt, die ständig im Wandel begriffen ist, einen Halt zu finden. Unlängst, während einer unserer Exerzitientage, dachte der Generalrat über das Mysterium des Todes nach. Einer der Mitbrüder erzählte, wie sterbende Mitbrüder fast immer nach ihrem Rosenkranz verlangen, sei es auch nur, um ihn zu halten. Ich entsinne mich des Filmes „Batismo de Sangue" (Bluttaufe), der Geschichte unserer brasilianischen Mitbrüder, die in den 70er Jahren, während der Diktatur Medicis, gefoltert wurden. Fr. Tito de Alençar ruft, als er aus dem Konventsgebäude gezerrt wird, einem Mitbruder zu, seinen Rosenkranz zu holen. ...

Beim Mysterium der Inkarnation geht es nicht nur um die Geburt des Herrn vor Jahrtausenden, sondern ... um die Geburt Gottes in unserem eigenen Alltag. Jesus lebt, und (sein) Geist fährt fort, uns zu heilen, zu lehren, zu vergeben, zu trösten und herauszufordern. Das ist nicht eine leere Abstraktion, sondern wird vielmehr sichtbar in und durch die mit den Geheimnissen des Rosenkranzes assoziierten Bilder. Die Bewusstheit der Inkarnation nimmt zu, während man diesen Bildern gestattet, sich mit den Sorgen unseres eigenen Alltags zu kreuzen. Somit ist der Rosenkranz zutiefst inkarnatorisch, biblisch, christozentrisch und zeitnah.

Ganz offensichtlich ist der Rosenkranz marianisch. ... In Maria verbinden sich Gottheit und Menschheit, das Geschöpf wird mit dem Schöpfer eins. In Maria erkennen wir sowohl unsere Identität als auch unsere Bestimmung. Wir sehen diese heilige Communio von Gott-mit-uns und Gott-in-uns. Wir erkennen, dass unser Gott Gott-für-uns ist – Erlöser und Retter, Heiligmacher und Verklärer.

WEG ZUM GLÜCK

Timothy Radcliffe

Viele theologische Werke sind zutiefst langweilig, aber das kommt oft daher, weil sie schlechte Theologie sind. Wir müssen die „Summa" des heiligen Thomas als das vorgestellt bekommen, was sie ist: ein kontemplatives Werk, das unsere Reise zu Gott und zum Glück erzählt. Ihre Lehren befreien uns von den Fallen, die uns auf dieser Pilgerfahrt festhalten wollen.

So viele Leute sind in götzendienerischen Begriffen von Gott als einer großen, mächtigen und unsichtbaren Person gefangen, die alles Geschehen kontrolliert und uns in ewiger Unreife gefangen hält. ... Aber Thomas sprengt in der *Prima Pars* diese Sicht, öffnet die Tür dieses spirituellen Gefängnisses und befreit uns zu einer Begegnung mit dem Mysterium Gottes, der als ewige Quelle der Freiheit im Zentrum unseres Seins lebt.

So oft sind Menschen in kleinen Visionen des Gehorsams der Regeln gefangen. Aber Thomas zeigt uns in der *Secunda Pars*, dass der Weg zur Heiligkeit im Wachsen in den Tugenden besteht, durch die wir stark und der Gott eigenen Freiheit teilhaftig werden.

Oft sind Menschen in einer magischen Sicht der Religion gefangen. Aber in der *Tertia Pars* zeigt uns Thomas, wie Gott in der Inkarnation und in den Sakramenten unsere ganze Menschlichkeit umfasst und verwandelt.

Ein Test für gute Theologie besteht darin, zu schauen, ob sie in Lobpreis und Verehrung, in Glück und wahre innere Freiheit mündet. Es gibt wenig Theologie, die diesen Test besteht. ...

Das Theologiestudium sollte glücklich machen. Schließlich lernen wir dabei all diese großen Dinge, die Gott für uns getan hat. Thomas sagt: „Die, die sich der Betrachtung der Wahrheit verschrieben haben, sind glücklicher in ihrem Leben als alle anderen." Und für ihn meinte Betrachtung vor allem Studium. Wir lernen, das Wort Gottes zu lieben und durch seinen Charme genährt zu werden, wie Albertus Magnus sagt.

GOTT SPRECHEN LASSEN

Edward Schillebeeckx

In seinem ersten persönlichen großen Werk, der „Summa contra Gentiles", hat Thomas seine Lebensaufgabe als Theologe in ungewöhnlicher Ichform … scharf umrissen: „Ich sehe es als meine allererste, Gott geschuldete Lebensaufgabe an, ihn in all meinen Worten, Gedanken und Gefühlen sehen und sprechen zu lassen." Die allgemeine Lebensberufung, in und durch den Dienst am Mitmenschen Gott zu dienen, erfährt Thomas für sich selber, indem er von ihm als Gott zu den Mitmenschen redet: Gott Gott sein zu lassen, indem er ihn durch seine eigenen menschlichen Worte zu anderen sprechen lässt.

Die Daseinsberechtigung seines Lebens liegt in diesem Dienst am Mitmenschen: von Berufs wegen beschäftigt zu sein mit Gott, um andere daran teilnehmen zu lassen: *contemplata aliis tradere*, wie er es selber ausdrückt. Denken ist für ihn die menschliche Materie, die er als Christ heiligt und Gott widmet, zugleich aber auch dasjenige, womit er seinem Mitmenschen dienen will. In seinem *principium* … spricht er ausführlich über sein theologisches Amt (*officium*) als „Dienst (*ministerium*) an der Wahrheit". Das Leben des Thomas möchte ich darum als ein „priesterliches Lehramt" sehen, das heißt als priesterlichen Dienst am Wort in einer reflexiv durchdachten, zeitgemäß verantworteten Form. Als Theologe steht Thomas mit seinem ganzen menschlichen Reflexionsvermögen und seiner Denkkraft im christlichen Glauben.

Heil in Jesus

Edward Schillebeeckx

Wir können den Glauben an Jesus als den Christus, Gottes einzigen Sohn, unseren Herrn, so zusammenfassen: Die Frage nach christlicher Identität hat wesentlich mit der Frage nach menschlichem Heil-sein zu tun. Dieser Glaube schließt daher ein: a) Primär ein gläubiges Bekenntnis zu Gottes Handeln mit Jesus von Nazaret. Gott zeigt sich solidarisch mit Jesus, dem von Menschen wegen seiner Botschaft verworfenen und ausgestoßenen Propheten des Gottesreichs: Heil in Jesus von Gott her. Gott bestätigt nicht nur diese Botschaft und die entsprechende Praxis, sondern auch die Person Jesu selbst, endgültig: Er ist ein Gott der Menschen. ... b) Eine konsequente Praxis dieses Glaubens; ein Verhalten, das mit dem Reich Gottes übereinstimmt, nämlich: 1. in dem Bewusstsein, dass der, der an Jesus glaubt, es wagen muss – in der Nachfolge Jesu –, selbst parteiisch für den unterdrückten, erniedrigten Menschen einzutreten: für den Mitmenschen; 2. einerseits wissend, dass er dann, wie Jesus, Gefahr läuft, selbst von dieser „Welt" unterdrückt und beseitigt zu werden: „der Jünger ist nicht besser als der Meister"; 3. andererseits im Glauben davon überzeugt, dass er auch dann – darin ebenfalls „Jesus nach" – *von Gott unwiderruflich angenommen wird*. „Wenn wir mit ihm leiden, um mit ihm verherrlicht zu werden" (Röm 8,17b). Das ist der neutestamentliche Gottesglaube, der, allem weltlichen und oft auch kirchlichem Schein zum Trotz, „die Welt besiegt" (1 Joh 5,4).

THEOLOGIE ALS WEISHEIT

Otto Hermann Pesch

Thomas verkennt … nicht die Grenzen. Gerade sein unstillbarer Hunger nach Verstehen schärft auch das Gefühl für die Unbegreiflichkeit Gottes. Einer seiner größten Sätze lautet: „Das ist das Letzte in der menschlichen Erkenntnis von Gott, dass sie weiß, von Gott nichts zu wissen." Aber der Satz ist nur der ganze Thomas, wenn ihm der andere hinzugefügt wird: „Von den höchsten Dingen auch nur mit kleiner und schwächlicher Betrachtung irgendetwas erschauen zu können, ist höchste Lust (*iucundissimum*)" …

Die Philosophie, setzt Thomas ein, gibt uns am Ende ihrer Denkbemühungen beachtliche Erkenntnisse über Gott oder besser: in Richtung auf Gott. Aber vor der wichtigsten Frage verstummt sie: vor der Frage nach dem menschlichen Heil, anders und näher bei Thomas ausgedrückt: vor der Frage nach dem Weg des Menschen zu Gott, denn allein Gott ist das Heil des Menschen. Deshalb bedarf es einer „heiligen Lehre" (*sacra doctrina*), die von Gott selbst kommt, durch „Offenbarung". Nur durch sie kennt der Mensch die Gedanken Gottes über den Weg des Menschen zu Gott als Heil, und nun kann er die Welt und den Menschen aus ihren „höchsten Gründen" verstehen, er weiß um ihre Herkunft und ihr Ziel in Gott. Die „heilige Lehre" ist darum „gleichsam eine Einprägung des göttlichen Erkennens" im Geist des Menschen.

Die theologische Verstehensbemühung hat daher die Aufgabe, „alles im Lichte Gottes zu betrachten, weil es dabei entweder um Gott selbst geht oder weil es eine Hinordnung auf Gott als Ursprung und Ziel hat". Wie atemberaubend dieses Programm ist, zeigt sich an einem kleinen Detail: Thomas sieht die „heilige Lehre" zugleich als offenbarendes Wort Gottes und als menschliche Verstehensbemühung zusammen. Gottes offenbarendes Wort wird zur Weisheit des Menschen, die dieser nun mit aller Leidenschaft näher zu verstehen suchen soll. *Das* ist das irdische Heil.

WISSEN UND BLEIBENDES GEHEIMNIS

Otto Hermann Pesch

Alles wird in dieser Wissenschaft im Hinblick auf Gott behandelt", *sub ratione Dei,* sagt Thomas zu Beginn seiner STh [Summa theologiae, d. H.], und zwar geht es entweder um Gott selbst oder um die Dinge in ihrem Bezug zu Gott als Ursprung und Ziel. Im Klartext: Die Theologie des Thomas ist theozentrisch im präzisen Sinn. Sie denkt die theologischen Sachverhalte durch, in und aus der Perspektive des Schöpfergottes ... Theologie heißt, mit den Gedanken Gottes auf Welt, Mensch und Geschichte blicken – und dann sehen, wie alles von Gott ausgeht und zu ihm heimkehrt. Dieser Gott ist auch Schöpfer der Vernunft, und darum ist ein grundsätzliches Misstrauen gegen die Wahrheitsfähigkeit der Vernunft ganz unangebracht. Darum ist auch Aristoteles schon auf dem Weg zur christlichen Gotteserkenntnis (Gottesbeweis!), wenn auch erst der Glaubende aus dem Wort Gottes Gott als den erkennt, der den Menschen zu einem seine Naturkraft übersteigenden Heil aus Gnade beruft und führt.

Alles Mitsehen mit den Augen Gottes bedeutet freilich nicht, dass wir ihn selbst je begreifen. Dafür steht die Analogielehre und die Erörterung der „Namen" Gottes, die alle und sogar mit Realitätsgehalt auf Gott verweisen, ihn aber nicht umfassen wie ein Begriff seine Sache umfasst. Darum bleibt es dabei: Das ist das Höchste in der Erkenntnis Gottes, dass sie weiß, von Gott nichts zu wissen. Wohl wissen wir von Gott her etwas über seine Geschöpfe. Und beides, Wissen und bleibendes Geheimnis, durchdringen sich in der Prädestination ...

GOTT IST ANDERS

Johannes B. Brantschen

Der Gott Jesu *ist ganz anders!* Er will, dass wir lachen und träumen dürfen und ohne Schuldgefühle als freie Menschen durchs Leben gehen können. Das vorkonziliare Theologiestudium brachte zunächst keine Befreiung, sondern war eine herbe Enttäuschung. Diese neuscholastische Theologie empfanden wir Studenten – nicht selten – als ein perfektes Ausbauen von Sackgassen. Mit einem aristotelisch geschliffenen Seziermesser wurde der göttliche Gott bis in letzte Details „zerbeinelt". Das Heilige ging verloren, das Geheimnis verschwand. Wir erhielten Antworten auf Fragen, die wir nicht hatten, und unsere Fragen blieben unbeantwortet.

Als mein Freund und Mitbruder Guy Musy und ich unser theologisches Lizentiatsdiplom in Empfang nehmen durften, waren wir uns einig: Diesen Gott unserer vorkonziliaren Dogmatiker und Moralisten gibt es nicht, kann und darf es nicht geben. Was uns damals vor dem Absturz in den Atheismus rettete, war – neben der Exegese – die negative Theologie. Wenn du meinst, du hättest verstanden, hast du es nicht mit Gott zu tun. „Si enim comprehendis, non est Deus", sagt Augustinus. Oder mit Thomas von Aquin: „Gott wird mit Schweigen geehrt, nicht weil wir nichts von Gott sagen können, sondern weil wir einsehen müssen, dass alles, was wir von Gott sagen, Gott unangemessen ist."

Diese negative Theologie vermochte aber auf die Dauer nicht zu befriedigen, denn der Mensch will verstehen, auch wenn es nur wenig ist. So fing ich denn an – inspiriert durch meine Lehrmeister Christian Duquoc OP (Lyon) und Gottfried Bachl (Salzburg) –, den kerygmatischen Satz „Gott ist Liebe" (1 Joh 4,8 und 16) theologisch zu buchstabieren, ohne die Macht und die Gerechtigkeit aus dem semantischen Feld der Liebe auszublenden.

DIENST AN DER WAHRHEIT

Yves Congar

Der vielleicht bewegendste Zug an der Treue des heiligen Thomas, Dieners der Wahrheit, war die unendliche Feinfühligkeit und die grenzenlose Achtung, die er gegenüber jener Sache verspürte, die nicht ihm gehörte, sondern Sache seines Herrn war, der er redlich dienen sollte und auch diente: der Wahrheit. Treue im Sinne von Rechtschaffenheit, Redlichkeit, Uneigennützigkeit ist tatsächlich die wahre und entscheidende Tugend eines Dieners. Sie setzt eine Haltung der Armut und Reinheit voraus und ist selbst die Vollendung dieser Haltung. Hier erreicht der heilige Thomas die Vollkommenheit des Dienstes.

Die tiefe Achtung vor dem „Gegebenen" reicht bis in die feinsten Fibern seines Wesens hinein; Gott hat es ihm ja selbst als Gut anvertraut; ihm obliegt die Verwaltung der Dinge des Herrn, die nicht ihm gehören, und was von einem Verwalter und Diener vor allem erwartet wird, ist Treue. Daher denn auch die für den heiligen Thomas bezeichnende außerordentliche Feinfühligkeit, von der Wahrheit in nichts abzuweichen, über das, was ihm gegeben oder vielmehr anvertraut wurde, nicht hinauszugehen, es nicht zu schmälern; daher seine außerordentliche Besonnenheit im Denken, in der Behauptung und in der Formulierung. Jenes Gleichgewicht aller Gesichtspunkte, jene Weite, jene Fähigkeit, alles hereinzunehmen, alles zu koordinieren, ist eine wohlbekannte Eigenschaft seines Werkes und seiner Lehre ... Er besaß in höchstem Grade ein Empfinden für die Vernünftigkeit des Glaubens und Sinn für das Geheimnis. Er hält nicht alles für beweisbar noch für durchdringbar, und doch ist in seinen Augen die Arbeit der gläubigen Vernunft, die sich mit der Kontemplation der Geheimnisse und der Ausarbeitung des Gegebenen befasst, nichts Geringes ... Er ist nur Diener, doch würde ihm nie einfallen, im Dienst des Theologen etwas Geringfügiges zu sehen.

Gebildete Prediger

Simon Tugwell

Das Studium war von Anfang an ein wesentlicher Bestandteil dominikanischen Lebens. Jedes Haus sollte in der Kommunität einen Theologiedozenten haben; viele Dominikanerklöster wurden Zentren für theologische Studien ... Die ersten Gefährten des Dominikus allerdings zeichneten sich mehr durch Eifer als durch intellektuelle Fähigkeiten aus, aber bald begannen sich auch gebildetere Männer für den Orden zu interessieren. Dominikus' Nachfolger, Jordan von Sachsen (gest. 1237), hielt die Universitäten für die wichtigste Rekrutierungsstätte des Ordensnachwuchses. Er war so erfolgreich im Anwerben von Studenten, dass er als „Hure der Schulen" galt. Es scheint einige Spannungen gegeben zu haben zwischen denen, die mehr an Frömmigkeit als an Studien interessiert waren, und denen, die das Studium für das Wichtigste in der Ordenstätigkeit hielten. Aber es gibt keinen Zweifel, auf welcher Seite die Ordensoberen standen.

In einem Rundschreiben aus dem Jahr 1233 mahnt Jordan an, dass sogar das Leben der Menschen durch fehlende Studierbereitschaft der Brüder in Gefahr sei. Humbertus Romanus spricht missbilligend von einem Bruder, der „dumm" wurde „durch übertriebene Frömmigkeit". Seit der Mitte des 13. Jahrhunderts entwickelte der Orden ein sehr umfassendes Erziehungsprogramm mit komplizierten akademischen Strukturen, auch wenn nicht immer genug qualifizierte Lehrer zur Verfügung standen. Aus dem Orden gingen einige der bedeutendsten Theologen der Epoche hervor ...

Zwischen Erfahrung und Gottes Wort

Timothy Radcliffe

Theologie besteht nicht nur aus dem, was in den Studienzentren geschieht. Sie ist der Augenblick der Erleuchtung, der neuen Erkenntnis, wenn Gottes Wort unseren alltäglichen Erfahrungen begegnet bei dem Versuch, menschlich zu sein, in Sünde und Versagen, beim Aufbau einer menschlichen Gemeinschaft und bei der Schaffung einer gerechten Welt. Die ganze Welt der Gelehrsamkeit, der biblischen Fachleute, der Kenner der Kirchenväter, der Philosophen, der Psychologen ist dazu da, dass das Gespräch fruchtbar und wahrhaftig wird.

Gute Theologie ereignet sich zum Beispiel dann, wenn der Bibelwissenschaftler seinem in der Pastoralarbeit stehenden Bruder hilft, seine Erfahrungen zu verstehen, und wenn der Bruder mit pastoralen Erfahrungen dem Wissenschaftler hilft, das Wort Gottes zu verstehen. ...

Wo betreiben wir Theologie? Wir benötigen die großen theologischen Fakultäten und die Bibliotheken. Wir brauchen aber auch Zentren, in denen Theologie in anderen Zusammenhängen betrieben wird: mit den Menschen, die für Gerechtigkeit kämpfen, im Dialog mit anderen Religionen, in Armenvierteln und Krankenhäusern. Ganz besonders zum heutigen Zeitpunkt im Leben der Kirche bedeutet wahres Studium den Aufbau von Gemeinschaft zwischen Frauen und Männern. Eine Theologie, die nur aus männlicher Erfahrung erwächst, humpelt auf einem Bein, atmet mit einer Lunge. Aus diesem Grund müssen wir heute Theologie mit der ganzen Dominikanischen Familie betreiben, auf die Erkenntnisse eines/einer jeden von uns hören, eine wirklich menschliche Theologie schaffen. Hören wir auf das, was Gott der heiligen Katharina von Siena sagte: „Natürlich hätte ich die Menschen so erschaffen können, dass jeder alles besaß, aber ich zog es vor, verschiedenen Menschen verschiedene Talente zu geben, damit sie alle einander nötig hätten."

Sich dem Mysterium öffnen

Timothy Radcliffe

Das mangelnde Vertrauen (in das Studium) kann zwei Erscheinungsformen haben: einen Relativismus, der daran zweifelt, jemals zur Wahrheit zu gelangen, und einen Fundamentalismus, der behauptet, dass man bereits die volle Wahrheit besitzt. Angesichts der Verzweiflung in Gestalt des Relativismus feiern wir die öffentliche Verkündigung, damit die Wahrheit bekannt wird und in der Tat als ein Geschenk zu uns gekommen ist. Mit dem heiligen Paulus können wir sagen: „Denn ich habe vom Herrn empfangen, was ich euch dann überliefert habe" (1 Kor 11,23). Studieren ist eine eucharistische Handlung. Wir öffnen unsere Hände zum Empfang der an Wissen reichen Geschenke der Tradition. Die Kultur des Westens ist von einem tiefen Misstrauen gegenüber allem Lehren gekennzeichnet, da dieses mit Belehrung und Bigotterie gleichgesetzt wird. Die einzig gültige Wahrheit ist die von einem selbst entdeckte oder die auf den eigenen Gefühlen beruhende. … Die Lehre soll uns aber befreien aus den engen Grenzen meiner Erfahrung und meiner Vorurteile und uns die weit geöffneten Räume einer Wahrheit erschließen, die niemand beherrschen kann. …

Es gibt aber auch die steigende Flut des Fundamentalismus, der einer tiefen Furcht vor dem Denken entstammt und der „die falsche Sicherheit eines Glaubens ohne Zweideutigkeiten" anbietet. Innerhalb der Kirche zeigt sich dieser Fundamentalismus in der gedankenlosen Wiederholung überlieferter Worte, einer Weigerung, an der niemals endenden Suche nach Verstehen teilzunehmen, einer Intoleranz gegenüber allen, für die Tradition nicht nur eine Offenbarung, sondern auch eine Einladung bedeutet, sich dem Mysterium zu nähern. Dieser Fundamentalismus mag den Eindruck vermitteln, in felsenartiger Treue zur Rechtgläubigkeit zu stehen. Er widerspricht aber einem fundamentalen Grundsatz unseres Glaubens, der besagt, dass, wenn wir streiten und diskutieren, wir unseren Schöpfer und Erlöser ehren, der uns Verstand gab, um zu denken und sich ihm zu nähern.

VERANTWORTUNG FÜR DAS WORT

Timothy Radcliffe

Alle menschlichen Gemeinschaften sind verwundbar, können sich auflösen, benötigen fortwährend Stärkung und Heilung. Eine Weise, wie wir zusammen Gemeinschaft schaffen und immer wieder neu schaffen, ist unser Sprechen miteinander. Als Diener am Wort Gottes sollten wir uns in hohem Maße der Macht unserer Worte bewusst sein, der Macht nämlich, zu heilen oder zu verletzen, aufzubauen oder zu zerstören. Gott hat ein Wort gesprochen, und das Wort ist ins Dasein getreten. Und jetzt spricht Gott das Wort, das sein Sohn ist, und wir werden erlöst. Unsere Worte haben Anteil an dieser Macht. Im Zentrum unserer Bildung und unserer Studien muss eine große Ehrfurcht vor der Sprache stehen, ein Feingefühl für die Worte, die wir unseren Brüdern und Schwestern sagen. Durch unsere Worte können wir Auferstehung oder Kreuzigung bewirken, und oft erinnert man sich der Worte, die wir sprechen; sie werden im Herzen unserer Brüder bewahrt für lange Zeit, im Guten oder Bösen reflektiert und wieder aufgegriffen. Ein Wort kann töten.

Unser Studium sollte uns zur Verantwortung erziehen, zur Verantwortung für die Worte, die wir benutzen. Verantwortung in dem Sinn, dass das, was wir sagen, der Wahrheit gerecht wird, der Wirklichkeit entspricht. Wir haben aber auch die Verantwortung, Worte zu sagen, die Gemeinschaft aufbauen, andere erziehen, Wunden heilen, Leben spenden. Aus dem Gefängnis schrieb der heilige Paulus an die Philipper: „Schließlich, Brüder: Was immer wahrhaft, edel, recht, was lauter, liebenswert, ansprechend ist, was Tugend heißt und lobenswert ist, darauf seid bedacht" (Phil 4,8).

Gebet vor dem Studium

Thomas von Aquin

Über alle Worte erhabener Schöpfer, du hast aus den Schätzen deiner Weisheit drei Ordnungen der Engel bestimmt und ihnen über dem Ätherhimmel in wunderbarer Ordnung einen Platz gegeben und die Teile des Universums in höchster Harmonie geordnet.

Du, so sage ich, der du die wahre Quelle des Lichtes und der Weisheit und der überragende Ursprung genannt wirst, du wollest über die Dunkelheiten meines Verstandes den Strahl deiner Klarheit ergießen und von mir die doppelte Dunkelheit nehmen, in der ich geboren bin, nämlich die Sünde und die Unwissenheit. Du, der du die Zungen der Kinder beredt machst, mögest meine Zunge formen und „durch deinen Segen Anmut auf meine Lippen ausgießen". Schenke mir beim Erkennen Scharfsinn, beim Behalten Merkfähigkeit, beim Hinzulernen Weite und Leichtigkeit, beim Interpretieren feines Gespür und beim Formulieren die Gnade, mühelos die rechten Worte zu finden.

Du mögest dem Beginn die rechte Grundlage schenken, den Fortgang lenken und den Ausgang vollenden. Du, der du wahrer Gott und Mensch bist und der du lebst und herrschst in alle Ewigkeit. Amen.

BRIEF ÜBER DAS STUDIEREN

Thomas von Aquin

In Christus geliebter Johannes, weil Du mich gefragt hast, wie Du studieren musst, um den Schatz der Wissenschaft zu erwerben, gebe ich Dir folgenden Rat:

1. Suche nicht vom Bach her sofort ins Meer zu gelangen, denn man muss vom Leichteren zum Schwierigeren fortschreiten.
2. Das also ist meine Mahnung und Belehrung für Dich: Sei langsam im Reden und gehe nur mit Zögern ins Sprechzimmer.
3. Bemühe Dich um ein reines Gewissen.
4. Höre nicht auf, Dir zum Beten Zeit zu nehmen.
5. Bleibe gern in Deiner Zelle, wenn Du in den Weinkeller [Gärkammer] eingelassen werden möchtest.
6. Zeige Dich liebenswürdig zu allen.
7. Frage überhaupt nicht, was die anderen tun.
8. Sei zu niemandem allzu vertraulich, denn übergroße Vertraulichkeit erzeugt Verachtung und bietet Anlass zur Ablenkung vom Studium.
9. Misch Dich nicht ein in die Worte und Taten der Leute in der Welt.
10. Fliehe die Wortgefechte über alles.
11. Lass nicht ab, den Spuren der Heiligen und der guten Menschen zu folgen.
12. Achte nicht darauf, *von wem* Du etwas hörst, sondern behalte im Gedächtnis, *was* Gutes gesagt wird.
13. Siehe zu, dass Du verstehst, was Du liest und hörst.
14. Schaffe Dir Klarheit im Zweifel.
15. So viel Du vermagst, bewahre im Schränklein … Deines Geistes auf, wie jemand, der ein Gefäß füllen will.
16. Forsche nicht nach dem, was Dich überfordert.

Folgst Du diesen Spuren, so wirst Du Reben und Früchte treiben und hervorbringen, die im Weinberg des Herrn nützlich sind. Folgst Du ihnen, so wirst Du erreichen, wonach Du verlangst.

An den Grenzen

Girolamo Savonarola

Mein Herr, der ich Staub und Asche bin, ich will diesen Morgen zuerst zu deiner Majestät sprechen. Aber – wäre das von mir nicht eine Überheblichkeit – ich wünschte, mit dir von Angesicht zu Angesicht zu sprechen, doch ist dies nicht möglich, denn mein Auge reicht nicht bis zu deinem Licht. Du, mein Herr, hast jedem Geschöpf Grenzen gesetzt, und über die Grenzen hinaus, die du für es bestimmt hast, kann es sich nicht erstrecken. Und so hat mein körperliches Auge seine Begrenzung, die es ihm zwar erlaubt, die Farben und das körperliche Licht zu sehen, doch vermag es nicht zu deinem unbegrenzten Licht vorzustoßen. Solange mein Intellekt, mein natürliches Licht, in diesem Körper weilt, vermag es nicht zu deinem Licht vorzudringen und kann dich nicht sehen, denn es stößt auf viele Hindernisse und hat auch manches in seiner Vorstellung, das ihn abhält.

Aber selbst dann, wenn er einmal von diesem Leib getrennt ist, wird er dich von sich aus nicht sehen und begreifen können, denn du bist unendlich und hast jedem Intellekt Grenzen gesetzt. Auch dann wird er dich also weder begreifen noch sehen können, es sei denn mittels der Geschöpfe und gemäß den ihm gesetzten Grenzen. Da ich aber, Herr, diesen Morgen trotzdem ein wenig mit dir reden will, rede und spreche ich … dich an, mein Herr, der du – den Philosophen gemäß – die erste Ursache bist, dich, den ersten Ursprung, dich, den ersten Beweger, dich, die reine Wirklichkeit, dich, den unwandelbaren Gott, den Lenker des Alls.

Vom wahren Gehorsam I

Meister Eckhart

Wahrer und vollkommener Gehorsam ist eine Tugend vor allen Tugenden, und kein noch so großes Werk kann geschehen oder getan werden ohne diese Tugend; wie klein anderseits ein Werk sei und wie gering, es ist nützer getan in wahrem Gehorsam, sei's Messelesen oder -beten, Kontemplieren oder was du dir denken magst. Nimm wiederum ein Tun, so geringwertig du nur willst, es sei, was es auch sei: Wahrer Gehorsam macht es dir edler und besser. Gehorsam bewirkt allwegs das Allerbeste in allen Dingen. Fürwahr, der Gehorsam stört nie und behindert nicht, was einer auch tut, bei nichts, was aus wahrem Gehorsam kommt; denn der versäumt nichts Gutes. Gehorsam braucht sich nimmer zu sorgen, es gebricht ihm an keinem Gute.

Wo der Mensch in Gehorsam aus seinem Ich herausgeht und sich des Seinen entschlägt, ebenda muss Gott notgedrungen hinwiederum eingehen; denn wenn einer für sich selbst nichts will, für den muss Gott in gleicher Weise wollen wie für sich selbst. Wenn ich mich meines Willens entäußert habe in die Hand meines Oberen und für mich selbst nichts will, so muss Gott darum für mich wollen, und versäumt er etwas für mich darin, so versäumt er es zugleich für sich selbst.

So steht's in allen Dingen: Wo ich nichts für mich will, da will Gott für mich. Nun gibt acht! Was will er denn für mich, wenn ich nichts für mich will? Darin, wo ich von meinem Ich lasse, da muss er für mich notwendig alles das wollen, was er für sich selbst will, nicht weniger noch mehr und in derselben Weise, mit der er für sich will. Und täte Gott das nicht – bei der Wahrheit, die Gott ist –, so wäre Gott nicht gerecht, noch wäre er Gott, was doch sein natürliches Sein ist.

Vom wahren Gehorsam II

Meister Eckhart

In wahrem Gehorsam darf kein „Ich will so oder so" oder „Dies oder das" gefunden werden, sondern nur vollkommenes Aufgeben des Deinen. Und darum soll es im allerbesten Gebet, das der Mensch beten kann, weder „Gib mir diese Tugend oder diese Weise" noch „Ja, Herr, gib mir dich selbst oder ewiges Leben" heißen, sondern nur: „Herr, gib mir nichts, als was du willst, und tue, Herr, was und wie du willst in jeder Weise!"

Dies übertrifft das erste (Gebet) wie der Himmel die Erde; und wenn man das Gebet so verrichtet, so hat man wohl gebetet: wenn man in wahrem Gehorsam aus seinem Ich ausgegangen ist in Gott hinein.

Und so wie wahrer Gehorsam kein „Ich will so" kennen soll, so soll auch niemals von ihm vernommen werden: „Ich will nicht"; denn „Ich will nicht" ist wahres Gift für jeden Gehorsam.

Wie denn Sankt Augustin sagt: „Den getreuen Diener Gottes gelüstet nicht, dass man ihm sage oder gebe, was er gern hörte oder sähe; denn sein erstes, höchstes Bestreben ist zu hören, was Gott am allermeisten gefällt."

DER SCHLÜSSEL DES GEHORSAMS

Katharina von Siena

Einmal sprach Christus über viele Dinge mit seiner Gemahlin Caterina, und unter anderem sagte er: „Ich habe Dir gesagt, dass der Gehorsam ein Schlüssel zur Pforte des Himmels ist, und das ist wahr. Und ich habe von dem Frieden gesprochen, den der Gehorsam gibt, und von dem Unfrieden, den der Ungehorsam verursacht, und wie sich der Ungehorsam selbst betrügt, denn von dem Ungehorsam ist der Tod in die Welt gekommen. Aber jetzt habt ihr das Leben durch den Gehorsam meines ewigen Wortes, das heißt durch meinen eingeborenen Sohn.

Und wie auf euch der Tod durch den ersten Menschen (Adam) gekommen ist, so haben all diejenigen das Leben mit Hilfe des süßen neuen Menschen Jesus Christus gewonnen, die den Schlüssel des Gehorsams tragen wollen. Denn als der richtige Weg zum Himmel erneuert werden sollte, da machte ich ihn als eine Brücke und einen gangbaren Weg, auf dem ihr gewisslich ins ewige Leben eingehen und euch das Himmelstor mit dem Schlüssel des Gehorsams öffnen könnt, so wie auch ich bereit bin, euch das Himmelstor zu öffnen."

GEHORSAM ALS SKANDAL

Timothy Radcliffe

Am Anfang der Verkündigung Jesu stand seine Proklamation, dass die Verheißung des Jesaja erfüllt war: Freiheit für die Gefangenen und Befreiung für alle Unterdrückten (vgl. Lk 4,16–30). Das Evangelium, das wir zu predigen haben, ist das der ununterdrückbaren Freiheit der Kinder Gottes. ... Daher ist es paradox, wenn wir, um dieses Evangelium zu predigen, unser Leben dem Orden weihen, indem wir das Gehorsamsgelübde ablegen, das einzige, das wir Dominikaner bei der Profess kennen. Wie können wir von Freiheit sprechen, da wir doch unser Leben hingegeben haben? Das Gelübde des Gehorsams ist ein Skandal in einer Welt, die Freiheit als höchsten Wert anstrebt. Doch was ist die Freiheit, nach der wir hungern? ...

Als die Jünger Jesus am Brunnen mit der Samariterin sprechen sahen, sagte er zu ihnen: „Meine Speise ist es, den Willen dessen zu tun, der mich gesandt hat" (Joh 4,34). Der Gehorsam Jesu gegenüber dem Vater ist keine Einschränkung seiner Freiheit oder seiner Autonomie. Er ist die Speise, die ihm Kraft gibt und ihn stark macht. Er ist sein Verhältnis zum Vater, die Hingabe dessen, was er ist, sein eigentliches Sein.

Diese tiefe Freiheit Jesu, seine Zugehörigkeit zum Vater, ist genau der Rahmen, in dem wir darüber nachdenken, was es für uns bedeutet, frei zu sein und unser Leben dem Orden zu weihen. Es geht dabei ... um die Freiheit, zu sein, die Freiheit dessen, der liebt. Innerhalb unserer eigenen dominikanischen Tradition ist diese Zusammengehörigkeit in gegenseitigem Gehorsam durch eine Spannung zwischen zwei Eigenheiten gekennzeichnet: einer bedingungslosen Hingabe unseres Lebens an den Orden und der Suche nach Konsens auf der Grundlage der Diskussion und der gegenseitigen Aufmerksamkeit und Achtung. Beide sind notwendig, wenn wir Prediger der Freiheit Christi sein sollen, der Freiheit, nach der die Welt dürstet.

In der Übersetzung – damit wir verstehen

Adelheid Langmann

Da [eine] Schwester Gehorsam bei der Profess versprechen sollte, hieß sie unser Herr eine Lebensbeichte ablegen, dann wolle er ihr einen anderen (Schutz-)Engel senden. Das versprach sie unserm Herrn. … Am selben Tag noch empfing sie unsern Herrn und leistete ihr Gehorsamsgelübde. Da vergab ihr unser Herr alle ihre Sünden, dass er ihre niemals mehr suchen wollte, und sprach: „Ich will mich nimmermehr von dir trennen [scheiden], weder hier [in deinem Leben] noch dort [in der Ewigkeit]." Sie sprach: „Ach Herr, nun bin ich doch recht krank, wie soll ich meinen Orden tragen?" Da sprach er aber: „Erfülle fröhlich dein Gehorsamsgelübde. Was du nicht kannst, das vermag ich doch. Ich will dich niemals verlassen, in keiner Not des Leibes noch der Seele."

Sie bat ihn um Seelen und mahnte ihn im Gehorsam. Da gab er ihr fünfundzwanzigtausend Seelen und ebenso viel Sünder und gleich viel guter Leute zur Befestigung. Auch gab er ihr einen anderen Engel und empfahl sie dem Engel sehr. Der Engel sprach, er wolle sich gerne um sie kümmern. Unser Herr empfahl ihr den Engel ebenfalls sehr und sprach, sie solle gern zu ihm beten, er sei ein gefürsteter Engel. Sie fragte ihn, warum er ihr einen anderen Engel gegeben habe. Da sprach unser Herr: „Du bist nun in ein hohes Leben getreten. Deshalb habe ich dir einen hohen Engel gegeben, da du seiner wohl bedarfst. Ein König hat einen höheren Engel als ein Herzog; je höher der Mensch ist, umso höher sein Engel."

Sünden gegen den Gehorsam

Humbert von Romans

So empfehlenswert der Gehorsam sein mag, so schwer ist es, ihn zu üben. Es gibt manche, die die ihnen übertragenen Arbeiten schlecht ausführen, um nur schnell fertig zu werden. Andere ertrotzen sich von ihren Vorgesetzten die Erlaubnis, etwas zu tun, oder aber bemühen sich gar nicht um Einholung einer Erlaubnis. Oder sie scheuen sich nicht, trotz des Verbotes nach ihrem eigenen Gutdünken zu handeln. Andere widersprechen den Vorgesetzten und tun, was ihnen gefällt, oder sie nehmen äußerlich den Befehl ehrerbietig entgegen, die Ausführung aber kümmert sie nicht. Wieder andere verbergen sich, damit ein Auftrag sie nicht erreiche, oder – und das ist besonders boshaft – sie betragen sich in einer Weise, dass der Vorgesetzte nicht mehr den Mut hat, ihnen einen Auftrag zu geben. Andere geben vor, sie seien nicht fähig zu tun, was ihnen befohlen wird. Sie fügen dem Ungehorsam eine Lüge hinzu, denn es fehlt ihnen nicht an Wissen und Können, sondern an gutem Willen.

Es gibt auch Leute, die den Auftrag nicht ausführen wollen aus Furcht, es würde später immer wieder Ähnliches von ihnen verlangt; oder sie folgen dem Befehle, aber mit Murren, nicht freiwillig, sondern gezwungen. Andere gehorchen, aber mit trauriger Miene und allzu langsam. Auch solche gibt es, die ihren eigenen Willen durch Drohungen und ungestüme Bitten durchzusetzen suchen. Wird ihnen das Gewünschte dennoch abgeschlagen, dann setzen sie das ganze Haus in Aufruhr und bringen sich selbst außer Fassung.

Wenn all die Genannten den wahren Gehorsam vor Augen hätten, würden sie sich in ihrem Gewissen ernstlich anklagen. Aber ach, manche von ihnen „sieben Mücken und verschlucken Kamele" (Mt 23,24). Kleine Nachlässigkeiten verzeihen sie sich nicht, die großen aber sehen sie nicht … Wenn sie nach einem wahrhaft reinen Herzen strebten, würden sie mehr darauf bedacht sein, einen sündhaften Zustand als eine einzelne böse Handlung zu bessern.

GEHORSAM UND
GESCHWISTERLICHKEIT

Timothy Radcliffe

Nach unserer Tradition ist Gehorsam im Grunde genommen nicht die Unterwerfung des Willens eines Bruders oder einer Schwester unter einen Oberen. Weil er ein Ausdruck der Geschwisterlichkeit untereinander ist, des miteinander geteilten Lebens innerhalb des Ordens, basiert er auf Dialog und Diskussion. … In der dominikanischen Tradition ist der erste Ort, wo wir Gehorsam praktizieren, das Kapitel der Kommunität, in dem wir miteinander argumentieren. Die Funktion der Diskussion beim Kapitel ist die Suche nach der Einheit von Herz und Sinn, bei der wir das Gemeinwohl anstreben. Wir diskutieren nicht so sehr, um zu siegen, sondern in der Hoffnung, voneinander zu lernen. Was wir suchen, ist nicht der Sieg der Mehrheit, sondern wenn immer möglich die Einmütigkeit. Diese Suche nach Einmütigkeit, selbst wenn sie zuweilen nicht erreichbar ist, bringt nicht einfach nur den Wunsch zum Ausdruck, miteinander in Frieden zu leben. Radikaler ist es eine Form der Leitung, geboren aus dem Glauben, dass auch die, mit denen wir nicht übereinstimmen, etwas zu sagen haben und wir deshalb die Wahrheit nicht allein erreichen können. Man kann Wahrheit und Gemeinschaft nicht voneinander trennen. …
Daraus folgt, dass Leiten innerhalb unserer Tradition Zeit braucht. Die meisten von uns haben viel zu tun, und so könnte diese Zeit als verschwendet erscheinen. Warum sollten wir Zeit auf das Gespräch miteinander verwenden, wenn wir predigen und lehren könnten? Wir tun es, weil es genau dieses Leben im Austausch, diese gelebte Solidarität ist, die uns zu Predigern macht.

Unbegreiflichkeit des Leides

Johannes B. Brantschen

Nachdem Karl Rahner ein Leben lang im Schweiße seines Angesichts Teilantworten auf die Frage des Leidens gesucht (und
auch gefunden) hat, meint er am Ende seines Lebens: „Die Unbegreiflichkeit des Leides ist ein Stück der Unbegreiflichkeit Gottes."
Noch ein Letztes gilt es zu bedenken: Die logisch einwandfreien
Einwände gegen Gott wegen des Leides (von Epikur bis Richard
Dawkins) sowie die rationalistischen Versuche, Gott zu rechtfertigen
trotz der Leiden (von den Freunden Ijobs über Leibniz bis hin zu
modernen „Opiumpfaffen") – all diese Versuche sind oft auf der Tri-
büne entstanden und nicht in der Arena. In der Arena wird gelitten,
geschrien, geklagt, geflucht, geweint – und vielleicht auch gebetet,
aber in der Arena wird nicht über die Versöhnung Gottes mit dem
Leid spekuliert. Es sind Menschen aus den Konzentrationslagern, in
denen sie Ungeheuerlichkeiten erlitten haben, gläubig herausgekom-
men – und es sind außenstehende Beobachter der Konzentrations-
lager ungläubig geworden. Es ist eine seltsame Erfahrung, dass Leiden zuweilen ein größeres Problem für den neutralen Beobachter als
für den Leidenden selbst ist.

Alle Versuche, die Vereinbarkeit von Gott und Leid rein theoretisch
– das heißt in einer geschichtslosen Rationalität – aufzuzeigen, müssen letztlich unbefriedigend bleiben.

Treues Dabeisein

Johannes B. Brantschen

Ich war hungrig – hast du mir zu essen gegeben? Ich war durstig – hast du mir zu trinken gegeben? Ich war krank – hast du mich besucht? Ich war Flüchtling in deinem reichen Land – hast du mich aufgenommen? Ich war im Gefängnis – bist du zu mir gekommen?" (vgl. Mt 25). Im armen, kranken, hungernden, verfolgten, gefangenen Menschen will der Weltenrichter uns begegnen, will Gott von uns gefunden und getröstet werden. In dieser Trost spendenden Zuwendung zum Kleinsten und Ärmsten werden wir Jüngerinnen und Jünger Jesu. …

Wer den Schmerz des Leidenden ernst nehmen will, muss sich eingestehen: Ich kann dir nicht zurückgeben, was du verloren hast; ich kann dir nicht wegnehmen, was dich weinen lässt, aber ich bin bei dir! Echter Trost verscheucht das Leiden des Leidenden nicht, aber der Tröster tritt zum Leidenden hinzu, hält durch seine Person einen Raum offen, der vielleicht noch offen bleiben muss, und versucht, durch behutsam redendes Schweigen dem Leidenden eine Gegenwelt zu eröffnen, in der Bestand hat, was ihn jetzt leiden lässt. Der Tröstende füllt durch sein mitleidendes Dabeisein die Zeit des Leidenden aus, ohne sie zu verkürzen; er hält eine Hoffnung wach, die dem Leidenden im Augenblick nicht möglich ist, er betäubt den Schmerz des Leidenden nicht, vermag aber durch das treue Dabeisein seinen Schmerz zu mindern. Wenn wir der Versuchung widerstehen, vor trostlos Weinenden davonzulaufen, ehren wir ihren Schmerz und trösten ohne viele Worte.

KUNST DES TRÖSTENS

Johannes B. Brantschen

E s ist noch nicht lange her, da war das Wort Trost unter zukünftigen Theologen verpönt. Die Rede vom Trost wurde gemieden wie eine Schwester, deren man sich schämte. Diese Verketzerung des Trostes ist nicht weiter verwunderlich, haben doch gerade Christen immer wieder Leidende mit einer billigen Jenseitsvertröstung abzuspeisen versucht. Umso dringlicher ist es heute, den echten Trost, der nicht von der wohlfeilen Sorte ist, wieder zu rehabilitieren – jenen Trost, der durch Ikonoklasmen hindurchgegangen ist, also frei ist von allen traditionellen Bildern und Vertröstungen, und der um die Härte des Daseins weiß.

Trösten ist eine schwierige Kunst, und sich trösten lassen nicht weniger – und dabei gehört trösten zum Schönsten, was wir Sterbliche einander zu schenken vermögen, auch wenn es oft nur wenig ist. Wer trösten will, muss zuerst einmal den Leidenden ernst nehmen und seinen Schmerz nicht durch Floskeln wie „Kopf hoch, das Leben geht weiter" oder „Es wird alles wieder gut" zu verkleinern suchen. Allerdings: Das Ausmaß des Entsetzens, die Unermesslichkeit der Trauer und Trostlosigkeit, die Vielfalt des Leidens in der großen Welt – aber auch in unserer nächsten Nähe – scheinen in keinem Verhältnis zu stehen zu den kleinen Möglichkeiten, einander zu trösten. Wir müssten denn auch oft mutlos unsere Hände sinken lassen, wären wir nicht getragen von der großen Hoffnung, dass Gott am Ende der Tage alle Tränen trocknen wird, wie es uns in der Offenbarung des Johannes versprochen ist: „Er wird alle Tränen von ihren Augen abwischen: Der Tod wird nicht mehr sein, keine Trauer, keine Klage, keine Mühsal. Denn was früher war, ist vergangen" (Offb 21,4). Diese eschatologische Hoffnung gibt uns den Mut und die Ausdauer, das hier und heute Notwendige zu tun.

ÜBER DIE HÖLLE HINAUS

Johannes B. Brantschen

Die Hölle ist letztlich auch eine Niederlage und Tragödie Gottes. Gott, der uns nicht braucht, um Gott zu sein, will nicht ohne uns Gott sein. Deshalb hat er uns als seine freien Partner und Partnerinnen geschaffen und uns in einem geduldigen Lernprozess allmählich zu verstehen gegeben, dass er unser aller Leben will (vgl. Joh 10,10). In dieser dramatischen Liebesgeschichte hört Gott in keinem Augenblick auf, um uns zu werben; denn Gott will, „dass alle Menschen gerettet werden und zur Erkenntnis der Wahrheit gelangen" (1 Tim 2,4).

Sollte es Gott nicht gelingen, alle zu gewinnen, uns alle zu überzeugen, dass er uns gernhat und unser Glück will, wäre das letztlich auch eine Niederlage und ein Schmerz Gottes – wie dies jene Eltern nur zu gut wissen, die ohnmächtig der Selbstzerstörung ihres Kindes (etwa in einer Sekte oder der Drogenszene) zusehen müssen. Dort, wo die Möglichkeit der Hölle sich ankündigt, „meldet sich der Gedanke einer Tragödie für den Menschen nicht nur, sondern für Gott selbst", schreibt Hans Urs von Balthasar.

An eine endgültige Niederlage Gottes aber vermag ich nicht zu glauben. Gott, die Macht der freien Gewinnung, wird Wege finden (vielleicht im Augenblick des Todes, im Gericht und Fegefeuer), Wege, die wir nicht kennen, die uns aber hoffen lassen, dass es Gott schließlich gelingt, ein jedes Herz zu gewinnen, ohne die Freiheit des Menschen zu überrennen.

Zu Christus, dem Weltenrichter

Albertus Magnus

Herr Jesus Christus, du Menschensohn!
Komm mit der dunklen Wolke der Buße über mich.
Wandle mein Herz in einen Tränenregen.
Komm mit deiner Macht,
und vertreibe alle Teufel des Lasters.
Komm mit deiner Herrlichkeit,
sei du der Herr meiner Seele.
Welch hilfloses Gestammel bring ich hervor,
wenn ich dir meine Schuld bekenne,
dich um Verzeihung bitte,
wenn ich beteure meine Liebe!
Tilge in meinem allzu erdverwurzelten Sein
alle Unrast, alle Unordnung!
Dämpfe das falsche Begehren
durch den Gedanken an dein Gericht,
doch mehr noch durch die Hoffnung
auf die Herrlichkeit,
mit der du alles Fleisch bekleiden willst.
Lass mich nicht müde werden
im Denken wie im Trachten nach dem Guten,
das mich zum Himmel führt.
Komm mir ganz nahe, du mein Erlöser.
Lass mich Hoffnung schöpfen,
und hebe mein Haupt zu dir empor.
Gib, dass ich die Zeichen richtig deute,
die an Sonne, Mond und Sternen geschehen.
Die Sonne der Gerechtigkeit – bist du.
Deine Vollkommenheit sei meine Sehnsucht und mein Ziel.
Der milde Glanz deiner jungfräulichen Mutter soll mir den Weg
erhellen.

ICH WILL DIE HOFFNUNG RUFEN

Girolamo Savonarola

Die Traurigkeit umzingelt und belagert mich mit ihrem gewaltigen Heer. Mit Waffen und Lärm ist sie in mein Herz eingedrungen und befehdet mich Tag und Nacht. Auch die Freunde kämpfen in ihren Reihen und sind meine Feinde geworden. Alles, was ich sehe oder höre, trägt das Banner der Traurigkeit: Die Erinnerung an meine Freunde, das Gedenken meiner geistlichen Söhne betrübt mich, die Vorstellung meines Klosters, meiner Zelle bedrängt mich. Denke ich an meine Studien zurück, schmerzt es mich. Das Bewusstsein meiner Sünden aber vernichtet mich. Alles verwandelt sich in Bitternis und Traurigkeit, so wie einem Fieberkranken Süßes bitter zu schmecken scheint. Schwer liegt die Trauer auf meinem Herzen. Wie Schlangengift, wie eine gefährliche Pest. Sie murrt gegen Gott, sie hört nicht auf zu lästern und treibt in die Verzweiflung. Oh, ich Unseliger, wer wird mich aus ihren lästerlichen Händen befreien? Wenn sich alles, was ich höre und sehe, unter ihrer Fahne zum Kampf gegen mich verschworen hat, wer soll dann noch mein Beschützer sein? Wer hilft mir? Wohin soll ich mich wenden? Wie soll es mir gelingen, der Traurigkeit zu entfliehen?

Ich weiß, was ich zu tun habe: Ich werde die unsichtbaren Mächte rufen und sie gegen die sichtbaren ins Feld führen. Wer aber soll dieses erlesene, furchtbare Heer anführen? Die Hoffnung auf die unsichtbaren Güter! Ich will die Hoffnung rufen, damit sie meine Traurigkeit besiege! Wer vermöchte ihr zu widerstehen?

Letzte Zuflucht

Girolamo Savonarola

Sieh, so sagte die Hoffnung zu mir, sieh, o Mensch, deine höchste und letzte Zuflucht ist in Gott! Öffne deine Augen und erkenne: Gott allein *ist*; er allein ist das unendliche Meer des Seins ... Alles Übrige ist, als ob es nicht wäre. Von ihm hängen alle Dinge ab. Erhielte er sie nicht, dann fielen sie wieder in das Nichts zurück, aus dem sie erschaffen wurden. Betrachte Gottes Gewalt, der zum Beginn der Zeiten Himmel und Erde schuf. Wirkt er denn nicht alles in allem? Wer vermöchte ohne ihn auch nur eine Hand zu bewegen? Wer wäre fähig, von sich aus irgendetwas zu denken?

Gedenke der Weisheit dessen, der alles im Frieden regiert, der alles sieht, vor dessen Augen sich nichts verbergen kann. Er allein weiß dich zu befreien und vermag es auch zu tun. Er allein kann dich trösten, er allein dich retten. „Verlasse dich nicht auf den Sohn eines Menschen, bei dem keine Hilfe!" Gott ist es, der das Herz der Menschen in seiner Hand hält und es wenden kann, wohin er will. Gott allein kann und will dir helfen! Zweifelst du etwa an seinem Willen? Denke an seine Güte! Gedenke seiner Liebe! Sollte etwa der die Menschen nicht lieben, der um der Menschen willen Mensch wurde und sich um der Sünder willen kreuzigen ließ? Er ist wahrhaft dein Vater; denn er hat dich erschaffen, dich erlöst und wird nicht müde, dir Gutes zu tun. Sollte je ein Vater sein Kind verlassen?

Wirf dich in seine Arme, er wird dich aufnehmen und erretten. Lies die Heilige Schrift, dann wirst du sehen, wie inständig seine große Güte dich aufruft, auf ihn zu hoffen. Und warum wohl? Eben weil er dich retten will! Was sagt er doch durch den Mund seines Propheten? Ich werde ihn befreien, weil er auf mich gehofft hat. Nur weil er auf ihn gehofft hat, will er ihn befreien! Was haben denn die Propheten, die Apostel und der Herr der Apostel selbst anderes gepredigt, als dass die Menschen auf Gott hoffen sollen? O ihr Menschen, bringt Opfer der Gerechtigkeit, hofft auf den Herrn, und er wird euch befreien und aus aller Drangsal erretten.

Liebe

Edward Schillebeeckx

Man kann sagen, dass allein die Liebe erlösend ist, weil sie wesentlich die Existenz jemandes gutheißt, ihn annimmt, billigt und bejaht. Liebe heißt Parteinahme für die Existenz eines anderen. Aber unsere geschöpfliche Liebe ist darin nur eine Bejahung der schöpferischen Liebe Gottes, aus der sie ihre Wahrheit bezieht. Denn wie Menschen in Wirklichkeit sind, können wir ihr Dasein nicht billigen oder gutheißen. Deshalb ist die wahrhaft erlösende Liebe nur möglich einerseits in der Form einer die Welt und den Mitmenschen verwandelnden Liebe, andererseits in der Form der Vergebung und Versöhnung. Wo wir anderen in Liebe begegnen, wird zumindest ein Bruchteil von Heil verwirklicht. Aber Heil, Heilsein, ist nur möglich in Vollkommenheit und Universalität. Und solches Heil kann aus sich selbst keine einzige menschliche Liebe einem Mitmenschen sinnvoll zusagen. Wenn das Gute und das Heil uns nur auf Autorität von Menschen zugesagt würde, lebten wir in einer Illusion. Universales und vollkommenes Heil kann uns nur durch die Liebe des schöpferischen und vergebenden Gottes zugesagt werden. Als getragen von dieser absoluten Liebe, wird die menschliche Liebe zum Sakrament der erlösenden Liebe Gottes. Gott sagt uns: Du, du darfst sein. Das ist die „Rechtfertigung allein aus Gnade", von der das Neue Testament spricht. Gottes schöpferische Gutheißung des menschlichen Daseins legitimiert uns zur liebenden Parteinahme für die Existenz des anderen – auch des eigenen Daseins … Erlösung ist: von Gott angenommen sein, und das ist, in Anbetracht unseres wirklichen Lebens, angenommen werden von Gott in Vergebung.

Freiheit

Edward Schillebeeckx

Ohne Spiritualität oder gläubige Ausrichtung auf Gott ist die Ethik oft gnadenlos, auf Rache der Vergeltung erpicht – während Christen doch von Barmherzigkeit und Versöhnung sprechen. Obwohl Ethos auch schon vor jedem religiösen Glaubensbekenntnis möglich ist, setzt die ethische Kompetenz doch die Gnade Gottes und damit das theologale Leben als Antwort auf diese Gnade voraus. Es geht ja um menschliche Freiheit, die ethisch zur Wirkung kommt, nicht um bürgerliche Freiheit, also meine Freiheit, wenn nötig auf Kosten der Freiheit des anderen! Die christliche Freiheit, dem Evangelium gemäße Freiheit ist solidarische Freiheit, Freiheit, die nicht zur Bedrohung der Freiheit des anderen wird, wie es ebenso bei den „liberalen bürgerlichen Freiheiten" wie bei den „kommunistischen Freiheiten" oft der Fall war und noch ist. Evangeliumsgemäße Freiheit kann nur befreite, von Egoismus und Macht erlöste Freiheit sein, eine Freiheit, die auf dem Angenommensein aller durch Gott beruht, das allem menschlichen Handeln vorausliegt. Unser Gott ist ein Gott, der den Menschen annimmt, ohne sich am Maß von dessen ethischer Leistungsfähigkeit zu orientieren und ihm die Gebrechlichkeit seiner konkreten Menschlichkeit zum Vorwurf zu machen. Deshalb ist er ein Gott der Befreiung, Vergebung und Versöhnung ...

KIRCHE

Edward Schillebeeckx

Kirchen sind also nicht das Geheimnis von Gottes Anwesenheit in der Welt, denn diese heilbringende Gegenwart liegt allen Kirchen voraus. In der Sprache der Heilswirklichkeit kommt die Kirche an zweiter Stelle zu stehen: Sie ist das Geheimnis des Sichtbarwerdens einer Botschaft von Gottes wirksamer Anwesenheit in der Welt der Menschen. Kirche ist Zeichen von Gottes befreiender Anwesenheit unter den Völkern. Man hat in jüngster Zeit, zumindest in bestimmten Kreisen der katholischen Kirche, mit der unverzichtbaren Einsicht, dass Kirche ein „Mysterium" ist, viel Missbrauch getrieben. Kirchliche Gemeinschaft als Mysterium ist aber nicht jenseits oder neben der konkreten sichtbaren Wirklichkeit angesiedelt. Man kann die Kirche idealistisch definieren, muss dabei aber ihren Bezug zur Geschichte ausblenden, der die Kirchen zu kontingenten Wirklichkeiten in unserer Geschichte macht. Wir dürfen die bestehenden Kirchen nicht mit dem Reich Gottes in eins setzen. Der Blick in die reale Geschichte zeigt, dass keine einzige Kirche eins, heilig und als einzige apostolisch ist. Die sogenannten vier *notae* der Kirche, von denen das Konzil von Konstantinopel (381) spricht, wollen also nicht eine Wirklichkeit beschreiben, sondern sind für alle Kirchen eine eschatologische Aufforderung zur Besinnung. Sobald jede Kirche ihre eigenen Begrenztheiten eingesteht und sich der *communio* mit anderen Kirchen öffnet, wird der Pluralismus der christlichen Kirchen zum Positivum und bedeutet nicht länger eine zerrissene Christenheit. Pluralität wird dann zur empirischen Bedingung der *communio* aller christlichen Kirchen untereinander.

SCHÖPFUNG

Edward Schillebeeckx

D er Grundfehler vieler Auffassungen über die Schöpfung liegt
darin, dass man die Endlichkeit als eine Wunde empfindet, die
als solche den Dingen der Welt eigentlich nicht hätte inhärent zu sein
brauchen. Man sucht deshalb nach einer besonderen Ursache dieser
Endlichkeit und findet sie in irgendeiner dunklen Macht des Bösen
oder in einer Art Ursünde. Mit anderen Worten, Endlichkeit wird
mit dem Ungehörigen, mit einem Übel, sogar mit Sündigkeit oder
Abfall identifiziert, mit einer Wunde im Sein des Menschen und der
Welt. Als ob Kommen und Gehen, Sterblichkeit, Versagen, Fehltritte und Unwissenheit nicht zur normalen Verfassung unseres Menschseins gehörten und als ob der Mensch anfangs mit mancherlei „übernatürlichen" Gaben wie Allwissenheit und Unsterblichkeit ausge-
stattet gewesen wäre, mit Dingen, die der Mensch durch den Ursün-
denfall verloren hätte.

Bei genauem Lesen zeigt sich, dass der Genesisbericht, wenn auch in
mythischen Begriffen, gerade gegen solche Vorstellungen protestie-
ren will. Wenn Gott Schöpfer ist, dann erschafft er wesensgemäß
das Nicht-Göttliche, das ganz andere, als er selbst ist, mit anderen
Worten endliche Dinge. Geschöpfe sind keine Kopien Gottes.

MITLEID

Edward Schillebeeckx

Partei ergreifen für den Menschen in Not bedeutet: Gott selbst nachfolgen, Gott, wie er sein tiefstes Mitgefühl mit den Menschen in Jesus gezeigt hat. „Er liebte uns, als wir Christen noch im Elend saßen." Das Sich-Sorgen Gottes um den Menschen wird Kriterium – das heißt Maßstab und grenzenloses Maß – unseres Uns-Sorgens um bedürftige und unterdrückte Menschen. Dieses grenzenlose Feingefühl für menschliche Nöte entwickelt sich erst voll aus einer persönlichen Erfahrung von Gottes gnädigem Ja zu allen Menschen. Gott sagt zu uns: Du, du darfst sein; du darfst sein – als Ausdruck des Wesens Gottes, „Gott ist Liebe", von Theologen ausgedrückt als „Rechtfertigung allein aus Gnade", ein gelehrtes Wort für Gottes Verliebtheit in den Menschen. Gerade diese göttliche Maßlosigkeit ist für uns Menschen nicht so selbstverständlich. Sie übersteigt das, was wir gewöhnlich „Mitmenschlichkeit" nennen. Doch ist sie selbstverständlich für alle, die selbst Gottes Barmherzigkeit erfahren haben, mit anderen Worten: für Gläubige, für Christen; sie ist auch der Prüfstein für die Echtheit unseres Gebets, unserer Liturgie und Eucharistie, die Jesus mit Recht lobt und preist als den Herrn. Aber eines der Evangelien sagt auch: Mit „Herr, Herr" rufen kommen wir nicht weit. Es geht darum, ob unsere Praxis konkret zeigt, dass wir an Jesus als „den Herrn" glauben.

HOFFNUNG

Edward Schillebeeckx

Vorstellungen und Erwartungen von Heil und menschlichem Glück werden stets aus konkret erfahrener und reflektierter Wirklichkeit von Unheil, Leiden, Misere und Entfremdung – von angehäuften negativen Erfahrungen in einer jahrhundertelangen Leidensgeschichte mit kurzen Momenten verheißungsvoller Glückserlebnisse, von Teilerfahrungen von Heil in einer durch viele Generationen verlaufenden Geschichte von nicht erfüllten Erwartungen, von Schuld und Übel – zum Ijobs-Problem unserer Menschengeschichte. Daraus entsteht dann auf Dauer ein anthropologisches Projekt, ein Bild von dem, was man für das wahre und glückliche, gute Menschsein hält.

Das stets der Kritik unterzogene, aber alle Kritik immer wieder überlebende menschliche Sehnen nach Glück und Heil erhält deshalb unvermeidlich – in unterschiedlichen Gestalten – die inhaltsreiche Nuance von „Erlösung von" oder „Befreiung aus" und zugleich des Eintritts in eine „ganz neue Welt". Negative Kontrasterfahrungen der Menschheit kennzeichnen somit die positiven Heilsvorstellungen und -erwartungen eines Volkes. In seinen Heilsvorstellungen kann man sozusagen die Leidensgeschichte eines Volkes nachlesen, auch wenn wir aus anderen Quellen die genaue Spur dieses Leidens nicht mehr verfolgen können.

MENSCHWERDUNG

Edward Schillebeeckx

Die konkrete menschlich-personale Seinsweise Jesu wird aus seinem Leben, seinem Tod und seiner Auferstehung gefüllt werden müssen; und diese Füllung wird meinen vorgegebenen Begriff von „menschlicher Person" bisweilen korrigieren müssen. Jesus könnte uns vielleicht lehren, was „Menschsein" eigentlich bedeutet, mit anderen Worten, dass nicht unser Begriff von „Menschheit" das Maß ist, nach dem wir uns selbst beurteilen müssen. Vielleicht ist er von Gott her die Offenbarung dessen, was „Menschsein" eigentlich sagen will, und wird gerade darin offenbart, was „Gottsein" bedeutet.

In einer menschlichen Leidensgeschichte ohnmächtig auf der Suche nach Sinn, nach Heil und wirklich befreiter und freier Humanität, müssen wir, konfrontiert mit der Botschaft der Religionen und insbesondere mit Jesu Botschaft von der auf Menschlichkeit bedachten Gottesherrschaft, a priori zumindest offen sein, um auf diese Botschaft zu hören: ob diese Botschaft vielleicht dort Perspektiven gibt, wo sonst nirgends befriedigende Perspektiven eröffnet werden. Die Frage ist, ob unser Verständnis von „normaler Menschlichkeit" noch als Kriterium dienen darf. Aber wenn Jesus „wahrhaft Mensch" ist, während der christliche Glaube von ihm behauptet, dass er die persönliche Offenbarungsgestalt des Vaters – des lebendigen Gottes – ist, dann werden wir in der Tat die Konsequenzen der Heilsgegenwart Gottes in dem Maß und dem zeitlichen Umfang der Menschheit Jesu erkennen müssen. In Jesus sehen wir dann, wozu der Mensch fähig ist, wenn er ganz „von Gott" und ganz „von den Menschen" ist, wenn er die „Sache der Menschheit" als schlechthin die „Sache Gottes" erfährt.

GEDANKEN AUS DEN ALBERTITAFELN I

Albertus Magnus

Es gibt zwölf gute Stücke. *Das erste ist*: Wer in diesem Leben einen Pfennig gibt in der Liebe unseres Herrn, lebt mehr nach Gottes Willen und ist den Menschen gut, als wenn er nach seinem Tod so viel Gold und Silber gäbe, dass man Dome bauen kann, die von der Erde bis an den Himmel reichen.

Das zweite ist: Wer ein hartes Wort geduldig erträgt in der Liebe unseres Herrn, der lebt mehr nach Gottes Willen, als wenn er auf seinem Rücken alle Tage so viel Ruten zerschlägt, wie auf einem ganzen Acker wachsen.

Das dritte ist: Demütige dich vor Gott und aller Kreatur; dann lebst du mehr nach Gottes Willen, als wenn du von einem Ende der Welt zum anderen gehst und deine Fußstapfen wären rot von Blut.

Das vierte ist: Biete Gott stets Reue in deiner Seele mit seiner Gnade; dann lebst du mehr nach Gottes Willen, als wenn du von einem Ende der Welt zum anderen rennst.

Das fünfte ist: Der Mensch weine eine Träne aus ehrlicher Liebe wegen des Leidens Christi; das ist mehr nach Gottes Willen, als wenn er aus Schmerz einen Bach weint so groß wie die Donau.

GEDANKEN AUS DEN ALBERTITAFELN II

Albertus Magnus

Das sechste ist: Geh selber zu Gott; das ist mehr nach Gottes Willen, als wenn du alle Heiligen und alle Engel hinsendest, die im Himmel sind.

Das siebte ist: Verurteile niemanden; das ist mehr nach Gottes Willen, als wenn du dein Blut sieben Stunden am Tag vergießen würdest.

Das achte ist: Trage mit Geduld, was Gott über dich verhängt; das ist mehr nach Gottes Willen, als wenn du verzückt wirst bis in den dritten Himmel, ähnlich wie Paulus.

Das neunte ist: Hab Mitleid mit deinen Mitmenschen; das ist mehr nach Gottes Willen, als wenn du so viele Kranke speist, als in einem ganzen Land sind.

Das zehnte ist: Siehst du heilige Werke oder andere Tugenden bei deinem Nächsten oder du weißt um sie und du freust dich in aufrichtiger Liebe darüber, dann ist das mehr nach Gottes Willen, als wenn du dich mit Gott freust im Himmel.

Das elfte ist: Suche die Sünder von ihrer Sünde abzubringen; das ist mehr nach Gottes Willen, als wenn du mit Gott selber im Himmel zu Tisch sitzt.

Das zwölfte ist: Erkenne dich selber und stelle dich mit deinem Denken, Reden, Tun und Fühlen vor Gott; das ist mehr nach Gottes Willen, als wenn du die ganze Welt zur ewigen Gnade brächtest, du selbst aber auf ewig verdammt würdest.

GLAUBE, DER ERKENNTNIS SUCHT

Albertus Magnus

Der Vollzug des Glaubens nimmt seinen Ursprung von der im Satz des Glaubensbekenntnisses selbst enthaltenen Wahrheit, nicht von einer seelischen Verfasstheit des Menschen. Denn die Wahrheit des Bekenntnissatzes schafft erst diese Verfasstheit, und zwar dadurch, dass sie die Seele in eine Ähnlichkeit mit sich erhebt, und sie bringt es mit sich, dass der Mensch durch die so gewirkte Verfasstheit sich der Wahrheit des Glaubensartikels (in Liebe) zuwendet. Somit steht am Anfang dieser erhabenen Bewegung die Erstwahrheit, und im Glauben gibt sich der Mensch durch den von ihr kommenden Glaubenssatz ihr hin. So schließt sich der Kreis: Der Lichtstrahl, der aus der Ewigkeit kommt, dringt in die der Zeit unterworfene Seele des Gerechtfertigten ein und kehrt über die aus dem Satz des Bekenntnisses hervorleuchtende göttliche Wahrheit zur ewigen Wahrheit zurück.

In der Zustimmung gelangt der Glaube zur Vollendung, und daher ist das Glauben durch und durch ein Geschenk Gottes. Die Zustimmung gründet sich nicht auf das Sehen und nicht auf das Hören, sie ist vielmehr einfachhin ein eingestrahltes Licht, mit dem – um mit (Ps.-)Dionysius zu sprechen – die Erstwahrheit sich bleibend den Glaubenden schenkt und die Glaubenden unter das Zeugnis der Erstwahrheit gestellt werden, damit sie ihr die Zustimmung geben, und zwar um ihrer selbst willen und rückhaltlos. In diesem Betracht ist der Glaube das unerschütterliche Fundament der Glaubenden und der Wahrheit. Anderseits, sofern das Glauben um das Glaubpflichtige sich denkend bemüht, steht nichts im Weg, dass ein Denkanstoß vom Sehen oder vom Hören ausgeht.

So kommt also das Glauben vom Hören des Wortes für das Bedenken der zum Glauben vorgelegten Wahrheit. Göttliche Erleuchtung aber führt zur Annahme des Glaubensinhalts. Glauben ist also ein Geschenk Gottes.

GEWISSHEIT AUS GLAUBEN

Albertus Magnus

Sofern der Glaube, der durch das Wort Christi gestiftet wird, vom Hören kommt, war der geeignetste Weg die Verkündigung des (objektiven) Glaubens durch das menschgewordene ewige Wort. Aber als Zustimmung zum Zeugnis der Erstwahrheit kommt der Glaube einzig und allein durch göttliche Eingebung zustande. Das ist an den Aposteln anschaubar. Zuerst, als sie den Glauben freilich schon durch das Hören des Wortes besaßen, waren sie in ihrer Entscheidung für den Glauben noch schwankend. Erst nachher, als der Heilige Geist in sie herabgesandt worden war und er durch Einstrahlung seines Lichtes die Zustimmung in ihren Herzen gewirkt hatte, wurden sie im Glauben gefestigt.

Die Gewissheit jener Wahrheit aber, die dem frommen Gemüt entspricht, geht über die Vernunft hinaus. Deshalb bezieht diese Wahrheit ihre Gewissheit nicht aus den Ur-Sätzen der Vernunft, sondern von einem Lichtstrahl, der mit der Erstwahrheit in Ähnlichkeit verbunden ist. Der Lichtstrahl ist reines Licht (der Wahrheit) und öffnet gleichsam das Auge (des Geistes) auf die Erstwahrheit hin. So ähnlich, wie der Sonnenstrahl, wenn er ins Auge einfällt, dieses aufschließt für die Aufnahme der vorhandenen Sinnesgegenstände.

BITTE UM ABLEHNUNG
DES BISCHOFSAMTES

Humbert von Romans

Dem in Christo geliebten Bruder Albert, Lesemeister in Köln, wünscht Bruder Humbert, unnützer Diener des Predigerordens, ewiges Glück im Himmel und Ruhmesglanz auf Erden durch Beispiel und Verdienst.

Durch einen Brief vom päpstlichen Hof ist kürzlich ein Gerücht zu uns gelangt, das uns im tiefsten Herzen getroffen hat und das uns in unbeschreibliche Bestürzung versetzt haben würde, wenn uns nicht das heilige und feste Vertrauen, das wir in allem Guten auf Euch setzen, aufrechterhalten hätte. Wir haben von dem Gerücht an der päpstlichen Kurie gehört, Eure Ernennung zum Bischof sei angeordnet worden. Was die Kurie anlangt, so mag dieses Gerücht durchaus glaubwürdig sein. Wer aber, der Euch kennt, vermag anzunehmen, dass Ihr Euch dieser Anordnung fügen werdet? Wer vermöchte zu glauben, sage ich, Ihr wolltet an Eurem Lebensabend diesen Makel zufügen Eurem Ruhm und dem Orden, dem Ihr zu so großem Ansehen verholfen habt?

Ich flehe Euch an, Teurer und Geliebter! Wer von uns und allen Mendikanten wird hinfort der Übernahme kirchlicher Würden widerstehen, wenn Ihr jetzt unterliegt? ...

Ich bitte Euch, lasst Euch nicht bestimmen durch Ratschläge und Bitten unserer Herren an der Kurie. Denn dort hat man nach Erfüllung solcher Bitten sehr bald und sehr leicht Spott und Hohn.

Lieber sähe ich meinen vielgeliebten Sohn auf der Totenbahre als auf dem Bischofsstuhl, und nicht sollen meine übrigen Brüder aus diesem Leben scheiden voll Trauer, weil sie an Standhaftigkeit in solchen Fällen nicht mehr zu glauben vermochten. Im Geiste knie ich vor Euch und beschwöre Euch bei der Demut der unbefleckten Jungfrau und ihres Sohnes, verlasst nicht den Stand der Demut! Die Gnade Jesu Christi sei mit Euch! Amen.

Weg zur Heiligkeit

Yves Congar

Albert fühlt zwei Seelen in seiner Brust. Die eine ist erfüllt von großen Begierden, von ehrgeizigem Streben, das weiter reicht als die Welt: Instinktiv hat er den Blick fürs Große und versucht, Großes zu verwirklichen. Gleichzeitig aber fühlt er seine Schwäche, nimmt er seine Grenzen, seine Unbeständigkeit, die Erschöpfung seiner geistigen Kräfte in der unermesslichen Arbeit, die zu vollbringen ist, wahr. Von Anbeginn scheint ihm seine Berufung zum Dominikaner hart, und er fürchtet, nicht durchhalten zu können. Diese Furcht findet in mehreren rührenden Zeugnissen Ausdruck, die als mehr oder weniger direktes Echo Alberts selbst auf uns gekommen sind. Noch ehe er das Ordenskleid nimmt, sieht er sich im Traum in den Orden eintreten, dann wieder austreten. Später einmal erzählte er – und es ist anzunehmen, dass er von sich selbst sprach –, dass ein ihm bekannter Novize in Anlehnung an die Worte, die die Tradition dem alten Simeon in den Mund legt, in der Angst des Herzens sagte: „Herr Jesus, glaubst du, dass ich dich jemals sehen werde?"
Eine von Albert selbst verfasste Predigt voller Anmut und Feinsinnigkeit nimmt dieselbe angstvolle Frage erneut auf und richtet sie an die heilige Jungfrau. Das ist eine Versuchung des Geistes; das ist der Preis einer intellektuellen Berufung ersten Ranges; das ist das Umfeld, in dem Albert zum Heiligen werden sollte. Auf welche Weise? Albert glaubte an den Geist, und er glaubte an Gottes Hilfe.

Natur und Gnade

Yves Congar

Albert glaubte an den Geist. Er glaubte, dass das höchste Leben der Gottheit, jene erhabene Welt, nach der er strebte, eine tiefgreifende Harmonie mit der Welt der Wissenschaft und dem Bereich unserer schwachen Urteilskraft aufweise … Albert erkannte klarer als andere, dass die Natur der Gnade bedarf, um zu ihrer ganzen Vollendung zu gelangen. Die Gnade bleibt unverdientes und in vollem Umfang freiwilliges Geschenk Gottes, doch ist die geistige Natur ihrem tiefsten Wesen nach zu ihr befähigt, und weil sie zu ihr befähigt ist, gelangt sie nur dann zu voller Entfaltung, wenn sie sie empfängt. Die Gnade ist Vollendung und Krönung der Natur: Wie ein Schlussstein ist sie oberste Hüterin der Ordnung, die sie von oben vollendet …

Darüber hinaus glaubte Albert an Gottes Beistand, er glaubte …, dass diese Gnade, Vollkommenheit des geistigen Geschöpfs, eine Kraft darstelle, mit deren Hilfe wir immer die Oberhand gewinnen könnten. Man stößt in seiner Theologie der Gnade tatsächlich häufig auf derartige Gedankengänge; er glaubt, dass die Gaben des Heiligen Geistes in uns eine gewisse Besänftigung zur Folge haben, die die Kleinmütigkeit überwindet; dass sie eine hilfreiche Kraft sind …; die Gegenwart Gottes in uns scheint sich ihm als stille Kraft dargestellt zu haben, der Heiterkeit eines Sommertags vergleichbar …, die uns nach und nach erfasst, an sich zieht und uns in Frieden und Sicherheit bettet.

DIE HERAUSFORDERUNG DURCH DIE MARGINALISIERTEN

Generalkapitel Avila

Die heutigen Gesellschaftsstrukturen drängen mehr und mehr Menschen an den Rand (marginalisieren sie), so dass sie sich an der Grenze zwischen einer menschlichen und einer un- oder untermenschlichen Existenz befinden. So begegnen wir Marginalisierten verschiedenster Art: Unter anderem sind es die Eingeborenenstämme, die unter materieller Armut leiden und sowohl kulturell als auch sozial und politisch an den Rand gedrängt werden. Dazu kommen auch die Opfer der Rassentrennung, die Auswanderer (Gastarbeiter), die Dissidenten, manche Arbeiter, die Frauen, die Jugendlichen, die alten Menschen ...

Ohne Praxis der Gemeinschaft, der Solidarität, der Versöhnung ist es unmöglich, die Erfahrung des Reiches Gottes praktisch zu vermitteln und das Evangelium authentisch zu verkünden; deshalb sind diese Marginalisierten (Randexistenzen) die privilegierten Adressaten der Mission des Ordens, und ihr An-den-Rand-gedrängt-Sein bildet eine besondere Herausforderung für unsere Denkarbeit, unsere Verkündigung des Evangeliums und unsere solidarische Praxis; denn die Situation der Unmenschlichkeit ist ein offenkundiges Zeichen der Abwesenheit des Reiches Gottes.

Das Mitleiden (*compassio*) des heiligen Dominikus und seine Wanderpredigt in Bettelarmut haben ihn zu den Randexistenzen des 13. Jahrhunderts geführt: den Armen, den Häretikern, den Heiden. Dominikus hat die dominikanische Gemeinschaft als „Bruderschaft" konzipiert. Als solche sollte sie Predigt, Verkündigung des Evangeliums sein angesichts der feudalen Klassenstruktur der Gesellschaft, der Kirche und des monastischen Lebens jener Zeit. Es gehört zur Sendung der dominikanischen Gemeinschaft, ein neues Modell des menschlichen Miteinanders heraufzuführen und zu verwirklichen.

Mit Gott im Bund

Provinzkapitel Teutonia

Was es heißt, mit dem lebendigen Gott im Bunde zu sein, stellt uns die Schrift in den zehn Worten und den acht Seligpreisungen einladend vor Augen. Wenn wir uns zu einem Gott bekennen, der von sich sagt: „Ich bin der Herr, dein Gott, der dich aus der Ägypter Land ... herausgeführt [hat]", dann können wir Geschichte und Gegenwart nur mit den Augen der Entrechteten sehen ...

– Wenn wir uns selbst, dem Boden und dem Vieh, den Arbeitern, Kindern, Frauen und Gastarbeitern nicht die göttliche Ruhe gönnen, die der Herr sich in seinem Schöpfungswerk selbst gegönnt [hat], heiligen wir Arbeit, Leistung, Profit und Produktion vielleicht mehr als den Herrn und den Tag des Herrn.

– Wenn wir die älteren Menschen, die Väter und Mütter, aus unserem Lebenskreis ausschließen, wenn wir als ältere Menschen nicht lernen, gelassen in den Ruhestand zu treten, vergötzen wir die Jugend, die Leistungskraft, die wirtschaftliche Potenz. ...

– Wenn der Glaube uns dazu befreit, lieben zu können, wenn wir es lernen, uns einzulassen auf die Erfahrung des Verzichts, und uns verwundbar machen, werden wir erkennen, dass der Konsum von Personen in entpersonalisierenden Sexualpraktiken von Pornographie bis zum Sextourismus letztlich die Konsequenz unserer Konsumgesellschaft ist.

– Wenn wir „stehlen", das heißt ... andere Menschen verzwecken, uns ihre Arbeitskraft zunutze machen, indem sie unter erbärmlichen Bedingungen für unsere Genussmittel und Gebrauchsgüter arbeiten müssen, kommen wir nicht zum Leben, das in der Anerkennung des anderen und seiner Menschenwürde liegt.

– Wenn wir ein Lügenzeugnis ausstellen über unseren Nächsten, unreflektiert alle möglichen Halbwahrheiten über „die Juden", „die Arbeitslosen", „die Zigeuner", „die Linken", „die Rechten" transportieren, können wir diesen Nächsten, den wir sehen, nicht lieben, damit erst recht nicht Gott, den wir nicht sehen.

IN DIE WELT DER ARMEN EINTRETEN

Gustavo Gutiérrez

Armsein ist eine Art und Weise zu denken, zu reflektieren, zu beten, zu lieben. Der Arme gehört zur Welt dazu; deshalb ist das Engagement für den Armen nicht nur ein Engagement hinsichtlich der offensichtlichen und klaren ökonomischen und sozialen Dimension der Armut. Das Engagement für den Armen bedeutet, in die Welt des Armen einzutreten. Es gibt kein Engagement für den Armen, wenn es sich nur um die Solidarität mit einer sozialen Klasse, mit einer Rasse oder einer Kultur handelt. Dies ist wichtig. Aber letztendlich sind das Verallgemeinerungen. Es gibt kein Engagement für den Armen, wenn darüber hinaus nicht eine Solidarität mit konkreten Personen existiert. Wenn wir keine Freunde haben, mit denen wir Zeit und Leben teilen, ist ein authentisches Engagement für den Armen nicht möglich. Wenn wir nicht Pedro, Maria und Juan lieben können, gibt es kein authentisches Engagement für den Armen ...

In die Welt des Armen einzutreten, ist etwas Schwieriges, weil die Welt des Armen die Welt der Geringfügigkeit ist ... Der Arme ist ein unbedeutendes Wesen. Er zählt nicht für die Gesellschaft, die sich an anderen Interessen orientiert.

WENN IHR NUR DIE LIEBT, DIE EUCH LIEBEN ...

Jacques Loew

Ein Wort ist mir besonders teuer: „Wenn ihr nur die liebt, die euch lieben, welchen Lohn habt ihr dafür?" (Mt 5,46). Forsche ich nach dem ersten Augenblick, in dem mir Gott, der in meinem Leben kein fester Begriff mehr gewesen war, der mir wirklich nichts mehr bedeutete, lange vor meiner Bekehrung flüchtig erschien, so wird in mir folgende Erinnerung lebendig:

Während eines Essens im Familienkreis diskutierte man über irgendeine politische Frage. Man erklärte, Menschen einer bestimmten Kategorie seien so uninteressant, dass man sich mit ihnen nicht zu beschäftigen brauche usw. Da kam mir, ich weiß nicht wieso, sozusagen wie ein Papier, das plötzlich aus einem Ordner fällt, in dem man es vergessen hatte, der Satz Christi in den Sinn: „Wenn ihr nur die liebt, die euch lieben, welchen Lohn habt ihr dafür?"

Ich erinnere mich, dass ich diese Worte zitierte, die mir so ungewöhnlich vorkamen, und recht überrascht war, feststellen zu müssen, dass sie niemanden veranlassten, die Konsequenz zu ziehen. Es war wirklich erstmals, dass etwas von Gott, von Christus in mein Leben trat: „Wenn ihr nur die liebt, die euch lieben, welchen Lohn habt ihr dafür?"

BEGEGNUNG ALS GEHEIMNIS

Yves Congar

Die Tatsache der Inkarnation verleiht jeder menschlichen Begegnung eine christologische und auf Gott selbst bezogene Dimension. Schon im natürlichen Bereich bedingen sich die Menschen gegenseitig, und sogar nicht nur die Menschen untereinander, sondern die ganze Welt, alles, was wir mit unseren Sinnen wahrnehmen, dringt in uns ein und bedingt uns. Im geistlichen Bereich ist die Begegnung zwischen zwei Personen nie ohne Bedeutung. Jede Begegnung kann Anlass sein, mit dem anderen zu kommunizieren und von ihm „eine geistliche Gabe" zu empfangen, wie Paulus es von seinem Kommen zu den Christen von Rom erwartete (Röm 1,11f).

Was sich aus solchen Gelegenheiten ergibt und was ihre Bedeutung für das geistliche Leben des anderen wie unser eigenes ist, können wir rein menschlich nicht ausmachen. Jeder empfängt, was er empfangen *kann* und was in jenen geheimnishaften Bauplan unserer selbst passt, den Gott kennt, der uns aber weitgehend verborgen ist. Wir wissen nicht nur kaum etwas davon, was wir dem anderen bedeuten, wir sollten uns auch davor hüten, zu genau wissen zu wollen, welches unser Beitrag für ihn sein *soll*. Wie könnten wir dies auch, wenn wir ihn lieben und in *seinem* je eigenen geheimnishaften Werden, in *seiner* ganz persönlichen Entwicklung unterstützen wollen? Diese Bemerkungen werben für eine Spiritualität und Pastoral der vorbehaltlosen Annahme, der Sensibilität und der Offenheit für die sich ergebenden Gelegenheiten und Begegnungen ... Glücklich zu schätzen ist, wer in der alltäglichen Routine des Gewöhnlichen sensibel für das Ereignis, für das Kommen des Unerwarteten und Neuen zu bleiben weiß.

Was die Ameise den Menschen lehrt

Vinzenz Ferrer

Wenn eine Ameise eine Last trägt, die sie allein nicht forttragen kann, kommt eine andere und hilft ihr. Das müssen auch wir tun, indem wir den Nächsten in Not und Elend unterstützen (zu Gal 6,2). Alle Ameisen dulden sich gegenseitig, und es sind viele in einem Haus, das heißt in einem Loch. Das müssen auch wir tun, *ad invicem*, indem wir Nächstenliebe und Geduld haben; wir aber tun das Gegenteil, dass wir keine Rücksicht nehmen und nichts dulden, nicht nur in einem Haus, sondern, was schlimmer ist, in einem Dorf oder einer Stadt oder auf einer Straße, bei Rivalitäten und anderen Dingen, die die Menschen ins Verderben und zur Verdammnis führen. Deshalb sollen wir das Beispiel der Ameise befolgen, damit wir zur Herrlichkeit des Paradieses gelangen und dort Ruhe finden können.

Die grössere Gnade

Anne Marie Heiler

E s war eine Schwester, die hieß Schwester Anna Türnerin. Die hatte ihren Sinn sehr gerichtet auf Gehorsam und auf niedrige Werke und diente allezeit den Kranken und heizte die Öfen. Wenn sie betete, ward sie also mit Gnaden übergossen – sonderlich, wenn sie unsern Herrn empfing –, dass sie sich kaum davon losreißen konnte. Sonderbares geschah ihr bisweilen, so sie also wohl und selig war, dass sie kaum von ihrem Gebete lassen konnte. Dann sprach sie: „Herr, nun will ich dich lassen um deiner selbst willen und will ganz deinen Siechen dienen." Und jedes Mal, ehe sie dann in das Siechenhaus kam, ging ihr Gott entgegen und sprach zu ihr: „Nun bin ich dir vorausgelaufen und bin hier." Und so empfing sie größere Gnade am Kochtopf denn im Chor.

VERKÜNDIGUNG

Peter Kreutzwald

Stellen Sie sich vor, Sie befinden sich in einer kargen, mittelalterlichen Klosterzelle, einem weiß gekalkten Raum, ganz ähnlich dem auf dem Verkündigungsfresko (s. Abb. 5). Auf der Wand, die der Zellentür gegenüberliegt, befindet sich links neben dem einzigen Fenster des Raumes das Fresko. Wie das Fenster öffnet das Fresko den Blick über die Zellenmauern hinaus. Es scheint, als gingen der gemalte und der reale Raum ineinander über. Fast könnten Sie den Eindruck gewinnen, Sie wären zusammen mit dem heiligen Petrus Martyr Zeuge des Geschehens. Nahezu als habe der Engel Gabriel die Botschaft soeben überbracht und als sei Marias Antwort „Ich bin die Magd des Herrn; mir geschehe, wie du es gesagt hast" (Lk 1,38) gerade erst verklungen. Maria ist mit ihrem nach vorn gebeugten Oberkörper und ihren vor der Brust verschränkten Armen ein einziges, einwilligendes Ja. In ihrer Rechten hält die Jungfrau ein Buch; die aufgeschlagenen Seiten sind leer. Sie sind unbeschrieben, wie die Zukunft der Welt, die in diesem Augenblick durch Gottes Eingreifen eine entscheidende Wendung erfahren hat. Die Seiten sind weiß, wie die helle Fläche, die sich im Zentrum des Freskos zwischen Gabriel und Maria auftut. Wie die kalkweiße Zellenwand zum Bildträger für das Fresko wurde, so wurde Maria zur Gottesgebärerin. Nach ihrem Vorbild will Gottes Wort auch durch uns zur Welt kommen.

PARADOXE STÄRKE

Timothy Radcliffe

Der Engel erscheint und verkündet die Geburt des Retters. Er wird derjenige sein, der sein Volk heimführen wird. Er wird alle im Exil Verstreuten sammeln, sogar die geringgeachteten Hirten. Er ist der Sohn Davids, der Starke, auf den sie gewartet haben. Er ist der, von dem Ijob sagte: „Geht es um Kraft – er ist der Starke!" (Ijob 9,19).

Aber es ist eine merkwürdige Kraft, denn sie nimmt die Gestalt eines verwundbaren Kindes an, das zu einem verwundeten Mann heranwachsen wird. Es ist die Stärke eines Menschen, der es ablehnt, Böses mit Bösem zu vergelten oder seinem Volk mit Gewalt Heimat zu schaffen. Er war stark genug, den Teufelskreis der Gewalt zu brechen, nach dem jede aggressive Tat mit einer anderen solchen Tat heimgezahlt werden muss. So etwas sieht zwar aus wie Kraft, ist aber bloß die Verzerrung davon, öde, wiederholende Passivität des Schwachen, der nur reagieren kann. In Christus endet diese Gewalt, so dass Neues daraus erwachsen kann. …

Und wo können wir diese Verwundbarkeit anders lernen als in unseren Gemeinschaften, als untereinander? Genau hier müssen wir stark genug werden, ein raues Wort nicht mit einem solchen zu beantworten, nicht einfach schwächlich die kleinen Sticheleien und Ungerechtigkeiten zu wiederholen, bei denen wir uns als die Opfer sehen. Hier, zu Hause, sollen wir lernen, ohne Kriegerrüstung zu leben, auf eine Weise der Verteidigungslosigkeit untereinander, eine Großherzigkeit, die auf Kleinkariertheiten verzichtet. Dann werden wir zu Botschaftern des Neuen, das Gott tut.

Am Karfreitag, wenn wir das Kreuz verehren, an dem das Kind sterben wird, singen wir den Lobpreis Gottes, des „heiligen und starken". Möge Gott uns die Gnade der Weihnacht gewähren, die uns in dieser paradoxen Stärke wachsen hilft.

Gott ist im Kommen

Rochus Spiecker

Gott kam. Er erschien als einer von uns. Er wurde Mensch. Er sprach. Er erhob Ansprüche. Er stellte Fragen. Aber Gott ist in gewisser Hinsicht und für jedes einzelne Menschenleben immer noch im Kommen. Solange wir leben, ist er im Kommen und stellt Fragen.

Niemand nimmt uns die Antwort, die Entscheidung ab: weder die Menschen, die vor uns lebten, noch die Zeitgenossen! Jeder muss sich Gott stellen: *seinem* Gott. Jenem Gott, der ihm ebenso individuell begegnet in Fragesituationen des Schicksals, der Fügung, wie er der Schöpfer und Erfinder ebendieser einzelnen, unvertauschbaren, unwiederholbaren Person ist.

Ob man Gott annimmt, ob man Gott aufnimmt: das ist die folgenschwere Frage. Dass Gott vor zweitausend Jahren erschien, nutzt wenig, wenn der Mensch sich weigert, ihn wahrzunehmen, ihn anzuerkennen. Unter diesem Aspekt ist das Kommen, das Anklopfen Gottes, immer aktuell. Was uns betrifft, so sind wir es, die ihm die Tür öffnen oder verschließen. Und darum ist Advent nicht nur eine Erinnerungszeit.

GOTT RAUM GEBEN

Timothy Radcliffe

Gott wünscht sich immer, dass wir warten. Gott hat Abraham und Sara einen Erben versprochen, und sie mussten zehn Jahre auf die Empfängnis von Isaak warten. Gott hat seinem Volk den Messias versprochen, und sie mussten Hunderte von Jahren auf ihn warten. Gott nimmt sich Zeit, bevor er spricht. Dieses Warten ist schwierig für uns Angehörige der Generation Jetzt. Wir sind ungeduldig, wenn sich etwas verzögert. ... Das Wort Gottes kommt als Geschenk. Wir können nicht danach greifen. Wir können es nicht zu unserem Besitz machen und es „meistern". Das Wort kommt wie ein Mensch, und das ist es ja auch. Wir schulden ihm die Höflichkeit geduldiger Aufmerksamkeit; es darf kommen, wann es will. ... So wie wir anderen Menschen Raum geben müssen, in dem sie zeigen können, wer sie sind, so müssen wir auch Gott Raum geben, in dem er das Wort wahr werden lässt. ... Dieses Warten auf das Wort verlangt von uns Schweigen und Aufmerksamkeit, manchmal aber auch schwere geistige Kämpfe. Wir müssen lernen, leer zu werden, aber das reicht nicht. Wir müssen auch darum kämpfen und ringen, das Wort zu empfangen, das uns jetzt gegeben wird.

Radikale Menschwerdung

Jacques Loew

Maria ist der extreme Pol des Mysteriums der Inkarnation. Sie konfrontiert uns mit dem „bis zum Ende" des Menschseins Christi. „Da Jesus die Seinen in der Welt liebte, so liebte er sie bis zum Ende." Dieses „bis zum Ende" wird beim Abendmahl deutlich, aber es ist schon seit dem „mir geschehe" ganz da. Gottes Liebe ist so groß, dass er sich von einer Frau gebären ließ. Das heißt das „bis zum Ende" Christi. Wenn wir Maria isoliert sehen, wenn wir aus ihr eine wenn auch noch so wunderschöne Insel machen, gehen wir in die Irre. Maria ist gleichsam das vorgeschobene Kap des Kontinentes Menschheit. Sie ist das Kap, der Fels, die Landspitze, die am weitesten hinausragt, die bereits umgeben ist vom Ozean des Göttlichen. Sie ist keine Insel mitten im Meer, sondern gehört zum Kontinent, doch ist sie der Ausläufer am äußersten Ende des Landes, das sich in der Flut des Wassers noch abzeichnet.

Das ist Maria. So können wir immer in ihr die Leben spendende Mitte unseres Glaubens finden: Wir betrachten Christus in seinem Leib und in seinem Blut, aber dieser Leib und dieses Blut kommen aus Maria. Und wenn er heute im Sakrament der Eucharistie gegenwärtig ist, so deshalb, weil Maria ihm diesen Leib und dieses Blut gegeben hat.

GEDULD DES SÄMANNS

Yves Congar

Ich habe oft an das Wort des heiligen Paulus gedacht: „Die Geduld bewirkt Hoffnung" (Röm 5,5). Man würde eher das Gegenteil erwarten: Es scheint, dass man geduldig warten können müsste, wenn man im Herzen Hoffnung hat. In einem Sinn ist das wahr, aber die vom heiligen Paulus angezeigte Abfolge drückt eine noch tiefere Wahrheit aus. Diejenigen, die nicht zu leiden vermögen, können auch nicht hoffen. Die zu eiligen Menschen, die sofort den Gegenstand ihres Begehrens besitzen wollen, können es auch nicht. Der geduldige Sämann, der das Korn der Erde und der Sonne anvertraut, ist eben der Mensch der Hoffnung …

Wenn die Geduld die des Sämanns ist, wird sie notwendigerweise vom Kreuz begleitet. „Die mit Tränen säen, werden mit Jubel ernten", aber manchmal ernten sie gar nicht, denn „einer ist es, der sät, und ein anderer, der erntet" (Joh 4,37). Das Kreuz ist die Bedingung jedes heiligen Werkes. Gott selbst wirkt in dem, was für uns Kreuz ist. Wir selbst gelangen nur dadurch zu einer gewissen Authentizität und existenziellen Tiefe. Nichts ist ganz und gar ernsthaft, wenn man nicht bereit ist, den Preis zu zahlen.

Beten mit Maria

Jacques Loew

Das Gebet ist bei Maria wie ein klarer Spiegel, der vom Licht nichts für sich zurückbehält, sondern alles zurückwirft. Gottes ganzes Licht strahlt in sie, aber sie ist mit den Worten der Lauretanischen Litanei der „Spiegel der Gerechtigkeit". Das ist eine sehr alte Bezeichnung, die heute wieder neue Bildhaftigkeit erhält, wenn man zum Beispiel nur an die Funktion der Spiegel in den großen astronomischen Teleskopen denkt ... Um heute ein Spiegelteleskop von mehreren Tonnen Gewicht herzustellen, ist Glas oder sonst ein absolut reines Material erforderlich ohne die kleinste Luftblase oder irgendeinen Makel, der die absolute Reinheit beeinträchtigen würde. Dieser Herstellungsprozess braucht allein zum Erkalten des Spiegels Monate, und dann dauert es noch Jahre, bis er so gefertigt und geschliffen ist, dass absolut kein Flecken, Fehler oder Riss in der Oberfläche das Licht vernichtet oder verzerrt, das von entferntesten Sternen und Milchstraßen zu uns kommt. Maria war, sie *ist* der fleckenlose Spiegel, ein Spiegel, der nichts verzerrt und der die Strahlen Gottes aufnimmt und nichts für sich selbst behält, sondern alles wiedergibt, alles auf Gott zurückspiegelt. Eine höhere Weise des Betens kann es nicht geben – ein solcher Spiegel ist ganz Gebet.

Vom Nutzen des Lassens

Meister Eckhart

Die Leute brauchten nicht so viel nachzudenken, was sie *tun* sollten; sie sollten vielmehr bedenken, was sie *wären*. Wären nun aber die Leute gut und ihre Weise, so könnten ihre Werke hell leuchten. Bist *du* gerecht, so sind auch *deine Werke* gerecht. Nicht gedenke man Heiligkeit zu gründen auf ein Tun; man soll Heiligkeit vielmehr gründen auf ein Sein, denn die Werke heiligen nicht uns, sondern wir sollen die Werke heiligen. Wie heilig die Werke immer sein mögen, so heiligen sie uns ganz und gar nicht, soweit sie Werke sind, sondern: Soweit wir heilig sind und Sein besitzen, so weit heiligen wir alle unsere Werke, es sei Essen, Schlafen, Wachen oder was immer es sei. Die nicht großen Seins sind, welche Werke die auch wirken, da wird nichts daraus. Erkenne hieraus, dass man allen Fleiß darauf verwenden soll, gut zu *sein* – nicht aber so sehr darauf, was man tue oder welcher Art die Werke seien, sondern wie der Grund der Werke sei.

Vom Dursthaben

Meister Eckhart

D ieses wahrhafte Haben Gottes liegt am Gemüt und an einem
innigen, geistigen Sichhinwenden und Streben zu Gott, nicht
(dagegen) an einem beständigen, gleichmäßigen Drandenken; denn
das wäre der Natur unmöglich zu erstreben und sehr schwer und
zudem nicht das Allerbeste. Der Mensch soll sich nicht genügen lassen an einem *gedachten* Gott; denn wenn der Gedanke vergeht, so
vergeht auch der Gott. Man soll vielmehr einen *wesenhaften* Gott haben, der weit erhaben ist über die Gedanken des Menschen und aller
Kreatur. *Der* Gott vergeht nicht, der Mensch wende sich denn mit
Willen von ihm ab.

Wer Gott so, (das heißt) im Sein hat, der nimmt Gott göttlich, und
dem leuchtet er in allen Dingen; denn alle Dinge schmecken ihm
nach Gott, und Gottes Bild wird ihm aus allen Dingen sichtbar. In
ihm glänzt Gott allzeit, in ihm vollzieht sich eine loslösende Abkehr
und eine Einprägung seines geliebten, gegenwärtigen Gottes. Ver-
gleichsweise so, wie wenn es einen in rechtem Durst heiß dürstet: So
mag der wohl anderes tun als trinken, und er mag auch wohl an andere Dinge denken; aber was er auch tut und bei wem er sein mag, in
welchem Bestreben oder welchen Gedanken oder welchem Tun, so
vergeht ihm doch die Vorstellung des Trankes nicht, solange der
Durst währt; und je größer der Durst ist, umso stärker und eindring-
licher und gegenwärtiger und beharrlicher ist die Vorstellung des
Trankes.

VOM ERGREIFEN GOTTES

Meister Eckhart

Mit wem es recht steht, wahrlich, dem ist's an allen Stätten und unter allen Leuten recht. Mit wem es aber unrecht steht, für den ist's an allen Stätten und unter allen Leuten unrecht. Wer aber recht daran ist, der hat Gott in Wahrheit bei sich; wer aber Gott recht in Wahrheit hat, der hat ihn an allen Stätten und auf der Straße und bei allen Leuten ebenso gut wie in der Kirche oder in der Einöde oder in der Zelle; wenn anders er ihn recht und nur ihn hat, so kann einen solchen Menschen niemand behindern. Warum? Weil er einzig Gott hat und es nur auf Gott absieht und alle Dinge ihm lauter Gott werden. Ein solcher Mensch trägt Gott in allen seinen Werken und an allen Stätten, und alle Werke dieses Menschen wirkt allein Gott ... Der Mensch soll Gott in *allen* Dingen ergreifen und soll sein Gemüt daran gewöhnen, Gott allzeit gegenwärtig zu haben im Gemüt und im Streben und in der Liebe. Achte darauf, wie du deinem Gott zugekehrt bist, wenn du in der Kirche bist oder in der Zelle: Diese selbe Gestimmtheit behalte und trage sie unter die Menge und in die Unruhe und in die Ungleichheit. Und ... wenn man von „Gleichheit" spricht, so meint man (damit) nicht, dass man alle Werke als gleich erachten solle oder alle Stätten oder alle Leute. Das wäre gar unrichtig, denn Beten ist ein besseres Werk als Spinnen und die Kirche eine würdigere Stätte als die Straße. Du sollst jedoch in allen Werken ein gleichbleibendes Gemüt haben und ein gleichmäßiges Vertrauen und eine gleichmäßige Liebe zu deinem Gott und einen gleichbleibenden Ernst. Traun, wärest du so gleichmütig, so würde dich niemand hindern, deinen Gott gegenwärtig zu haben.

Von den Sünden

Meister Eckhart

Gott ist ein Gott der Gegenwart. Wie er dich findet, so nimmt und empfängt er dich, nicht als das, was du gewesen, sondern als das, was du jetzt bist. Alle Unbill und alle Schmach, die Gott durch alle Sünden widerfahren könnten, die will er gern erleiden und viele Jahre erlitten haben, auf dass nur der Mensch hernach zu einer großen Erkenntnis seiner Liebe komme und damit seine eigene Liebe und Dankbarkeit umso größer und sein Eifer umso feuriger werde, wie das ja natürlicherweise und oft nach den Sünden geschieht. Darum duldet Gott gern den Schaden der Sünden und hat ihn schon oft geduldet und alleröftest über *die* Menschen kommen lassen, die er dazu ausersehen hat, sie nach seinem Willen zu großen Dingen emporzuziehen. Sieh doch: Wer war unserm Herrn je lieber und vertrauter als die Apostel? Keinem von ihnen blieb es erspart, in Todsünde zu fallen; alle waren sie Todsünder gewesen.

Das hat er auch im Alten und im Neuen Bunde oft an denen bewiesen, die ihm nachmals bei weitem die Liebsten wurden; und auch heute noch erfährt man selten, dass die Leute es zu Großem bringen, ohne dass sie zuerst irgendwie fehlgetreten wären. Und damit zielt unser Herr darauf ab, dass wir seine große Barmherzigkeit erkennen und er uns mahne zu großer und wahrer Demut und Andacht. Denn wenn die Reue erneuert wird, wird auch die Liebe stark gemehrt und erneuert werden.

Von den Weisen der Nachfolge

Meister Eckhart

Achte darauf, [worin] deine Nachfolge … bestehen kann. Du musst erkennen und darauf gemerkt haben, wozu du von Gott am stärksten gemahnt seist; denn mitnichten sind die Menschen alle auf *einen* Weg zu Gott gerufen, wie Sankt Paulus sagt (1 Kor 7,24). Findest du denn, dass dein nächster Weg nicht über viele äußere Werke und große Mühsal oder Entbehrung läuft … – findest du davon also nichts in dir, so sei ganz zufrieden und lass dir nicht sehr daran gelegen sein.

Du könntest zwar sagen: Liegt nichts daran, weshalb haben's dann unsere Vorfahren, viele Heilige, so gemacht?

So bedenke: Unser Herr hat ihnen diese Weise gegeben, gab ihnen aber auch die Kraft, so zu handeln, dass sie diese Weise durchhielten, und eben darin fand er bei *ihnen* sein Wohlgefallen; darin sollten *sie* ihr Bestes erreichen. Denn Gott hat der Menschen Heil nicht an irgendeine besondere Weise gebunden. Was *eine* Weise hat, das hat die andere nicht; das Leistungsvermögen aber hat Gott *allen* guten Weisen verliehen, und keiner guten Weise ist es versagt, denn *ein* Gutes ist nicht wider das andere …

Ein jeder behalte *seine gute* Weise und beziehe *alle* (anderen) Weisen darin ein und ergreife in *seiner* Weise *alles Gute* und *alle Weisen*. Wechsel der Weise macht Weise und Gemüt unstet. Was dir die *eine* Weise zu geben vermag, das kannst du auch in der anderen erreichen, dafern sie nur gut und löblich ist und Gott allein im Auge hat. Überdies können nicht alle Menschen *einem* Wege folgen.

Von der Abgeschiedenheit

Meister Eckhart

Nun genügt's (aber) nicht, dass des Menschen Gemüt in einem eben gegenwärtigen Zeitpunkt, da man sich Gott (gerade) verbinden will, abgeschieden sei, sondern man muss eine wohlgeübte Abgeschiedenheit haben, die (schon) vorausgeht wie (auch) nachdauert; (nur) dann kann man große Dinge von Gott empfangen und Gott in den Dingen. Ist man aber unbereitet, so verdirbt man die Gabe und Gott mit der Gabe. Das ist auch der Grund, weshalb uns Gott nicht allzeit geben kann, wie wir's erbitten. An ihm fehlt's nicht, denn er hat's tausendmal eiliger zu geben als wir zu nehmen. Wir aber tun ihm Gewalt und Unrecht damit, dass wir ihn an seinem natürlichen Wirken hindern durch unsere Unbereitschaft.

Der Mensch muss lernen, bei allen Gaben sein Selbst aus sich herauszuschaffen und nichts Eigenes zu behalten und nichts zu suchen, weder Nutzen noch Lust noch Innigkeit noch Süßigkeit noch Lohn noch Himmelreich noch eigenen Willen. Gott gab sich nie noch gibt er sich je in irgendeinen fremden Willen; nur in seinen eigenen Willen gibt er sich. Wo aber Gott seinen Willen findet, da gibt er und lässt er sich in ihn hinein mit allem dem, was er ist. Und je mehr wir dem unsern *ent*werden, umso wahrhafter *werden* wir in diesem. Darum ist's damit nicht genug, dass wir ein einzelnes Mal uns selbst und alles, was wir haben und vermögen, aufgeben, sondern wir müssen uns oft erneuern und uns selber so in allen Dingen einfaltig und frei machen.

Von der Beständigkeit

Meister Eckhart

D er Mensch muss jeweils nur eines tun, er kann nicht alles tun. Er muss je eines sein, und in diesem einen muss man alle Dinge ergreifen. Denn wenn der Mensch alles tun wollte, dies und jenes, und von *seiner* Weise lassen und eines anderen Weise annehmen, die ihm just gerade viel besser gefiele, fürwahr, das schüfe große Unbeständigkeit. Wie denn *der* Mensch eher vollkommen würde, der aus der Welt ein für alle Mal in einen Orden träte, als der je werden könnte, der aus einem Orden in einen andern überginge, wie heilig der auch gewesen wäre – das kommt vom Wechsel der Weise.

Der Mensch ergreife *eine* gute Weise und bleibe immer dabei und bringe in sie alle guten Weisen ein und erachte sie als von Gott empfangen und beginne nicht heute eines und morgen ein anderes und sei ohne alle Sorge, dass er darin je irgendetwas versäume. Denn mit Gott kann man nichts versäumen; sowenig Gott etwas versäumen kann, so wenig kann man mit Gott etwas versäumen. Darum nimm eines von Gott, und dahinein ziehe *alles* Gute.

Vom Herrn zum Sklaven

Caterina de' Ricci

Die Barmherzigkeit drängt Gott von den Höhen herab zur Erde und schloss ihn, „den die Himmel nicht fassen können", in den Schoß einer Jungfrau ein. Er war vom allmächtigen Gott zu einem unmündigen Kind mit all dem Elend der übrigen Menschen geworden, vom Unsterblichen und Unverletzbaren zu einem Sterblichen und Leidensfähigen, von Gott zum Menschen. Er war vom Allwissenden gleichsam zu einem Toren vor den Menschen geworden, vom Herrn – dem die Engel dienen – zum Sklaven der Menschen.

Welcher verständige Geist nun, der das betrachtet, gerät nicht in staunende Bewunderung, wenn er sich bewusst macht, dass all das geschehen ist, damit der Mensch mit seiner schwachen Natur seine Schuld vor Gott, dem Sein an sich, abträgt? Und weil wir mit unserer natürlichen Beschaffenheit diese Schuld nicht abtragen konnten und es auch nicht vermochten, jenes Tor zum Himmel zu öffnen, das unser Ungehorsam verschlossen hatte, siehe, deshalb kam der Retter, reich an einer so großen Fülle von Schätzen, bereit und entschlossen, die Schuld für uns auf sich zu nehmen und uns wieder als Erben der himmlischen Heimat einzusetzen.

Die Betrachtung dessen freilich müsste uns von all unserem geschäftigen Treiben abhalten, einem Tun – behaupte ich –, das rein irdisch und leer ist.

DIE VERÄNDERNDE KRAFT
DES GESCHENKES

Timothy Radcliffe

Gott kommt zu uns, teilt unser Leben, nicht als einsames Individuum, sondern als jemand, der in eine Familie geboren wurde. Mensch sein kann niemand allein. Gott nahm die menschliche Gestalt in einer großen Familie an, mit einer Mutter, Onkel und Tanten, Cousins und Cousinen, Freunden und Nachbarn. Auch wir, wir Prediger des Wortes Gottes, können nicht allein Prediger sein. Wir brauchen Brüder und Schwestern. Das Wort, das wir verkünden, muss ebenso geboren werden wie eine kleine Inkarnation in den Worten der Freundschaft, die wir untereinander austauschen. ...

Ein Wort wie „Dominikanische Familie" bleibt so lange bedeutungsleer, bis es gegründet wird auf einen Austausch von Geschenken, die in Liebe gegeben werden, zur Verkündigung des Wortes Gottes. ... Nehmen wir die Geschenke an, die wir einander anbieten und die unsere Verkündigung ... verändern?

Kein Geschenk, das wir annehmen, lässt uns unverändert zurück. Der Sohn Gottes, wie er in Bethlehem geboren wurde, wirkte klein und harmlos, „ein kleines Wort, das sich klein machte für die Krippe", aber es stellte unser Leben auf den Kopf. Wenn wir die Geschenke annehmen, die uns in unseren Brüdern und Schwestern, Ordensleuten oder Laien, angeboten werden, dann werden wir verändert werden. Wie und was wir predigen, wird sich ändern. Das wird manchmal schmerzhaft sein und unbequem. Wir werden uns Sachen anhören müssen, die wir eigentlich vermeiden wollen. Es wäre leichter, einfach so weiterzumachen wie bisher. Aber es macht uns gemeinsam zu echten Verkündern des Wortes der Gnade.

GOTT SETZT AUF DIE AUSGEGRENZTEN

Timothy Radcliffe

Der Erlöser der Welt kam in Bethlehem auf die Welt aufgrund der Entscheidung des römischen Kaisers, seine Untertanen aus steuerlichen Gründen zählen zu lassen. Das zeigt die Macht des großen Reiches, das sich erlauben konnte, seine Leute zu zählen, sie in Listen zu gruppieren und sich so zu versichern, dass alle ihre Steuern bezahlen. Es war diese Macht über die gesamte Bevölkerung, die Jesus nach Bethlehem brachte.

Dennoch wird die gute Nachricht nicht den Funktionären des Reiches mitgeteilt, sondern die Engel überbringen sie den Hirten. …

Die Hirten waren von der Gesellschaft ausgegrenzt. Auf sie konnte man nicht zählen, und vermutlich gehörten sie nicht einmal zur zu zählenden Bevölkerung. Sie waren unsichtbare Personen, wie die Armen, die unter den Pariser Brücken leben. …

So verkünden die unzähligen Heerscharen des Himmels die gute Nachricht denen, die nichts zählen und die nicht gezählt werden. Als ob die Macht und die Ehre des Reiches ein kleines Schauspiel am Rande sei im Vergleich zu dem Geschehen, das sich zwischen Gott und seinem Volk abspielt.

Es kommt ein Schiff, geladen

1. Es kommt ein Schiff, geladen
bis an sein' höchsten Bord,
trägt Gottes Sohn voll Gnaden,
des Vaters ewigs Wort.

2. Das Schiff geht still im Triebe,
es trägt ein teure Last;
das Segel ist die Liebe,
der Heilig Geist der Mast.

3. Der Anker haft' auf Erden,
da ist das Schiff am Land.
Das Wort will Fleisch uns werden,
der Sohn ist uns gesandt.

4. Zu Bethlehem geboren
im Stall ein Kindelein,
gibt sich für uns verloren;
gelobet muss es sein.

5. Und wer dies Kind mit Freuden
umfangen, küssen will,
muss vorher mit ihm leiden
groß Pein und Marter viel,

6. danach mit ihm auch sterben
und geistlich auferstehn,
das ewig Leben erben,
wie an ihm ist geschehn.

7. Maria, Gottes Mutter,
gelobet musst du sein.
Jesus ist unser Bruder,
das liebe Kindelein.

Johannes Tauler zugeschrieben. Die letzte Strophe wurde später angefügt und deutet das Lied auf Maria hin.

SEHT, ICH SENDE MEINEN ENGEL

Meister Eckhart

Zum Ersten muss man wissen, was ein Engel sei, denn es sagt eine Schrift, dass wir den Engeln gleich sein sollen. Ein Meister sagt, der Engel sei ein Bild Gottes. Der zweite sagt, er sei nach Gott gebildet. Der dritte sagt, er sei ein lauterer Spiegel, der in sich habe und in sich trage Gleichheit göttlicher Gutheit und göttlicher Lauterkeit der Stille und der Verborgenheit Gottes, soviel es möglich ist. Und wieder einer sagt, er sei ein vernunfthaftes reines Licht, geschieden von allen materiellen Dingen. Diesen Engeln sollen wir gleich werden. Ein jegliches (= jedes Wesen), das erkennt, das muss erkennen in einem Lichte, das in der Zeit ist, denn was immer ich denke, das denke ich in einem Lichte, das in der Zeit und zeitgebunden ist. Der Engel aber erkennt in einem Lichte, das über der Zeit und ewig ist. Darum erkennt er in einem ewigen Nun.

Der Mensch aber erkennt in einem Nun der Zeit. Das Allergeringste ist das Nun der Zeit. Nimm weg das Nun der Zeit, so bist du allenthalben und hast alle Zeit. ... Dieses zu sein oder jenes bedeutet, nicht alles (zu sein), denn solange ich dies und jenes bin oder dies und das habe, bin ich nicht alles noch habe ich alles. Scheide ab, dass du entweder dies oder das bist oder dies oder das hast, so bist du alles und hast alles; und ebenso: Bist du weder hier noch dort, so bist du allenthalben. Und so denn: Bist du weder dies noch das, so bist du alles. Der Engel ist und wirkt auch vernunftgemäß an seiner statt und ist beständig in der Schau, und der Gegenstand (seiner Schau) ist ein Vernunftwesen. Darum ist sein Sein von allen (materiellen) Dingen weit entfernt. Was „Allheit" oder „Zahl" ist, davon ist er entfernt.

GOTT UND DIE SEELE SIND EINS

Meister Eckhart

Wir wollen ein wenig mehr über das Wort sprechen, dass er sagt: „Ich sende." Eine Schrift verschweigt das Wort „ich" (nämlich Lk 7,27), die andere aber spricht das Wort „ich" aus (Mal 3,1). Der Prophet sagt: „*Ich* sende meinen Engel"; der Evangelist aber verschweigt das Wort „ich" und sagt: „Sehet, sende meinen Engel." Was mag das nun meinen, dass die eine Schrift den Namen „ich" verschweigt? Es zielt zum Ersten auf die Unaussprechlichkeit Gottes, dass Gott unnennbar ist und über alle Benennungen hinaus in der Lauterkeit seines Grundes, wo Gott keine Benennung noch Aussage zu haben vermag, wo er für alle Kreaturen unaussprechlich und unaussagbar ist.

Zum andern will es besagen, dass die Seele unaussprechbar und ohne Benennung ist; wo sie sich in ihrem eigenen Grunde erfasst, da ist sie unaussprechlich und unaussagbar und kann dort keine Benennung haben, denn dort ist sie über alle Benennungen und über alle Aussagen (erhaben). Dies ist gemeint, wenn das Wort „ich" verschwiegen wird, denn sie findet dort weder Benennung noch Aussage.

Das Dritte: dass Gott und die Seele so völlig eins sind, dass Gott nichts Eigenes haben kann, wodurch er von der Seele getrennt oder irgendetwas anderes wäre, so dass er (= der Evangelist) eben nicht sagen kann „*ich* sende meinen Engel", so dass er etwas anderes wäre gegenüber der Seele. Denn wenn er „ich" gesagt hätte, so hätte er etwas anderes gegenüber der Seele gemeint. Aus diesem Grunde verschweigt man den Namen „ich", weil er und die Seele so völlig eins sind, dass Gott nichts Eigenes haben kann, so dass weder etwas noch nichts von Gott ausgesagt werden kann, das Unterschiedenheit oder Andersheit aufweisen könnte.

DER MENSCH IST EBENBILD GOTTES

Meister Eckhart

Nun wollen wir weiter von den Engeln sprechen, wie ich vorhin sagte, dass sie ein Bild Gottes seien und ein Spiegel sind, der in sich Gleichheit der Gutheit und der Lauterkeit der Stille und der Verborgenheit Gottes trägt, soweit es möglich ist. Nun sollen wir den Engeln gleich sein, und ebenso sollen wir ein Bild Gottes sein, denn Gott hat uns als ein Bild seiner selbst geschaffen. Der Meister, der ein Menschenbild machen will, der macht (es nicht) nach Konrad oder nach Heinrich. Machte er aber ein Bild nach Konrad oder nach Heinrich, so hätte er es nicht auf den Menschen abgesehen, sondern (er zielte) auf Konrad oder auf Heinrich. Hinwiederum: Machte er aber ein Bild (von) Konrad, so zielte er nicht auf Heinrich; denn vermöchte und könnte er, so bildete er vollends den Konrad (nach) und eben diesen und ihm ganz und gar gleich. Nun (aber) vermag und kann Gott völlig, und darum hat Gott dich ihm völlig gleich und als ein Bild seiner selbst geschaffen.

Aber „ihm gleich" weist auf ein Fremd- und auf ein Entferntsein hin. Nun (aber) gibt es zwischen dem Menschen und Gott weder Fremd- noch Entferntsein; und deshalb ist er ihm nicht gleich: Er ist ihm vielmehr völlig ebenbildlich und dasselbe, was er (= Gott) ganz und gar *ist*.

Ich weiß und kann (nun) nichts mehr; damit sei diese Predigt zu Ende. Ich dachte aber einst unterwegs, der Mensch sollte in seinem Bestreben so selbstlos sein, dass er es auf niemanden und auf nichts abgesehen habe als auf die Gottheit in sich selbst, weder auf (seine) Seligkeit noch auf dies oder das als einzig auf Gott als Gott und die Gottheit in sich selbst; denn auf was du es sonst abgesehen hast, das alles ist (nur) ein „Beisein" der Gottheit. Darum scheide alles „Beisein" der Gottheit ab und nimm sie rein in sich selbst. Dass wir hierzu kommen, dazu helfe uns Gott. Amen.

Dreierlei Geburt

Johannes Tauler

Heute begeht man dreierlei Geburt in der heiligen Christenheit, an der ein jeglicher Mensch so große Freude und Wonne sollte haben und nehmen, dass er recht von Wonne sollte aus sich selbst springen in Jubel und Liebe, in Dankbarkeit und in innerlicher Freude; welcher Mensch das nicht in sich findet, mag sich wohl fürchten. Nun, die erste und oberste Geburt ist, so der himmlische Vater gebiert seinen eingeborenen Sohn in göttlicher Wesentlichkeit, in persönlichem Unterschied. Die andere Geburt, die man heute begehet, ist das mütterliche Gebären, das geschah in jungfräulicher Keuschheit und in rechter Lauterkeit. Die dritte Geburt ist, dass Gott alle Tage und alle Stunde wird wahrlich geistlich geboren in einer guten Seele, mit Gnade und mit Liebe. Diese drei Geburten begehet man heute mit den drei Messen. …

Die dritte Messe singet man an dem klaren lichten Tag, und die hebt an also: *puer natus est nobis, et filius datus est nobis.* Ein Kind ist uns geboren, und ein Sohn ist uns gegeben. Sie zeigt an die minnigliche Geburt, die alle Tage und alle Augenblicke soll geschehen und geschieht in einer jeglichen guten heiligen Seele, wenn sie sich dazu kehret mit Wahrnehmen und mit Liebe. Denn soll sie diese Geburt in sich befinden und ihrer gewahr werden, so muss es geschehen durch Einkehren und Wiederkehren aller ihrer Kräfte. Und in dieser Geburt wird ihr Gott also eigen und gibt sich ihr also eigen, wie je etwas eigen ward. …

Dass wir nun alle dieser edlen Geburt Ruhe in uns geben, dass wir wahre geistliche Mütter werden, das helfe uns Gott. Amen.

Gottesgeburt in der Seele

Meister Eckhart

Der Vater gebiert seinen Sohn in der Ewigkeit sich selbst gleich. „Das Wort war bei Gott, und Gott war das Wort": Es war dasselbe in derselben Natur. Ich behaupte noch mehr: Er hat ihn geboren in meiner Seele. Nicht nur ist sie bei ihm und er bei ihr in ebengleicher Weise, vielmehr ist er in ihr. Und der Vater gebiert seinen Sohn in der Seele in ebenderselben Weise, in der er ihn in der Ewigkeit gebiert, und nicht anders. Er muss es tun, es sei ihm lieb oder leid. Der Vater gebiert seinen Sohn ohne Unterlass, und ich sage noch mehr: Er gebiert mich als seinen Sohn und als denselben Sohn. Ich sage noch mehr: Er gebiert mich nicht allein als seinen Sohn, er gebiert mich vielmehr als sich und sich als mich und mich als sein Sein und als seine Natur.

In dem innersten Quell, da quelle ich aus in dem Heiligen Geist. Da ist ein einziges Leben und ein einziges Wesen und ein einziges Werk. Alles, was Gott wirkt, das ist eins. Darum gebiert er mich als seinen Sohn ohne allen Unterschied. Mein leiblicher Vater ist nicht eigentlich mein Vater, sondern nur mit einem kleinen Stücklein seiner Natur, und ich bin getrennt von ihm. Er kann tot sein, ich aber kann doch leben. Darum ist der himmlische Vater in Wahrheit mein Vater; denn ich bin sein Sohn und habe alles das von ihm, was ich habe, und ich bin derselbe Sohn und nicht ein anderer. Denn der Vater wirkt ein einziges Werk, darum auch wirkt er mich als seinen eingeborenen Sohn ohne jeden Unterschied.

JUNGFRAU UND MUTTER

Meister Eckhart

Unser Herr Jesus Christus ging hinauf in ein Burgstädtchen und ward empfangen von einer Jungfrau, die ein Weib war." ... Notwendig muss es so sein, dass sie eine *Jungfrau* war, jener Mensch, von dem Jesus empfangen ward. Jungfrau besagt so viel wie ein Mensch, der von allen fremden Bildern ledig ist, so ledig, wie er war, als er noch nicht war. ... Wenn nun der Mensch immerfort Jungfrau wäre, so käme keine Frucht von ihm. Soll er fruchtbar werden, so ist es notwendig, dass er *Weib* sei. „Weib" ist der edelste Name, den man der Seele zulegen kann, und ist viel edler als „Jungfrau". Dass der Mensch Gott in sich empfängt, das ist gut, und in dieser Empfänglichkeit ist er Jungfrau. Dass aber Gott fruchtbar in ihm werde, das ist besser; denn Fruchtbarwerden der Gabe, das ist allein die Dankbarkeit für die Gabe, und da ist der Geist Weib in der wiedergebärenden Dankbarkeit, wo er Jesum wiedergebiert in Gottes väterliches Herz.

... eine Jungfrau, die ein Weib ist, die frei ist und ungebunden ohne Ich-Bindung, die Gott und sich selbst allzeit gleich nahe. Die bringt viele Früchte, und die sind groß, nicht weniger und nicht mehr, als Gott selbst ist. Diese Frucht und diese Geburt bringt die Jungfrau, die ein Weib ist, zustande, und sie bringt alle Tage hundertmal oder tausendmal Frucht, ja unzählige Male, gebärend und fruchtbar werdend aus dem alleredelsten Grunde; noch besser gesagt: Fürwahr, aus demselben Grunde, daraus dem der Vater sein ewiges Wort gebiert, wird sie fruchtbar mitgebärend. ... Denn der ewige Vater gebiert seinen ewigen Sohn in dieser Kraft ohne Unterlass so, dass diese Kraft den Sohn des Vaters und sich selbst als denselben Sohn in der eigenen Kraft des Vaters mitgebiert.

IN DULCI JUBILO

In dulci jubilo nun singet und seid froh:
Unsers Herzens Wonne liegt in praesepio
und leuchtet wie die Sonne matris in gremio.
Alpha es et O, Alpha es et O.

O Jesu parvule, nach dir ist mir so weh.
Tröst mir mein Gemüte, o puer optime,
durch alle deine Güte, o princeps gloriae.
Trahe me post te, trahe me post te.

O patris caritas, o nati lenitas.
Wir wärn all verloren per nostra crimina,
so hast du uns erworben coelorum gaudia.
O qualis gloria, o qualis gloria.

Ubi sunt gaudia? Nirgends mehr denn da,
wo die Engel singen nova cantica
durch alle deine Güte, o princeps gloria.
Eia wärn wir da, eia wärn wir da.

Heinrich Seuse zugeschrieben.

Fleischgewordenes Wort

Yves Congar

Wenn man nur die Lehre in Betracht zöge, könnte man zu dem Schluss kommen, die Menschheit Christi bedeute lediglich, dass dem *Wort* ein Mund verliehen wurde, und dann wäre nur dieses Wort Künder Gottes. Eine gewisse Neigung zu dieser Ansicht findet sich zum Beispiel bei Origenes, der, auch wenn er den für einen Alexandriner typischen Platonismus, der überall das Verständliche sucht, korrigierte, sich doch nie völlig von ihm lösen konnte. Bei ihm scheint der Offenbarung des Wortes im *Fleisch* kein Vorzug vor den anderen, rein geistigen Offenbarungen des Logos zuzukommen. Das Fleisch verdeckt eher, als es offenbart.

Aber dass das Wort in unser Fleisch herabgestiegen ist, dass Gott Knechtsgestalt angenommen, die Fußwaschung vollzogen hat und aus Liebe bis zum Tod des Kreuzes gehorsam war, all das hat doch eine bestimmte Bedeutung für die Offenbarung, für die Offenbarung *Gottes*: „Philippus, wer mich gesehen hat, hat auch den Vater gesehen."

Schon im Neuen Testament und noch ausdrücklicher bei den Vätern und in der alten Liturgie galt die durch Christus vermittelte Gotteserkenntnis nicht bloß als Wissen. Sie ist gleichzeitig Wissen und Heiligkeit: also nicht nur eine dem Heil voraufgehende Information, sondern schon Heil im Vollzug ... Christus offenbart uns den Vater nicht, ohne uns nicht gleichzeitig zu ihm zu ziehen. Das Wort bleibt nicht ohne Wirkung (vgl. Jes 55,10f).

Im Neuen Testament ist das Niedersteigen (*katabasis*) mit einem Aufsteigen (*anabasis, analepsis*) verbunden, oder genauer: Dass Gott zu uns niedersteigt, bedingt, dass wir zu Gott aufsteigen. Die Väter waren sich dieses Verhältnisses zutiefst bewusst, und das ist auch einer der Gründe dafür, dass ihnen die Erlösung von dem Augenblick an gewonnen scheint, in dem sich die Inkarnation vollzieht, dass die Kirche für sie von dem Augenblick an existiert, in dem Gott sich in unserem Fleisch offenbart.

Jesus als Weg zur Menschwerdung

Pierre Claverie

Der in Bethlehem geborene Jesus öffnet uns den Weg zur Menschwerdung, angeboten an die ganze Menschheit. Und wir assistieren bewundernd im Verlauf einer niemals vollendeten Geschichte bei der geistgewirkten Geburt von Männern und Frauen in allen Kulturen und Religionen. In diese ist auch die unsrige einbegriffen, die noch nicht damit aufgehört hat, die Masken fallen zu lassen, um das Angesicht Christi zum Vorschein zu bringen. Denn die Merkmale einer neuen Menschheit haben wir in dem Wort gesehen, das Fleisch geworden ist. Und wir erkennen sie wieder in der Gegenwart in denen, die gegenwärtig nach der Wahrheit suchen und nicht meinen, sie zu besitzen, in denen, die hungern nach Gerechtigkeit und Freiheit (und nicht in denen, die eine Ordnung erhalten wollen), in den Sanftmütigen, den Barmherzigen, in den Friedfertigen (und nicht in den Kriegsherren) …

Weihnachten ist für uns ein Zeichen für die Thronbesteigung des neuen Menschen, des Sohnes Gottes, Erstgeborener unter vielen Brüdern. Auf ihn allein können wir von nun an unsere Hoffnung setzen!

Die bizarre Mathematik
der Liebe Gottes

Timothy Radcliffe

Wir müssen die bizarre Mathematik der Liebe Gottes lernen,
denn die Liebe lässt sich nicht zählen wie Geld. Wenn jemand
sechs Kinder hat, bekommt nicht jedes nur ein Sechstel seiner Liebe,
sondern jedem gibt man alles. …
Hoffen wir, dass uns dieses Weihnachtsfest von allen fürchterlichen
Kalkulationen befreie, so dass wir die verrückte Freiheit Gottes entdecken, der ohne Maß gibt. Die Mathematik Gottes ist nicht wie die
unsere. Er gibt einem unfruchtbaren, alten Ehepaar Nachkommen,
so zahlreich wie die Sandkörner am Meeresstrand, und sagt ihnen:
„Sieh die Sterne am Himmel! Kannst du sie zählen? So unzählig
werden deine Nachkommen sein" (Gen 15,5). …
Es ist eine glorreiche Extravaganz, eine unzählige Heerschar von
Engeln zu entsenden, den Hirten die gute Nachricht zu verkünden.
Einem wirtschaftlich denkenden Gott hätte ein Engel genügt. Es ist
richtig, dass es im Evangelium heißt, Gott zähle jedes Haar auf unserem Haupte, aber … dies ist ein Symbol der Kenntnis und der unendlichen Zärtlichkeit Gottes.

GOTT SPRICHT

Yves Congar

Unser Gott ist ein Gott, der spricht und sich uns zuwendet. So erhaben dieses Sprechen auch sein mag, als solches ist es kaum erstaunlich, da er doch eine Person ist und wir selbst nach seinem Bild Personen sind. Unser Gott hat gesprochen „viele Male und auf vielerlei Weise durch die Propheten; in dieser Endzeit durch seinen Sohn" (Hebr 1,1f).

Viele Male und auf vielerlei Weise! Vieles davon kennen wir nicht: Wie hat Gott zu „Adam" gesprochen, der Menschheit in ihrem frühesten Stadium, als sie vor drei Millionen Jahren oder vielleicht mehr aus dem Tierreich sich erhob? Welches war Gottes Wort an Abraham 1800 vor Christus? Was uns davon überliefert ist, ist tausend Jahre nach den Ereignissen aufgeschrieben worden – wie wenn man heute die Geschichte Karls des Großen schreiben würde! Und außerdem: Hat Gott zu den Millionen Menschen gesprochen, die außerhalb dessen, was wir *die* Offenbarung nennen, gelebt haben oder leben? Hat er zu den Gründern und entscheidenden Gestalten der uns bekannten Religionen der Menschheit gesprochen?

Unser Glaube und unsere Gewissheit stützen sich auf ernst zu nehmende Gründe, doch „das Gewölbe des Himmels hält ohne Pfeiler", wie Luther schreibt: Gott hat in Anbetracht des Alters der Menschheit ... recht spät in die Menschheitsgeschichte mit einem positiven Heilsplan und Bundesschluss eingegriffen. Der Beginn wird in Genesis 12,1 erzählt: „Der Herr sprach zu Abram ..." Dies ist der feierliche Augenblick einer entscheidenden Initiative, eines Anfangs, von dem her wir noch heute leben. In der Folgezeit gab es eine ganze Reihe von Eingriffen bis hin zu Jesus und den Aposteln, die unsere Heilsgeschichte ausmachen.

Gottes-Veränderungen liegen in der Luft

Gordian Landwehr

Großes und Großartiges wird uns zuteil, und wir erkennen nicht, wem wir es letztlich zu verdanken haben. Wenn ich das sage, denke ich an die Zeit, in der es noch keine Massenflucht und noch keine Massenkundgebungen gab. Damals konnte man den Eindruck haben: Die Leute in unserem Land [DDR] sind zwar nicht mit ihrem Schicksal zufrieden, sie leiden sogar sehr darunter, aber sie haben sich mit ihm abgefunden. Alles, was sie dagegen unternommen haben, ist umsonst gewesen und wird wohl auch in Zukunft ohne Erfolg bleiben.

Damals habe ich mir gedacht ...: „Es ist zwar alles ruhig, und es sieht so aus, als ob es ruhig bleiben wird. Aber ich habe trotzdem das Empfinden: Es liegt etwas in der Luft. Es braucht nur etwas ganz Bestimmtes, unter Umständen etwas Geringfügiges zu geschehen, und es wird eine Lawine ins Rollen kommen, eine Lawine, die alles, was sich ihr in den Weg stellt, überrollen und völlig andere Verhältnisse herbeiführen wird." Und das ist dann auch schon wenige Tage später geschehen – so schnell und so umfangreich, wie es wohl kaum jemand für möglich gehalten hätte. Wie ist es dazu gekommen?

Da muss vor allem ein Geschehnis genannt werden. Ich meine das Friedensgebet in der Nikolaikirche zu Leipzig und was von ihm ausgegangen ist ... Gott hat es uns geschenkt, aber er ist so sehr dabei im Hintergrund geblieben. Er ist so wenig in Erscheinung getreten, dass viele ihn gar nicht erkannt haben als den, dem sie letztlich alles zu verdanken haben. Ob wir es sehen oder nicht: Was da zustande gekommen ist, ist ein Geschenk Gottes.

DIE SCHÖNEN DINGE DES LEBENS

Gordian Landwehr

Ich kann es verstehen, dass Sie ein Verlangen, ein großes Verlangen haben nach all den Dingen, die Sie bis jetzt entbehrt haben. Und Sie dürfen auch ein Verlangen nach ihnen haben, und sie sollen Ihnen auch zuteilwerden – und ich wünsche uns allen von Herzen, dass wir nicht mehr lange darauf warten müssen. Aber wir wollen dann, wenn wir sie besitzen werden, uns dessen bewusst bleiben: Das ist nicht alles. Es gibt etwas, was mehr ist. Wenn wir das verlieren, werden wir ärmer sein, als wir bis jetzt arm gewesen sind. Wir brauchen die schönen Dinge des Lebens nicht zu verachten. Wenn sie uns zuteilwerden, dürfen wir sie als ein Geschenk Gottes ansehen, aber wir sollen nicht vergessen: dass Gott größere Geschenke für uns bereithält, Geschenke, die unser Leben nicht nur angenehm, sondern auch lebenswert und sinnerfüllt machen; dass sie uns nur dann froh machen, wenn wir sie nicht nur für uns selbst besitzen, sondern bereit sind, sie auch an andere weiterzugeben, sie mit anderen zu teilen.

Falsche und wahre Gelassenheit

Franziskus Maria Stratmann

Das Tempo, das die moderne Technik und der moderne Verkehr in unser äußeres und inneres Leben gebracht haben, wirkt auch auf das Tempo unseres inneren Lebens. Es fallen sozusagen die Übergänge fort. Man ist fast ohne Übergang, ohne Zwischenzeit und Zwischenraum sofort in einer ganz neuen Situation. Wie umständlich, anstrengend, langwierig war es früher, von einem weit entfernten Ort zum anderen zu kommen, wie allmählich, mehr und mehr sich anpassend vollzog sich die Annäherung! Wer vom Norden in den Süden ging, erlebte die Veränderung der Landschaft, des Klimas, der Sprachen, der Sitten stückweise. Heute überspringt er mit den Entfernungen durch die unerhörte Raschheit der Verkehrsmittel alle diese Übergänge und Erlebnisse. Natürlich wirkt das auf sein Inneres. Er ist imstande, mengenmäßig mehr zu erleben als früher, aber nicht wertmäßig. Er kann mehr Eindrücke in sich aufnehmen, aber er kann sie nicht verarbeiten. Er sieht mehr von der Oberfläche der Dinge und der Menschen, aber weniger von ihrer Tiefe ... ich meine, dass es auch die Oberflächlichkeit und Leichtmütigkeit des modernen Lebens überhaupt ist, was manchem unter uns die Tiefen des Nachdenkens und Nachempfindens verschüttet hat. Die Leidenschaften der Freude, der Trauer, der Sehnsucht, der Liebe, des Hasses und des Zornes sind verkümmert, neutralisiert, blasiert. Man findet sich ab. Aber das ist keine „*sancta* indifferentia". Die *heilige* Gelassenheit schwächt keinen der Affekte; sie reinigt und vertieft und sublimiert sie. Die heilige Gelassenheit ist nicht gelassen gegenüber dem Unrecht, der Sünde, dem Triumph des Bösen, der Herrschaft des Teufels! Sie leidet darunter, sie empört sich darüber, sie liebt dann das Gute umso mehr und verlangt sehnsüchtig danach, es herbeizuführen.

ÄLTER WERDEN

Franziskus Maria Stratmann

Bei den Römern galt der Sechzigjährige als *senex*. Ich bin weit davon entfernt, mich als „Greis" zu fühlen. Nur mein Geburtsschein ist sechzig Jahre alt, mein Körper fünfzig, mein Geist vierzig, mein Herz dreißig. Aber der Geburtsschein ist unerbittlich, und darum kann die Tatsache des Altwerdens nicht aus der Welt geschafft und das Herannahen des Lebensendes nicht bestritten werden. Das Gefühl, bald zu sterben, habe ich nicht, im Gegenteil das Gefühl, noch viel schaffen zu können und zu sollen. Vielleicht ist der letzte Abschnitt meines Lebens der ertragreichste. Der Zweifel über die Verwendung meiner „besten" Lebenszeit in Berlin verlässt mich nicht. Ich habe immer viel gearbeitet, aber mir das Arbeitsfeld zum Teil selbst gewählt, mit wenigstens stillschweigender Zustimmung meiner Oberen, doch ob die Wahl die richtige und gar die beste war, das eben ist Gegenstand meiner Zweifel.

Eins scheint mir sicher: Die Beschäftigung mit dem Kriegs- und Friedensproblem, das Schreiben darüber, hat mich *geistig* mehr gefördert, als es die Beschränkung auf die Seelsorge im engeren Sinne getan haben würde ... Aber schließlich hat die göttliche Vorsehung meinen Weg mehr bestimmt, als ich selbst es getan habe. Dann sollte also doch wohl – die Irrungen der menschlichen Schwäche abgerechnet – alles so kommen, wie es gekommen ist. Und die Fehler, die ich bei dieser Wahl gemacht haben sollte, helfen mir nun zu einer tieferen Einsicht, zu mehr Demut und zur Bessergestaltung meines letzten Lebensabschnittes.

JA ZUR ZUKUNFT

Hanna-Renate Laurien

Nicht erklärbar, schwer beschreibbar: Die Freude über die Wirklichkeit des Glaubens erfüllt mich vor allem kritischen Fragen. Ich habe in meinem Leben oft zu neuen, unbekannten Ufern aufbrechen müssen: die Leitung einer geliebten Schule aufgeben für Schulverwaltungstätigkeit und danach hauptamtliches politisches Tun in einem anderen Bundesland, dieses dann sehr geliebte Land verlassen und in die ungewisse Berliner Landschaft gehen, um nur einige Stationen zu nennen.

Dabei hat mich immer Abraham geleitet, der der Aufforderung folgte: „Zieh weg aus deinem Land, von deiner Verwandtschaft und aus deinem Vaterhaus in das Land, das ich dir zeigen werde" (Gen 12,1). Oder Rut, die den Abschied von Sippe und Land riskiert, der Schwiegermutter Noemi folgt, weil anderes zählt als die Sippe: „Dein Gott ist mein Gott" (Rut 1,16). Und dann gar Maria, die Mutter des Herrn: Sie sagt ihr Ja in bedingungslosem Vertrauen zu Gott, weiß, dass Schmach, Unverständnis auf sie warten können. Sie wagt Vertrauen. So heißt Glauben ein Ja zur Zukunft in Gottes Hand.

Zeugen der Hoffnung

Generalkapitel Bogota

Die Welt, wie sie uns heute begegnet, weckt in vielerlei Hinsicht Ängste: Konflikte, Gewaltverbrechen gegen die Menschheit, Ausgrenzungen, Leid, verursacht durch Migration, die Unsicherheit in vielem, neue, Exklusivität predigende religiöse Bewegungen, die abartigen Auswüchse der Globalisierung, die Gefahr für das ökologische Gleichgewicht, die Gefahr für die gesamte Menschheit durch eine national orientierte Sicherheitspolitik. Die ersten Opfer all dessen – das können die Mitglieder der Dominikanischen Familie bezeugen – sind die Armen.

Gleichzeitig sind wir Zeugen der immensen Hoffnung, mit der viele – und manchmal gehören wir solidarisch zu ihnen – daran arbeiten, dass die Welt heute und in Zukunft für alle bewohnbar ist. Dafür steht zum Beispiel das Weltsozialforum, und es ist gut, wenn sich Mitglieder der Dominikanischen Familie an ihm beteiligen.

Wir beobachten aber auch gewisse positive Auswirkungen der Globalisierung, wie etwa die Bereicherung, die wir heute durch die interkulturelle Realität unserer Städte erfahren, die Verbesserung der Lebensbedingungen durch Wissenschaft und Technik, die Bemühungen, eine größere Gleichheit zwischen Männern und Frauen zu erreichen, die Vorteile des Fortschritts bei den Kommunikationsmedien. Gerade diese widersprüchliche Welt aber wollen wir lieben, auch wenn deren ständige Veränderung uns alle betrifft und wir für deren Zukunft Hoffnung bewahren sollen.

QUELLENNACHWEIS

96	Albertus, Texte, 39
97	Tauler, Predigten, 72f.
98	Ostlender, Albert, 39
99	Radcliffe, friends, 161f.; Übersetzung Manuel Merten
101	Brantschen, Leid, 78
102	Zitat: Ratzinger, Einführung, 249
103	Pesch, Thomas, 327
104	Schillebeeckx, Menschen, 168f.
105	Schillebeeckx, Jesus, 573
106	Schillebeeckx, Christus, 783
107	Brantschen, Leid, 79
108	Brantschen, Leid, 106f.
109	Liégé, Christus
110	Akten PK Teutonia, 1996, Nr. 60, 37
111	Zils, Ostern, 213f.
112	Pesch, Thomas, 249f.
113	Pesch, Thomas, 246f.
114	Ricci, Lettere, 84–86
115	Brief an P. Jean-Joseph Lataste
116	Henri-Dominique Berthier auf ihrem Sterbebett
117	Visitationsbericht der Gemeinschaft von Sainte-Baume
118	Exerzitienpredigt, Frauenzuchthaus Cadillac, 18. 9. 1864
119	Schillebeeckx, Menschen, 39
120	Laurien/Seeber, Laien, 204
121	Radcliffe, Christian, 210–213; Radcliffe, Christ sein, 348, 351
122	Congar, Tradition, 146f.
123	Congar, Geist, 75f.
124	Congar, Kirche, 8
125	Congar, Église, 115
126	Congar, Aspects, 121–123
127	Claverie, Lettres, Avant-Propos, 22f.
128	Congar, Geist, 78f.
129	Bedouelle, Dominikus, 90
130	Congar, Geleitwort, 12f.
131	Akten Avila, II/22.II.1.–2. 11.
132	Cadoré, Laien
133	Caterina, Frauen, 151f.; Caterina, Männer, 134
134	Caterina, Männer, 39f.
135	Caterina, Männer, 9f.

136	Jungmayr, Legenda Maior, 137; Caterina, Männer, 134
137	Caterina, Männer, 288f.
138	Caterina, Ordensfrauen, 40; Caterina, Männer, 75, 80
139	Caterina, Ordensfrauen, 312f.
140	Congar, Geist, 167f.
141	Congar, Geist, 170f.
142	Congar, Geist, 189f.
143	Congar, Geist, 215
144	Congar, Geist, 237, 239, 242
145	Congar, Geist, 245, 270
146	Claverie, Lettres, Nr. 10, 81–83
147	Tauler, Predigten, 162f.
148	Tauler, Predigten, 176
149	Tauler, Predigten, 170f.
150	Congar, Feuer, 60f.
151	Radcliffe, IDI 11/1994
152	Landwehr, Hoffnung, 117f.
153	Congar, Église, 115f.
154	Gertz, Katharina, 112f.; Übersetzung Adolf Hoffmann
155	Gertz, Katharina, 113f.; Übersetzung Adolf Hoffmann
156	Hoyer, Jordan, Brief 24, 151f.
157	Keller, Gebete, 13
158	Savonarola, Florenz, 231f.
159	Seuse, Weisheit, 112–115
160	Eckehart, Predigten, 256–259
161	Sth III q. 61 a. 1; Sth III q. 60 a. 3
162f.	Maidl/Pesch, Thomas, 94–97
164	Maidl/Pesch, Thomas, 101f.
165	Maidl/Pesch, Thomas, 102f.
166	Maidl/Pesch, Thomas, 98f.
167	Eckehart, Predigten, 81f.
168	Eckehart, Predigten, 189
169	Chardon, Geheimnis, 28f., 74f.
170	Knackfuß, Weg, 194f.
171	Gutiérrez, Bartolomé, 134
172	Gutiérrez, Bartolomé, 133f.
173	Piny, Weg, 24f.
174	Bedouelle, Geschichte, 11, 16
175	Hoyer, Jordan, Brief 5, 127
176	Hoyer, Jordan, Brief 9, 131
177	Hoyer, Jordan, Brief 4, 126; Brief 48, 182f.

178	Hoyer, Jordan, Brief 12, 134f.; Brief 13, 135	225	Brief an Louis Massignon, 9. 8. 1955, zitiert nach Pérennès, Anawati, 265f.
179	Hoyer, Jordan, Brief 46, 180		
180	Hoyer, Jordan, Brief 52, 189	226	Anawati, Muslime, 27ff.
181	Hoyer, Jordan, Brief 43, 176; Brief 7, 128f.	227	Pérennès, Beaurecueil, 184–187
182	Tauler, Predigten, 303f.	228	Radcliffe, Schweigen, 121f.
183	Tauler, Predigten, 304f.	229	Radcliffe, Schweigen, 122f.
184	Tauler, Predigten, 305f.	230	Pérennès, Anawati, 186
185	Tauler, Predigten, 297	231	Claverie, Lettres, Nr. 1, 29f.
186	Gabriel, Rückkehr, 5f.	232	Claverie, Lettres, Nr. 10, 81–83
187	Savonarola, Florenz, 55	233–236	Claverie, Lettres, Nr. 30,
188	Savonarola, Florenz, 55f.		155–157
189–195	Wilms, Ebner, 234–242	237	Claverie, Lettres, Avant-Propos, 22f.
196	Schillebeeckx, Christus, 800		
197	Congar, Feuer, 25f.	238	Hoyer, Jordan, 81f.
198	Congar, Feuer, 19f.	239	Koudelka, Dominikus, 62f.
199	Congar, Feuer, 16f.	240	Díez, Spiritualität, 149f.
200	Savonarola, Florenz, 614	241	Betto, Spiritualität, 166f.
201	Radcliffe, city	242	Murray, Wein, 137
202	Costa, joy	243	Akten Rom, Nr. 50f.
203	Las Casas, Geschichte 1, 263	244	Betto, Spiritualität, 171
204	Las Casas, Geschichte 2, 377	245	Schillebeeckx, Spiritualität, 43f.
205	Las Casas, Handbuch, 138f.		
206	Las Casas, Gesuch, 516	246	Schillebeeckx, Evangelium, 304f.
207	Las Casas, Gesuch, 518		
208	Gutiérrez, Bartolomé, 129	247	Radcliffe, friends, 154f.; Übersetzung Manuel Merten
209	Gutiérrez, Bartolomé, 123–125		
210	Bartholomaeus, Stimulus, 126f.	248	Radcliffe, Song, 96–98; dt. Übersetzung Manuel Merten nach Radcliffe, Gemeinschaft, 153–155
211	Bartholomaeus, Stimulus, 146f.		
212	Bartholomaeus, Stimulus, 163f.		
213	Bartholomaeus, Stimulus, 207f.		
214	Bartholomaeus, Stimulus, 171	249	Radcliffe, city
215	Bartholomaeus, Stimulus, 232f.	250	Díez, Spiritualität, 159
		251	Congar, Geist, 10
216	Bartholomaeus, Stimulus, 200f.	252–258	Lohrum, Dominikus, 111–115
		259	Proprium OP-Stundenbuch, 514f.
217	Vgl. Didi-Huberman, Angelico, 19ff.		
		260	Proprium OP-Stundenbuch, 295f.
218	Cadoré, Dominikanerinnen		
219	Akten PK Teutonia, 1988, Nr. 76, 29	261	Proprium OP-Stundenbuch, 545f., 548
220	Cadoré, Laien	262	Proprium OP-Stundenbuch, 546f.
221	Gasser, Spiritualität, 113f., 116		
222	Gasser, Spiritualität, 116	263	Humbert, Tugendleben, 74f.
223	Cadoré, Dominikanerinnen	264	Humbert, Tugendleben, 89f.
224	Akten Avila, II/22.3, 6f.	265	Proprium OP-Stundenbuch, 531f.

354	Loew, Schule, 152f.	370	Beccarisi, Predigt, 99; Über-
355	Congar, passion, 81–83		setzung wie oben
356	Loew, Schule, 150	371	Tauler, Predigten, 13f., 20
357	Eckehart, Predigten, 57	372	Gnädinger, Mystik, 146f.
358	Eckehart, Predigten, 60f.	373	Eckehart, Predigten, 158f., 161
359	Eckehart, Predigten, 58f.	375	Congar, Deum, 69f.
360	Eckehart, Predigten, 72	376	Claverie, Lettres, Nr. 5, 53f.
361	Eckehart, Predigten, 78f.	377	Radcliffe, IDI 12/1995, 230f.
362	Eckehart, Predigten, 89f.	378	Congar, Geist, 35f.
363	Eckehart, Predigten, 92	379	Landwehr, Hoffnung, 185,
364	Ricci, Brief, 230f.		187f.
365	Radcliffe, IDI 12/1997, 240	380	Landwehr, Hoffnung, 190
366	Radcliffe, IDI 12/1995, 230	381	Stratmann, Verbannung, 83f.
368f.	Beccarisi, Predigt, 95; Überset-	382	Stratmann, Verbannung, 202f.
	zung nach J. Quint mit Ände-	383	Laurien/Seeber, Laien, 201
	rungen der Verfasserin	384	Akten Bogota, Nr. 48

Farbabbildungen: © AKG Images / Rabatti-Domingie

BIBLIOGRAFIE UND ABKÜRZUNGEN

Die Briefe von Henri-Dominique Berthier und Titus Horten sowie die Predigten von Jean-Joseph Lataste sind in Privatbesitz.

Akten Avila: Acta Capituli Generalis Diffinitorum Ordinis Praedicatorum Abulensis, Rom 1996. Deutsch: Dominikanerprovinz Teutonia, Aus den Akten des Generalkapitels zu Avila 1996, Köln 1997.

Akten Bogota: Akten des Generalkapitels 2007 zu Bogota: http://www.op.org/ sites/www.op.org/files/public/documents/fichier/Acts_Bogota_2007_en.pdf

Akten PK Teutonia: Akten des Provinzkapitels der Teutonia.

Akten Rom: Akten des Generalkapitels 2010 zu Rom: http://www.op.org/ sites/www.op.org/files/public/documents/fichier/Acts2010chapter.pdf

Albertus, Texte: Albertus Magnus, Ausgewählte Texte. Lateinisch – Deutsch. Hg. von Albert Fries (Texte zur Forschung 35), WBG, Darmstadt 1981/³1994.

Alençar, Passion: Tito de Alençar Lima, Brasilianische Passion. Dokumente des Widerstandes. Hg. und übersetzt von Paul Helfenberger (Zeitbuchreihe Polis, N. F. 3), Basel 1979. – Offensichtliche Rechtschreibfehler und Schweizer Besonderheiten in der deutschen Rechtschreibung wurden stillschweigend korrigiert.

Anawati, Muslime: Georges C. Anawati, Ich liebe die Muslime, weil sie Gott lieben. Aufforderungen zum Dialog. Übersetzt und hg. von Hoda Issa, Freiburg-Basel-Wien 2014.

BAE: Juan Pérez de Tudela y Bueso (Ed.), Obras escogidas de Fray Bartolomé de Las Casas, 5 Bde. (Bibliotéca de autores españoles).

Bartholomaeus, Stimulus: Bartholomaeus de Martyribus, Stimulus pastorum, Braga 1963. Übersetzt von Marianne Schlosser.

Beccarisi, Predigt: Alessandra Beccarisi, Predigt 77: „Ecce mitto angelum meum", in: Georg Steer/Loris Sturlese (Hg.), Lectura Eckhardi. Predigten Meister Eckharts von Fachgelehrten gelesen und gedeutet, Bd. III, 93–99. © 2009 W. Kohlhammer GmbH, Stuttgart.

Bedouelle, Dominikus: Guy Bedouelle, Dominikus oder die Gnade der Verkündigung, in: Ulrich Engel (Hg.), Dominikanische Spiritualität (DQZ 1), Leipzig 2000, 78–91.

Bedouelle, Geschichte: Guy Bedouelle, Geschichte und Identität [Geleitwort], in: William A. Hinnebusch, Kleine Geschichte des Dominikanerordens (DQZ 4), Leipzig 2004, 9–21.

Betto, Spiritualität: Frei Betto, Dominikanische Spiritualität, in: Ulrich Engel (Hg.), Dominikanische Spiritualität (DQZ 1), Leipzig 2000, 165–176.

Brantschen, Gott: Johannes B. Brantschen, Gott ist anders. Theologische Versuche und Besinnungen, Luzern 2005.

Brantschen, Hoffnung: Johannes B. Brantschen, Hoffnung für Zeit und Ewigkeit. Der Traum von wachen Christenmenschen, Freiburg-Basel-Wien 1992.

Brantschen, Leid: Johannes B. Brantschen, Warum gibt es Leid? Die große Frage an Gott. © Verlag Herder GmbH, Freiburg i. Br. 2010.

Cadoré, Dominikanerinnen: Bruno Cadoré, „Geh zu meinen Brüdern und berichte ihnen" (Joh 20,17). Dominikanerinnen und Verkündigung. Brief an den Orden zum Jahr 2012, Rom, 13. Januar 2012: http://www.dominikaner.de/ ordenjubilaeum.php

Cadoré, Laien: Bruno Cadoré, „Die dominikanischen Laien und die Verkündigung". Brief an den Orden zum Thema der Jahresnovene 2014, Rom, 22. Dezember 2013: http://www.dominikaner.de/ordenjubilaeum.php

Campanella, Gedichte: Tommaso Campanella, Philosophische Gedichte. Italienisch – deutsch. Ausgewählt, übersetzt und hg. von Thomas Flasch. Mit einem einleitenden Essay und kommentiert von Kurt Flasch. © Vittorio Klostermann GmbH, Frankfurt am Main 1996.

Caterina, Libro/Unger, Berg: Caterina von Siena, Libro della divina provvidenza/Il dialogo, zitiert nach: Helga Unger (Hg.), Der Berg der Liebe. Europäische Frauenmystik, Freiburg-Basel-Wien 1991.

Caterina, Männer: Caterina von Siena, Sämtliche Briefe, hg. von Werner Schmid, Bd. 2: An die Männer der Kirche I, Verlag St. Josef, Kleinhain 2005; *Caterina, Ordensfrauen:* Bd. 4: An die Ordensfrauen, 2007; *Caterina, Frauen:* Bd. 8: An die Frauen in der Welt, 2012.

Chardon, Geheimnis: Louis Chardon, Geheimnis des Kreuzes. Gedanken über die trennende Liebe Gottes, Düsseldorf 1954.

Chenu, Freiheit: Marie-Dominique Chenu, Von der Freiheit eines Theologen. Marie-Dominique Chenu im Gespräch mit Jacques Duquesne. Aus dem Französischen von Michael Lauble (Collection Chenu 3), Mainz 2005.

Chenu, Leiblichkeit: Marie-Dominique Chenu, Leiblichkeit und Zeitlichkeit. Eine anthropologische Stellungnahme. Aus dem Französischen von Otto Hermann Pesch und Michael Lauble (Collection Chenu 1), Berlin 2001.

Chenu, Postscriptum: Marie-Dominique Chenu, Postscriptum 1985, in: *Chenu, Saulchoir,* 188–191.

Chenu, Saulchoir: Marie-Dominique Chenu, Le Saulchoir. Eine Schule der Theologie. Aus dem Französischen von Michael Lauble (Collection Chenu 2), Berlin 2003.

Chenu, Theologie: Marie-Dominique Chenu, Theologie der Arbeit. Aus dem Französischen übersetzt von Michael Lauble. Mit einer Einführung von Sonja Sailer-Pfister (Collection Chenu 5), Ostfildern 2013.

Chenu, Volk: Marie-Dominique Chenu, Volk Gottes in der Welt. Aus dem Französischen von Reinhold Zadow, Bonifatius Verlag, Paderborn 1968.

Claverie, Lettres: Pierre Claverie, Lettres et messages d'Algérie, Paris ⁴1996. Alle Übersetzungen: Laurentius Höhn.

Congar, Albert: Yves Congar, Der heilige Albert der Große. Größe und Elend einer intellektuellen Berufung, in: *Congar, Wege,* 227–232.

Congar, Aspects: Yves Congar, Aspects de l'oecuménisme (Etudes religieuses), Brüssel-Paris 1962.

Congar, Deum: Yves Congar, Dum visibiliter Deum cognoscimus, in: *Congar, Wege,* 65–98.

Congar, Église: Yves Congar, Église. Mon foyer maternel, in: ders., Au milieu des orages, Paris 1969, 115–120.

Congar, Feuer: Yves Congar, Im Geist und im Feuer. Glaubensperspektiven. Übersetzt von Werner Müller. © dt. Übersetzung Verlag Herder GmbH, Freiburg i. Br. 1987.

Congar, Geist: Yves Congar, Der Heilige Geist. Übersetzt von August Berz. © dt. Übersetzung Verlag Herder GmbH, Freiburg i. Br. 1991.

Congar, Geleitwort: Yves Congar, Geschaffen nach dem Bild des dreieinen Gottes …, in: Georges Michonneau, Kein Christenleben ohne Gemeinschaft, Schwabenverlag AG, Stuttgart 1962, 12f. Deutsche Übersetzung: Käthe Friederike Krause. © bei der Übersetzerin. – Original: Georges Michonneau, Pas de vie chrétienne sans communauté. © Les éditions du Cerf.

Congar, Kirche: Yves Congar, Die Kirche als Volk Gottes, in: Concilium (D) 1 (1965) 5–16.

Congar, passion: Yves Congar, Une passion: L'unité, Paris 1964.

Congar, Thomas: Yves Congar, Der heilige Thomas von Aquin. Diener der Wahrheit, in: *Congar, Wege,* 233–254.

Congar, Tradition: Yves Congar, Tradition und Kirche, Aschaffenburg 1964.

Congar, Wege: Yves Congar, Wege des lebendigen Gottes. Glaube und geistliches Leben. Übersetzt von Siglinde Summerer und Gerda Kurz. © dt. Übersetzung Verlag Herder GmbH, Freiburg i. Br. 1964.

Costa, joy: Carlos Alfonso Aspiroz Costa, Brief an den Orden „Let us walk in joy and think of our saviour". Some views on dominican itinerancy, Rom, 24. Mai 2003: http://www.op.org/sites/ www.op.org/files/public/documents/ fichier/letter_on_itinerancy_eng.pdf

Costa, Rosenkranzgebet: Carlos Alfonso Aspiroz Costa, Brief an den Orden zum Rosenkranzgebet, Rom, 1. Januar 2008: http://www.dominikaner.org/ fileadmin/user_upload/Dominikaner-Uploads/Texte/Ordensmeister_ Rosenkranz_01.pdf

Didi-Huberman, Angelico: Georges Didi-Huberman, Fra Angelico. Unähnlichkeit und Figuration, München 1995.

Díez, Spiritualität: Felicísimo Martínez Díez, Die Spiritualität des heiligen Dominikus und die dominikanische Spiritualität, in: Ulrich Engel (Hg.), Dominikanische Spiritualität (DQZ 1), Leipzig 2000, 143–164.

DQZ: Dominikanische Quellen und Zeugnisse, hg. vom Institut M.-Dominique Chenu – Espaces Berlin durch Thomas Eggensperger und Ulrich Engel, Bd. 1–19, St. Benno Verlag GmbH, Leipzig 2000–2015. – Die Reihe wird fortgesetzt.

Eckehart, Predigten: Meister Eckehart, Deutsche Predigten und Traktate. Hg. und übersetzt von Josef Quint, München 1979.

Ferrer, Predigten: Vinzenz Ferrer, Predigten. Ausgewählt, eingeleitet und aus dem Katalanischen übersetzt von Gret Schib Torra (Katalanische Literatur des Mittelalters 7), Lit-Verlag, Berlin-Münster 2014.

Gabriel, Rückkehr: Jörg Gabriel, Rückkehr zu Gott. Die Predigten Johannes Taulers in ihrem zeit- und geistesgeschichtlichen Kontext. Zugleich eine Geschichte hochmittelalterlicher Spiritualität und Theologie (Studien zur systematischen und spirituellen Theologie 49). © Echter Verlag, Würzburg 2013.

Gasser, Spiritualität: Raphaela Gasser, Dominikanische Spiritualität, in: Ulrich Engel (Hg.), Dominikanische Spiritualität (DQZ 1), Leipzig 2000, 113–119.

Gertz, Katharina: Bernhard Gertz/Adolf Hoffmann (Hg.), Katharina von Siena. Ausgewählte Texte aus den Schriften einer großen Heiligen, Düsseldorf 1981.

Gnädinger, Mystik: Deutsche Mystik. Ausgewählt, übertragen und eingeleitet von Louise Gnädinger. © 1989 by Manesse Verlag, Zürich, in der Verlagsgruppe Random House GmbH, München.

Gutiérrez, Bartolomé: Gustavo Gutiérrez, Bartolomé de las Casas und die Evangelisierung Lateinamerikas, in: Thomas Eggensperger/Ulrich Engel, Bartolomé de las Casas. Dominikaner – Bischof – Verteidiger der Indios, Mainz ²1992, 122–134.

Heiler, Mystik: Anne Marie Heiler, Mystik deutscher Frauen im Mittelalter. Übertragungen und Erläuterungen (Lebensbücherei christlicher Zeugnisse aller Jahrhunderte 14), Berlin 1929.

Herder, Werke: Johann Gottfried Herder, Sämtliche Werke 27. Poetische Werke

3. Hg. von Bernhard Suphan und Carl Redlich, Weidmannsche Verlagsbuchhandlung, Hildesheim u. a. 1994.

Hoyer, Jordan: Wolfram Hoyer (Hg.), Jordan von Sachsen. Von den Anfängen des Predigerordens (DQZ 3), Leipzig [2]2003. – Die Briefe Jordans an Diana von Andalo und ihre Schwestern von St. Agnes in Bologna sind zusätzlich zur Seitenangabe in ihrer Zählung aufgeführt.

Humbert, Tugendleben: Humbert von Romans, Tugendleben im Ordensstand. Übertragen von Gregorius M. Banten (Dominikanisches Geistesleben 6), Vechta 1928.

IDI (International Dominican Information): http://www.idi.op.org

Jungmayr, Caterina: Jörg Jungmayr, Caterina von Siena. Mystische Erkenntnis und politischer Auftrag in den Traditionen der mittelalterlichen Laienbewegung, in: Margot Schmidt/Dieter R. Bauer (Hg.), „Eine Höhe, über die nichts geht". Spezielle Glaubenserfahrung in der Frauenmystik? (Mystik in Geschichte und Gegenwart. Texte und Untersuchungen I/4), Stuttgart-Bad Cannstatt 1986, 163–215.

Jungmayr, Legenda Maior: Jörg Jungmayr (Hg.), Die Legenda Maior (Vita Catharinae Senensis) des Raimund von Capua. Übersetzung und Kommentar, Bd. 1, Berlin 2004.

Katharina, Gebete: Katharina von Siena, Gebete. Übertragen und eingeleitet von Joseph Maria Schellern, Vechta 1936.

Keller, Gebete: Mauritius Keller (Hg.), Albertus Magnus. Gebete von ihm – Gebete zu ihm, Köln 1965, überarbeitet und ergänzt von Manfred Entrich, Köln 1979/[2]2004.

Knackfuß, Weg: Eduard Knackfuß, Mein Weg zur Klosterpforte, Vechta 1932.

Koudelka, Dominikus: Vladimir J. Koudelka, Dominikus, Olten 1983.

Landwehr, Hoffnung: Gordian Landwehr, Hoffnung für uns. Verkündigung unter Ulbricht und Honecker, Graz 1991.

La Pira, pensieri: Giorgio La Pira, I miei pensieri, Firenze 2007.

Las Casas, Geschichte 1: Bartolomé de Las Casas, Geschichte Westindiens, in: ders., Werkauswahl, hg. von Mariano Delgado, Bd. 2: Historische und ethnographische Schriften, Paderborn 1995, 139–324.

Las Casas, Geschichte 2: Bartolomé de Las Casas, Kurze apologetische Geschichte, in: ebd., 325–512.

Las Casas, Gesuch: Bartolomé de Las Casas, Letztes Gesuch oder Testament an den Indienrat und Philipp II. mit weiteren Testamentsklauseln (1564–1566), in: ebd., 513–519.

Las Casas, Handbuch: Bartolomé de Las Casas, Handbuch für Beichtväter der Spanier, in: ders., Werkauswahl, hg. von Mariano Delgado, Bd. 3/1: Sozialethische und staatsrechtliche Schriften, Paderborn 1996, 115–158.

Laurien, Abgeschrieben: Hanna-Renate Laurien, Abgeschrieben? Plädoyer für eine faire Diskussion über das Priestertum der Frau, Freiburg-Basel-Wien 1995.

Laurien/Seeber, Laien: Hanna-Renate Laurien/David Seeber (Hg.), Was Laien bewegt. Zur Lage der Kirche. © Verlag Herder GmbH, Freiburg i. Br. 1989.

LCO: Liber Constitutionum et Ordinationum Fratrum Ordinis Prædicatorum – Buch der Konstitutionen und Ordinationen der Brüder des Predigerordens.

Liégé, Christus: Pierre-André Liégé, Mit Christus sterben, in: *Proprium OP-Stundenbuch,* 727f.

Loew, Christusmeditationen: Jacques Loew, Christusmeditationen. Exerzitien im Vatikan mit Paul VI. Übersetzt von Herbert Peter Maria Schaad. © dt. Übersetzung Verlag Herder GmbH, Freiburg i. Br. 1979.

Loew, Schule: Jacques Loew, In der Schule großer Beter. Übersetzt von Elisabeth Darlap und Hanns-Werner Eichelberger. © dt. Übersetzung Verlag Herder GmbH, Freiburg i. Br. 1978.

Lohrum, Dominikus: Meinolf Lohrum, Dominikus, Leipzig 1987.

Ludwig, Gebet: Gebet und Betrachtung vom ehrwürdigen Ludwig von Granada aus dem Predigerorden, Bd. 1. Aus dem Spanischen übersetzt von Dr. Jakob Ecker. © Verlag Herder GmbH, Freiburg i. Br. 1912.

Maidl/Pesch, Thomas: Lydia Maidl/Otto Hermann Pesch, Thomas von Aquin. Gestalt, Begegnung, Gebet. © Verlag Herder GmbH, Freiburg i. Br. 1993.

Mann, Joseph: Thomas Mann, Joseph und seine Brüder. © S. Fischer Verlag GmbH, Frankfurt am Main 1960.

Murray, Wein: Paul Murray, Den Wein der Freude trinken. Wege dominikanischer Spiritualität (DQZ 11), Leipzig 2007.

Ostlender, Albert: Heinrich Ostlender (Hg.), Der heilige Albert der Große (Religiöse Quellenschriften 94), Düsseldorf 1932/³1984 – umgearbeitet und erweitert.

Pérennès, Anawati: Jean-Jacques Pérennès, Georges Anawati (1905–1994). Ein ägyptischer Christ und das Geheimnis des Islam. Übersetzt von Karl Pichler. © dt. Übersetzung Verlag Herder GmbH, Freiburg i. Br. 2010.

Pérennès, Beaurecueil: Jean-Jacques Pérennès, Serge de Laugier de Beaurecueil OP (1917–2005), in: Wort und Antwort, Heft 4 (2010) 184–187.

Pesch, Thomas: Otto Hermann Pesch, Thomas von Aquin. Grenze und Größe mittelalterlicher Theologie: eine Einführung. © Matthias Grünewald Verlag der Schwabenverlag AG, Ostfildern 1988.

Piny, Weg: Alexander Piny, Das Vollkommenste oder jener innere Weg, der Gott am meisten verherrlicht und die Seele am meisten heiligt. Übersetzt von Albertus M. Kaufmann, Vechta 1927.

Pire, Erinnerungen: Dominique Pire, Erinnerungen und Gespräche. Aufgezeichnet von H. Vehenne, Einsiedeln-Zürich-Köln 1960.

Pire, Frieden: Dominique-Georges Pire/Charles Dricot, Baut den Frieden! Wir alle sind verantwortlich. In Zusammenarbeit mit Dr. C. Dricot. Vorwort von Prof. R. Oppenheimer, Nachwort von J. Griffin. © Herder Verlag GmbH, Freiburg i. Br. 1967.

Prestel, Offenbarungen: Josef Prestel (Hg.), Die Offenbarungen der Margaretha Ebner und der Adelheid Langmann (Mystiker des Abendlandes 4), Verlag Hermann Böhlaus Nachfolger, Weimar 1939.

Proprium OP-Stundenbuch: Vincent Couesnongle (Hg.), Proprium des Predigerordens. III. Feier des Stundengebetes. Proprium der Heiligen. Ausgabe in deutscher Sprache nach der lateinischen Ausgabe des Ordensmeisters P. Vincent de Couesnongle, St. Ottilien 1991.

Radcliffe, Christian: Timothy Radcliffe, What is the point of being a Christian?, London-New York 2005.

Radcliffe, Christ sein: Timothy Radcliffe, Warum Christ sein – Wie der Glaube unser Leben verändert. Aus dem Englischen von Sabine Schratz, Freiburg-Basel-Wien 2012.

Radcliffe, city: Timothy Radcliffe, Brief an den Orden „A city set on a hilltop cannot be hidden". A Contemplative Life, Rom, 29. April 2001: http://www. op.org/sites/www.op.org/files/public/documents/fichier/radcliffe2001_contemplative.pdf

Radcliffe, friends: Timothy Radcliffe, I call you friends, New York/NY 2001. Originalausgabe: Timothy Radcliffe, Je vous appelle amis, Paris 2000.

Radcliffe, Gemeinschaft: Timothy Radcliffe, Gemeinschaft im Dialog. Ermutigung zum Ordensleben (DQZ 2), Leipzig 2001.

Radcliffe, IDI 11/1994: Timothy Radcliffe, Dialog und Gemeinschaft im gottgeweihten Leben, in: *IDI*, Nr. 324 (11/1994).

Radcliffe, IDI 12/1995: Timothy Radcliffe, Weihnachtsbotschaft des Ordensmeisters, in: *IDI*, Nr. 336 (12/1995).

Radcliffe, IDI 12/1996: Timothy Radcliffe, Weihnachtsbotschaft des Ordensmeisters, in: *IDI*, Nr. 345 (12/1996).

Radcliffe, IDI 12/1997: Timothy Radcliffe, Weihnachtsbotschaft des Ordensmeisters, in: *IDI*, Nr. 357 (12/1997).

Radcliffe, IDI 4/2008: Timothy Radcliffe, Ein Mann des guten Rufes, in: *IDI*, Nr. 461 (4/2008).

Radcliffe, Schweigen: Timothy Radcliffe, Jenseits des Schweigens. Die sieben letzten Worte Jesu. Übersetzt von Ulrike Strerath-Bolz. © dt. Übersetzung Verlag Herder GmbH, Freiburg i. Br. 2014.

Radcliffe, Song: Timothy Radcliffe, Sing a new Song – The Christian Vocation, Dublin 1999.

Ratzinger, Einführung: Joseph Ratzinger, Einführung in das Christentum, München 1968.

Regel: Die Regel der Dominikanischen Laiengemeinschaften, in: Johannes H. Weise (Hg.), Jeder ist ein Wort Gottes für den anderen. Grundlagentexte der Dominikanischen Laiengemeinschaft (DQZ 13), Leipzig 2009, 201–207.

Ricci, Brief: Caterina de' Ricci, Brief vom Palmsonntag, 18. April 1554, in: *Proprium OP-Stundenbuch*, 229–232.

Ricci, Lettere: Caterina de' Ricci, Le lettere spirituali e familiari, Prato 1861. Übersetzung ins Deutsche: Maria Ascher-Corsetti unter Mithilfe von Heidi Baretta.

Savonarola, Florenz: Girolamo Savonarola, O Florenz! O Rom! O Italien! Predig-

ten, Schriften, Briefe. Aus dem Lateinischen und Italienischen übersetzt von Jacques Laager. © 2002 by Manesse Verlag, Zürich, in der Verlagsgruppe Random House GmbH, München.

Savonarola, Meditationen: Girolamo Savonarola, Letzte Meditationen über die Psalmen 50 und 30. Mit einer Einführung von Otto Karrer. Aus dem Lateinischen übersetzt von Hilde Maria Reinhard, Düsseldorf 1956.

ScG: Thomas von Aquin, Summa contra Gentiles, wiedergegeben nach *Albert, Thomas:* Thomas von Aquin, Summe gegen die Heiden. Hg. und übersetzt von Karl Albert und Paulus Engelhardt, Bd. 1, WBG, Darmstadt 1974.

Scheeben, Albert: Heribert Christian Scheeben, Albert der Große. Zur Chronologie seines Lebens (Quellen und Forschungen zur Geschichte des Dominikanerordens in Deutschland 27), Vechta-Leipzig 1931.

Scheeben, Albertus: Heribert Christian Scheeben, Albertus Magnus OP, Köln 1980.

Schillebeeckx, Auferstehung: Edward Schillebeeckx, Die Auferstehung Jesu als Grund der Erlösung. Zwischenbericht über die Prolegomena zu einer Christologie. Übersetzt von Hugo Zulauf. © dt. Übersetzung Verlag Herder GmbH, Freiburg i. Br. 1979.

Schillebeeckx, Christus: Edward Schillebeeckx, Christus und die Christen. Die Geschichte einer neuen Lebenspraxis. Übersetzt von Hugo Zulauf. © dt. Übersetzung Verlag Herder GmbH, Freiburg i. Br. 1980.

Schillebeeckx, Evangelium: Edward Schillebeeckx, Das Evangelium erzählen. Übersetzt von Hugo Zulauf, Düsseldorf 1983.

Schillebeeckx, Jesus: Edward Schillebeeckx, Jesus. Die Geschichte von einem Lebenden. Übersetzt von Hugo Zulauf. © dt. Übersetzung Verlag Herder GmbH, Freiburg i. Br. 1975.

Schillebeeckx, Kampf: Edward Schillebeeckx, Der Kampf an verschiedenen Fronten: Thomas von Aquin (1225/26–1274), in: Hermann Häring/Karl-Josef Kuschel (Hg.), Gegenentwürfe. 24 Lebensläufe für eine andere Theologie. © 1988 Pendo Verlag in der Piper Verlag GmbH, München und Zürich, 53–67.

Schillebeeckx, Menschen: Edward Schillebeeckx, Menschen. Die Geschichte von Gott. Übersetzt von Hugo Zulauf. © Verlag Herder GmbH, Freiburg i. Br. 1990.

Schillebeeckx, Politik: Edward Schillebeeckx, Weil Politik nicht alles ist. Von Gott reden in einer gefährdeten Welt. Übersetzt von Ulrich Ruh. © dt. Übersetzung Verlag Herder GmbH, Freiburg i. Br. 1987.

Schillebeeckx, Spiritualität: Edward Schillebeeckx, Dominikanische Spiritualität, in: Ulrich Engel (Hg.), Dominikanische Spiritualität (DQZ 1), Leipzig 2000, 43–69.

Seuse, Schriften: Heinrich Seuse, Deutsche mystische Schriften. Aus dem Mittelhochdeutschen übertragen und hg. von Georg Hofmann. Mit einer Hinführung von Emmanuel Jungclaussen. Einleitung von Alois M. Haas, Zürich-Düsseldorf 1999 (Nachdruck von 1966).

Seuse, Weisheit: Heinrich Seuse, Das Büchlein der Ewigen Weisheit. Übertragen und eingeleitet von Oda Schneider, Wil 1966.

Spiecker, Wort: Rochus Spiecker, Beim Wort genommen, Würzburg 1978.

Sth: Thomas von Aquin, Summa theologiae. Die deutsche Thomas-Ausgabe. Vollständige, ungekürzte dt.-lat. Ausgabe, Graz u. a. 1933ff., 34 Bde. (noch unvollendet).

Stratmann, Verbannung: Franziskus Maria Stratmann, In der Verbannung. Tagebuchblätter 1940–1947, Europäische Verlagsanstalt, Frankfurt 1962.

Strauch, Offenbarungen: Philipp Strauch (Hg.), Die Offenbarungen der Adelheid Langmann, Klosterfrau zu Engelthal (Quellen und Forschungen zur Sprach- und Culturgeschichte der germanischen Völker 26), Straßburg-London 1878.

Tauler, Predigten: Johannes Tauler, Predigten, 2 Bde. Vollständige Ausgabe. Übersetzt und hg. von Dr. Georg Hofmann. © Verlag Herder GmbH, Freiburg i. Br. 1961.

Thomas, Vollkommenheit: Thomas von Aquin, Die Vollkommenheit des geistlichen Lebens. Ins Deutsche übertragen von Eberhard Welty (Dominikanisches Geistesleben 8), Vechta 1933.

Tugwell, Spiritualität: Simon Tugwell, Die Spiritualität der Dominikaner, in: Ulrich Engel (Hg.), Dominikanische Spiritualität (DQZ 1), Leipzig 2000, 120–142.

Wilms, Ebner: Hieronymus Wilms, Der seligen Margareta Ebner Offenbarungen und Briefe, Vechta 1928.

Zils, Ostern: Diethard Zils, Die fünfzig Tage von Ostern, in: ders., Trotz und Träume. Zwischen Politik und Liturgie. Hg. von Frano Prcela (DQZ 19), Leipzig 2015, 213f.

KURZBIOGRAFIE DER AUTORINNEN UND AUTOREN

Albertus Magnus, * um 1200 in Lauingen, † 15. November 1280 in Köln, Kirchenlehrer, Naturbeobachter, Vermittler der Philosophie des Aristoteles, Bischof von Regensburg.

Tito de Alençar Lima, * 4. September 1945 in Fortaleza (Ceará, Brasilien), † 10. August 1974 in Sainte-Marie de la Tourette (Frankreich).

Georges Anawati, * 6. Juni 1905 in Alexandria, † 28. Januar 1994 in Kairo, Islamwissenschaftler, Förderer des christlich-islamischen Dialogs.

Fra Angelico (Johannes von Fiesole), * um 1400 bei Florenz, † 1455 in Rom, Mitglied der Reformkonvente in Fiesole und Florenz, bedeutender Maler am Übergang zur Renaissance, Schutzpatron der Künstler.

Bartholomaeus de Martyribus, * 3. Mai 1514 in Lissabon, † 16. Juli 1590 in Viano do Castelo (Portugal), Erzbischof von Braga, Verfechter der Reformen des Trienter Konzils, Gründer von Krankenhäusern und Armenhospizen.

Bartolomé de Las Casas, * um 1484 in Sevilla, † 18. Juli 1566 in Madrid, „Apostel der Indianer", Verteidiger der Menschenrechte der Indios, Bischof von Chiapas.

Guy Bedouelle, * 6. April 1940 in Lisieux, † 22. Mai 2012 in Fribourg, Professor für Kirchengeschichte.

Henri-Dominique Berthier, * 17. Juli 1822 in Tours, † 27. Februar 1907, Mitbegründerin der Dominikanerinnen von Bethanien.

Frei Betto („Bruder Betto"), * 25. August 1944 in Belo Horizonte (Brasilien), Vertreter der Theologie der Befreiung.

Johannes B. Brantschen, * 1935 in Randa (Wallis), Fundamentaltheologe, Fribourg.

Bruno Cadoré, * 14. April 1954 in Le Creusot (Burgund), Ordensmeister der Dominikaner seit 2010.

Tommaso Campanella, * 5. September 1568 in Stilo (Kalabrien), † 21. Mai 1639 in Paris, Philosoph, Dichter, Politiker.

Caterina de' Ricci, * 23. April 1522 in Florenz, † 2. Februar 1590 in Prato, geistliche Schriftstellerin.

Louis Chardon, * 1595 in Clermont-del'Oise, † 1651 in Paris, Mitglied der Reformkongregation, geistlicher Schriftsteller.

Marie-Dominique Chenu, * 7. Januar 1895 in Soisy-sur-Seine, † 11. Februar 1990 in Paris, Fachmann für Theologie des Mittelalters, Regens an der Hochschule der Dominikaner in Le Saulchoir, wichtiger Vertreter der „Nouvelle Théologie", Konzilstheologe.

Pierre Lucien Claverie, * 8. Mai 1938 in Algier, ermordet am 1. August 1996 in Oran, Bischof von Oran (Algerien).

Yves Congar, * 13. April 1904 in Sedan, † 22. Juni 1995 in Paris, wichtiger Vertreter der „Nouvelle Théologie", bedeutende Studien zur Geschichte der Ekklesiologie, Konzilstheologe.

Carlos Alfonso Aspiroz Costa, * 30. Oktober 1956 in Buenos Aires, Ordensmeister der Dominikaner von 2001 bis 2010.

Dominikus Guzman, * um 1173 in Caleruega (Kastilien), † 6. August 1221 in Bologna, Ordensgründer.

Margarete Ebner, * um 1291 in Donauwörth, † 20. Juni 1351 in Maria Medingen, Mystikerin.

Meister Eckhart, * um 1260 in Thüringen, † um 1328, wahrscheinlich in Avignon, Prediger, Professor, Provinzial, Mystiker, Seelsorger bei Dominikanerinnen.

Vinzenz Ferrer, * 1350 in Valencia, † 5. April 1419 in Vannes (Bretagne), Buß- und Wanderprediger.

Raphaela Gasser, * 1934, Lehrerin, Schulrektorin, Referentin für dominikanische Spiritualität, deutsche Mystik und deutsche Literatur.

Gustavo Gutiérrez, * 8. Juni 1928 in Lima (Peru), Mitbegründer und Namensgeber der Befreiungstheologie, Gründer und Leiter des Bartolomé-de-Las-Casas-Instituts.

Anne Marie Heiler, * 21. März 1889 in Brackwede, † 17. Dezember 1979 in Marburg, deutsche CDU-Politikerin, engagiert vor allem in der Frauenarbeit.

Titus Horten, * 9. August 1882 in Elberfeld, † 25. Januar 1936 in Oldenburg an den Folgen der Nazihaft, Lehrer, Missionsprokurator, verehrt als „Diener Gottes".

Humbert von Romans, * um 1200 in Romans-sur-Isère, † 14. Juli 1277 in Valence, Ordensmeister 1254–1263.

Jordan von Sachsen, * um 1185 in Burgberg (Grafschaft Dassel), † 13. Februar 1237 (ertrunken vor der syrischen Küste), Ordensmeister 1222–1237.

Katharina von Siena, * 25. März 1347 in Siena, † 29. April 1380 in Rom, Kirchenlehrerin, Briefwechsel mit Politikern, Fürsten, Bischöfen und Papst, Einsatz für die Rückkehr des Papstes von Avignon nach Rom.

Lucas (Eduard Heinrich) Knackfuß, * 19. Oktober 1858 in Wissen, † 21. September 1945 in Warburg (Westfalen), Maler.

Vladimir J. Koudelka, * 12. Januar 1919, † 5. Dezember 2003, Ordenshistoriker am Istituto storico Domenicano in Rom, kritische Edition der „Monumenta diplomatica S. Dominici", geistlicher Begleiter von Schwesterngemeinschaften.

Peter Kreutzwald, * 1965 in Köln, Diplomtheologe, seit 2008 Studentenmagister der Provinz Teutonia.

Gordian (Hermann) Landwehr, * 30. Dezember 1912 in Lohne (Oldenburg), † 11. Juni 1998 in Leipzig, Prediger und Exerzitienleiter in der DDR.

Adelheid Langmann, * 1306 in Nürnberg, † 22. November 1375 in Engelthal bei Nürnberg, Mystikerin.

Giorgio La Pira, * 9. Januar 1904 in Pozzallo (Sizilien), † 5. November 1977 in Florenz, Jurist, Politiker, Bürgermeister von Florenz.

Jean-Joseph Lataste, * 5. September 1832 in Cadillac, † 10. März 1869 in Frasnele-Château (Haute-Saône), Prediger und Exerzitienleiter, „Apostel der Gefängnisse", Mitbegründer der Dominikanerinnen von Bethanien.

Hanna-Renate Laurien, * 15. April 1928 in Danzig, † 12. März 2010 in Berlin, Oberstudiendirektorin, Politikerin, Kultusministerin in Rheinland-Pfalz (1976–1981), Schulsenatorin von Berlin (1981–1989), Präsidentin des Abgeordnetenhauses Berlin (1991–1995).

Pierre-André Liégé, * 22. Juni 1921, † 2. Februar 1979, Vorreiter der Praktischen Theologie in Frankreich.

Jacques Loew, * 31. August 1908 in Clermont-Ferrand, † 14. Februar 1999 in der Abtei Echourgnac, Arbeiterpriester, Gründer der Arbeitermission St. Peter und Paul und der „École de la Foi", geistlicher Autor.

Meinolf Lohrum, * 28. Oktober 1935, † 11. Mai 2001, Forschungen zur Geschichte und zu bedeutenden Persönlichkeiten des Dominikanerordens.

Ludwig von Granada, * 1504 in Granada, † 31. Dezember 1588 bei Lissabon, Prediger und geistlicher Schriftsteller in der Gegenreformation.

Felicísimo Martínez Díez, * 9. Juli 1943 in Prioro (Spanien), 1994–2004 außerordentlicher Professor an der Katholischen Universität Caracas (Venezuela).

Paul Murray, * 26. November 1947, Schriftsteller, Dichter, Professor an der Päpstlichen Universität St. Thomas von Aquin (Angelicum) für Theologie der Spiritualität, dort Leiter des Instituts für Spiritualität.

Jean-Jacques Pérennès, * 1949, Generalsekretär des Dominikanischen Instituts für Orientalische Studien in Kairo und Provinzvikar für die arabische Welt.

Otto Hermann Pesch, * 8. Oktober 1931 in Köln, † 8. September 2014 in München, Professor für Dogmatik, bedeutende Veröffentlichungen zur Dogmengeschichte, zu Thomas von Aquin und Martin Luther, Ökumeniker.

Alexandre Piny, * 25. Februar 1640 in Allos (Provence), † 20. Januar 1709 in Paris, thomistischer Philosoph und Theologe.

Dominique Pire, * 10. Januar 1910, † 30. Januar 1969 in Leuven, „Stimme der Menschen ohne Stimme" (Grabinschrift), Friedensnobelpreisträger.

Timothy Radcliffe, * 1945 in London, Ordensmeister 1992–2001, Professor in Oxford, geistlicher Schriftsteller.

Girolamo Savonarola, * 21. September 1452 in Ferrara, † 23. Mai 1498 in Florenz, Mitglied der Reformkongregation, Bußprediger mit großem politischem Einfluss.

Edward Schillebeeckx, * 12. November 1914 in Antwerpen, † 23. Dezember 2009 in Nijmegen, Professor in Nijmegen, Konzilstheologe.

Heinrich Seuse, * 21. März 1295 in Konstanz, † 25. Januar 1366 in Ulm, Mystiker, Theologe, Seelsorger bei Dominikanerinnen.

Rochus Spiecker, * 24. Juli 1921 in Berlin, † 20. Februar 1968 in Bensberg, Pfadfinderkurat, Publizist, Prediger in Köln.

Franziskus Maria Stratmann, * 8. September 1883 in Solingen, † 13. Mai 1971 in Hochdahl, Studentenseelsorger in Berlin (1914–1923), unter den Nationalsozialisten verfolgt, bedeutender Vertreter der katholischen Friedensbewegung.

Johannes Tauler, * um 1300 in Straßburg, † 15. Juni 1361 ebenda, Prediger, Mystiker, Seelsorger bei Dominikanerinnen.

Thomas von Aquin, * 1224/1225 in Roccasecca, † 7. März 1274 in Fossanova, Kirchenlehrer, Vermittler von aristotelischer Philosophie und christlicher Theologie, Verfasser von Schriftkommentaren, Quaestiones und zweier theologischer Summen.

Simon Tugwell, * 4. Mai 1943, Sozius des Historischen Instituts des Dominikanerordens an der Päpstlichen Universität St. Thomas von Aquin (Angelicum), Direktor der „Monumenta Ordinis Fratrum Praedicatorum".

Diethard Zils, * 1935 in Bottrop, Lector theol., Mitarbeit in der Seelsorge der Pfarrei St. Bonifaz Mainz.

DIE MITARBEITERINNEN UND MITARBEITER

Carsten Barwasser OP · Tibor Bejczi OP
Kerstin-Marie Berretz OP · Gerfried Bramlage OP
Thomas G. Brogl OP · Johannes Bunnenberg OP
Katharina Deifel OP · Magdalena Dörtelmann OP
Thomas Eggensperger OP · Ulrich Engel OP
Manfred Entrich OP · Frank Ewerszumrode OP
Ludger Fortmann OP · Elias H. Füllenbach OP
Hans Gasper OPL · Benedikta Hintersberger OP
Laurentius Höhn OP · Scholastika Jurt OP
Bernhard Kohl OP · Thomas Krauth OP
Peter Kreutzwald OP · Franziska Madl OP
Manuel Merten OP · Marliese Mertes
Judith Moormann OP · Richard Nennstiel OP
Wolfgang Sieffert OP · Aurelia Spendel OP
Dr. Klaus-Bernward Springer · Philipp J. Wagner OP
Eleonora Weiß OP · Johannes Zabel OP